Novos rumos da
cartografia escolar

Currículo, linguagem e tecnologia

Rosângela Doin de Almeida
(organizadora)

Novos rumos da cartografia escolar

Currículo, linguagem e tecnologia

Copyright© 2011 Rosângela Doin de Almeida
Todos os direitos desta edição reservados à
Editora Contexto (Editora Pinsky Ltda.)

Ilustração de capa
Francisco Vitor de Souza Frota

Montagem de capa
Gustavo S. Vilas Boas

Diagramação
Ana Marconato

Preparação
Lilian Aquino

Revisão
Camila de Felice

Dados Internacionais de Catalogação na Publicação (CIP)
(Câmara Brasileira do Livro, SP, Brasil)

Novos rumos da cartografia escolar : currículo, linguagem e tecnologia / organização Rosângela Doin de Almeida. – 1. ed., 1ª reimpressão. – São Paulo : Contexto, 2024.

Vários autores
ISBN 978-85-7244-638-9

1. Cartografia 2. Cartografia – Métodos gráficos 3. Geografia (Ensino fundamental) 4. Mapas 5. Metodologia 6. Percepção espacial I. Almeida, Rosângela Doin de.

11-02367   CDD-526

Índice para catálogo sistemático:
1. Cartografia geográfica   526

2024

EDITORA CONTEXTO
Diretor editorial: *Jaime Pinsky*

Rua Dr. José Elias, 520 – Alto da Lapa
05083-030 – São Paulo – SP
PABX: (11) 3832 5838
contato@editoracontexto.com.br
www.editoracontexto.com.br

Proibida a reprodução total ou parcial.
Os infratores serão processados na forma da lei.

SUMÁRIO

APRESENTAÇÃO..7

FOTOGRAFIAS E CONHECIMENTOS DO LUGAR ONDE SE VIVE:
LINGUAGEM FOTOGRÁFICA E ATLAS MUNICIPAIS ESCOLARES...............................13
Wenceslao Oliveira Jr.

NAVEGAR, COM MAPAS, É BEM MAIS PRECISO!..37
Valéria Trevizani Aguiar

ATLAS GEOGRÁFICOS PARA ESCOLARES: UMA REVISÃO METODOLÓGICA...................57
Marcello Martinelli

A CARTOGRAFIA NOS LIVROS DIDÁTICOS NO PERÍODO DE 1824 A 1936
E A HISTÓRIA DA GEOGRAFIA ESCOLAR NO BRASIL...............................71
Levon Boligian e *Rosângela Doin de Almeida*

A DIVERTIDA EXPERIÊNCIA DE APRENDER COM MAPAS 91
Victoria Alves de Castro, Mariana Alesia Campos, Anabella Soledad Dibiase, Ana María Garra,
Cristina Esther Juliarena, Carmen Rey, José Jesús Reyes, Anita Rohonczi e *Teresa Saint Pierre*

MAQUETES TÁTEIS, DISPOSITIVOS SONOROS E AULAS INCLUSIVAS COM MAPAVOX... 109
Maria Isabel de Freitas, Sílvia Elena Ventorini e *José Antonio Borges*

A CARTOGRAFIA E A CONSTRUÇÃO DO CONHECIMENTO EM CONTEXTO ESCOLAR... 121
Sonia Vanzella Castellar

REVELANDO SEGREDOS ATRAVÉS DE MAPEAMENTO DE AMBIENTES SUBMARINOS ... 137
Mark Rodrigue e *Cristhiane da Silva Ramos*

MAPAS FEITOS POR NÃO CARTÓGRAFOS E A PRÁTICA CARTOGRÁFICA
NO CIBERESPAÇO...147
Tânia Seneme do Canto e *Rosângela Doin de Almeida*

ENTRE USOS E ABUSOS NOS MAPAS DA INTERNET..163
Jörn Seemann

EDUCAÇÃO VISUAL DO ESPAÇO E O GOOGLE EARTH 177
Valéria Cazetta

OS AUTORES...187

APRESENTAÇÃO

Este livro reúne uma diversidade de temas e de autores. Neste sentido, dialoga muito bem com a proposta do *Cartografia escolar*, publicado em 2007. A obra agregava especificamente pesquisas pioneiras e autores consagrados no estudo da cartografia para crianças e escolares e tinha como um dos objetivos suscitar outras e diferentes discussões sobre o tema.

Eis, então, *Novos rumos da cartografia escolar: currículo, linguagem e tecnologia.*

A cartografia escolar vem se estabelecendo como um conhecimento construído nas interfaces entre Cartografia, Educação e Geografia. No entanto, a cartografia escolar abrange conhecimentos e práticas para o ensino de conteúdos originados na própria cartografia, mas que se caracteriza por lançar mão de visões de diversas áreas. Em seu estado atual, pode referir-se a formas de se apresentar conteúdos relativos ao espaço-tempo social, a concepções teóricas de diferentes áreas de conhecimento a ela relacionadas, a experiências em diversos contextos culturais e a práticas com tecnologias da informação e comunicação. Até certo ponto, sua abrangência está vinculada à escola, diretamente ou não, como veremos em alguns capítulos deste livro. Esses e outros temas que compõem o mosaico atual das discussões sobre escola também dizem respeito à cartografia escolar, dando-lhe novas e múltiplas interfaces.

Com o propósito de avançar nas discussões, elaboramos um mapa conceitual. A partir do tradicional triângulo didático (Mérenne-Schoumaker, 1999: 9), em cujos vértices encontram-se os três pontos da didática: saber, professor e aluno –, elaboramos um mapa mais dinâmico. Mantivemos "professor" e "aluno", pois são condição fundamental da existência da escola, mas substituímos "saber" por "currículo". Considerando que o currículo (Sacristán, 1998) corresponde a uma seleção culturalmente definida de certos conteúdos, que estão ligados aos formatos nele estabelecidos e às condições mais objetivas em que ele se desenvolve; portanto, trata-se de um elemento fundamental da cultura escolar (que está representada pela área interna do triângulo). Qualquer análise crítica do currículo implica questionar o que ele inclui e principalmente o que exclui, fazendo relações com processos globais que levam à validação ou legitimação de conteúdos, formas e valores de interesse de certos grupos sociais, o que não pode ser considerado sem se levar em conta privilégios, conflitos sociais e culturais – as relações de poder (Kincheloe, 2001).

Na verdade, essa figura delimita-se no amplo espaço cultural em que circulam conhecimentos (setas pontilhadas) das Ciências Humanas relacionados com a Educação (como Psicologia Educacional, Psicologia Social, Filosofia, Sociologia, Antropologia, História da Educação, Política Educacional etc.), das Ciências da Linguagem (Semiologia, Semiótica, Linguística, Análise do Discurso, Filosofia da Linguagem, Cinema, Literatura, por exemplo) e das Ciências de Referência que, no caso, são principalmente Geografia e Cartografia. Conhecimentos esses que se constituem e se transformam no amplo contexto da sociedade e da cultura (grandes setas). Cabe dizer que esse contexto ganha sentido ao circunstanciar-se no tempo e no espaço, não correspondendo a algo único e geral. Daí a importância de se buscar apoio em teorias mais abrangentes para entender o atual processo de produção do que viemos chamando de "cartografia escolar".

Colocar a centralidade na cultura escolar e no currículo evita que nos percamos na busca sistemática por novas práticas de ensino sem uma base que situe tanto nossas ações quanto seus desdobramentos na produção de conhecimentos. O modo como viemos selecionando e distribuindo esses conhecimentos certamente terá repercussão na produção de novos saberes por outros que nos leem e dão continuidade aos nossos escritos (o que significa tanto continuar no mesmo rumo quanto mudar de rumo).

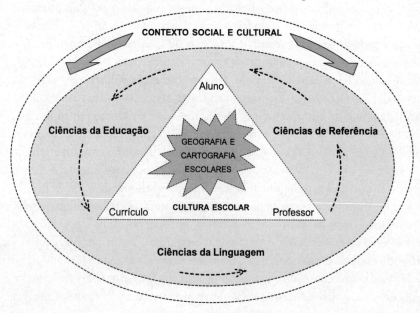

Por reunir textos inéditos que trazem perspectivas próprias, este livro abre um novo leque, dando novos rumos às discussões sobre cartografia escolar.

O primeiro capítulo, "Fotografias e conhecimentos do lugar onde se vive: linguagem fotográfica e atlas municipais escolares", escrito por Wenceslao Oliveira Jr., tem como objetivo:

> A partir da diversidade de fotografias existentes no Atlas Municipal e Escolar de Rio Claro, são tecidos comentários acerca das possibilidades educativas dessas fotos no que se refere às passagens que elas facilitariam entre os saberes corporais – ligados às experiências cotidianas com o lugar onde se vive – e outros tipos de conhecimentos elaborados sobre esse lugar, como os mapas.

A beleza do capítulo, visível não apenas nas fotos, mas no carinho com que o autor delineou cada parágrafo, já seria uma forte razão para se abrir o livro. Já conhecia esse texto há alguns anos, e agora ganha versão especial para este livro. Sua importância está em situar com clareza e pertinência os possíveis significados de um atlas escolar (ou qualquer outra obra didática), que, como produção humana, traz concepções e valores daqueles que o produziram, porém não de forma direta e pura, mas moldados por constrangimentos dados pelas condições objetivas de sua produção; cada atlas é apenas "um" atlas, pois há diferentes maneiras de se ver um lugar.

O segundo capítulo, escrito por Valéria Trevizani Aguiar, é o "Navegar, com mapas, é bem mais preciso!". Ele estabelece cruzamentos com outros deste livro, pois, ao apresentar a história dos atlas no Brasil, Valéria menciona as reformas educacionais da Primeira República que foram mencionadas por mim e Levon Boligian ao investigarmos os determinantes oficiais que definiram os conteúdos de cartografia nos livros didáticos. Citando o que a autora diz a esse respeito:

> "Navegar é preciso", conforme os gregos enfatizaram na Antiguidade, e daí vem a valorização dos mapas resgatada na obra poética do português Fernando Pessoa. Ainda nem sei se esta palavra "preciso" significa "necessário" ou significa "roteiro certo", mas em qualquer uma das opções de análise o uso do mapa se faz mister. E, por falar em uso de mapas, como eles foram inseridos no ensino de Geografia ao longo dos anos? Voltar à memória cartográfica e analisar como o mapa, como os referenciais cartográficos foram postos na educação geográfica, ao longo do tempo, no Brasil, merece uma reflexão que se pautará nos atlas geográficos escolares brasileiros publicados nos últimos 100 anos. Assim posto, nossas reflexões estarão direcionadas para a cartografia escolar, com um "olho armado" para os atlas escolares.

Outros cruzamentos entre os capítulos anteriores tomam forma ao lermos o capítulo "Atlas geográficos para escolares: uma revisão metodológica", no qual Marcello Martinelli retoma, de maneira inovadora, a questão da cartografia temática a partir da semiologia gráfica de Jacques Bertin, ao situá-la no contexto da produção de atlas escolares. O autor apresenta os métodos mais adequados para os tipos de mapas que constam geralmente nos atlas escolares, pautando-se nas transformações pelas quais foram passando. Ao comentar o texto, afirma que "a concepção de um atlas geográfico para escolares tem como proposta básica não ser apenas uma coletânea de mapas prontos e acabados, mas sim compor uma organização sistemática de representações trabalhadas com finalidade intelectual específica".

No quarto capítulo, Levon Boligian e eu, Rosângela Doin de Almeida, discorremos sobre a cartografia nos livros didáticos e programas oficiais no período de 1824 a 1890: contribuições para a história da Geografia escolar no Brasil. Trata-se de um estudo sobre a formação da disciplina escolar "Geografia" e da origem de conhecimentos cartográficos que fazem parte de seu currículo. Essa investigação centrou-se em livros didáticos encontrados desde o início do século XIX, estendendo-se até meados do século XX. Constatamos que conceitos que hoje parecem estranhos à cultura de nossa época permanecem como "pontos imprescindíveis" do programa curricular, verdadeiras "vacas sagradas" das aulas de Geografia e têm suas raízes fincadas no caráter de permanência de um cânone curricular da escola – as vulgatas. A investigação realizada trouxe à tona um fato que persiste até nossos dias: a forte influência das casas editoriais quanto à definição do que deve ser considerado nos programas disciplinares.

Diferente do que encontramos nos textos anteriores, o capítulo "A divertida experiência de aprender com mapas", de autoria de um grupo de pesquisadores do Centro Argentino de Cartografia, relata uma experiência de ensino de mapas como uma ferramenta cartográfica dinâmica e interessante. Citam o exemplo do projeto "Possíveis usos das *Faces de Chernoff* na visualização de dados da cartografia escolar", realizado em um convênio entre Argentina e Hungria, cujo objetivo era avaliar os resultados dessa metodologia em ambos os países. A leitura desse capítulo poderá despertar os leitores para questões relativas ao ensino de Geografia com mapas temáticos.

Os estudos da cartografia tátil têm ganhado importância por causa da necessidade de se produzir materiais adequados aos deficientes visuais. No capítulo "Maquetes táteis, dispositivos sonoros e aulas inclusivas com Mapavox", de Maria Isabel de Freitas, Sílvia Elena Ventorini e José Antonio Borges, são apresentadas experiências com a elaboração e aperfeiçoamento do Sistema Tátil Mapavox, que foi aplicado em classes de alunos cegos e de baixa visão. Os autores relatam também suas reflexões a respeito do aprendizado desses alunos com o uso de recursos computacionais com material didático de baixo custo e procedimentos metodológicos acessíveis para professores do ensino básico.

Sonia Vanzella Castellar propõe, no capítulo "A cartografia e a construção do conhecimento em contexto escolar", que a cartografia tenha papel primordial como linguagem na construção do conhecimento geográfico. Ela estabelece um interessante paralelo entre a ideia de letramento, originada nos estudos sobre a aquisição da língua escrita, e a apropriação da linguagem cartográfica por escolares. Em seu texto, os leitores encontram uma discussão sobre esse processo à luz das ideias dos cartógrafos e da teoria piagetiana sobre a aprendizagem.

Os quatro últimos capítulos deste livro tratam de cartografia e internet. O capítulo "Revelando segredos através de mapeamento de ambientes submarinos" apresenta uma experiência australiana sobre a produção de mapas subaquáticos para estudantes. Os autores, Cristhiane da Silva Ramos e Mark Rodrigue, trabalham no Parks Victoria e descrevem as atividades elaboradas como parte do Marine Mapping Education Resource Kit, cujo objetivo é educar a comunidade estudantil para assuntos ambientais relacionados a ambientes costeiros. A leitura desse relato da experiência nos faz pensar em possibilidades semelhantes em nosso país, cuja extensa costa é pouco conhecida tanto por estudantes quanto pela população em geral.

No capítulo "Mapas feitos por não cartógrafos e a prática cartográfica no ciberespaço", Tânia Seneme do Canto e Rosângela Doin de Almeida abordam como a cultura digital tem se apropriado da linguagem cartográfica para construir suas próprias representações espaciais. O surgimento de programas de internet que permitem a usuários comuns recombinar de diferentes modos mapas com outros conteúdos, linguagens e ferramentas inaugura, para a sociedade em rede, novas práticas de mapeamento que têm como principal característica o compartilhamento de dados e a produção colaborativa. Conforme disse Daniel Perosio, autor de "Post Urbano" – um sítio colaborativo sobre a cidade de Rosário (Argentina),

> [...] é uma opção que lhe dá pontos para relacionar com outras coisas, essa relação é livre, porque os pontos têm cores diferentes, então você vai como que mapeando, digamos, há outro traçado que é conceitual, originado por vivências pessoais, políticas e você vai descobrindo. [...] o projeto segue avançando, por mais que você o abandone, ele segue avançando sozinho, sozinho, sozinho. (Disponível em: <http://post.wokitoki.org/>. Acesso em: 15 ago. 2010.)

Em seguida, vem o capítulo escrito por Jörn Seemann sobre "uma sociedade mergulhada em mapas? Dez vinhetas para discutir e refletir sobre a cultura cartográfica no Brasil". Nele, o autor apresenta dez bem-humoradas vinhetas que vão desde a argumentação de que existem muitas cartografias, além da já superada cartografia cartesiana, até as narrativas cartográficas, as cartografias virtuais do ciberespaço. Muito pertinentes são as dicas para professores e alunos, verdadeiras pílulas de bom-senso.

Para fechar o livro, sem necessariamente encerrar o debate, no capítulo "Educação visual do espaço e o Google Earth", Valéria Cazetta discorre a respeito das concepções de espaço de alunos do curso de Licenciatura em Ciências, a partir de uma experiência com o uso do visualizador 3D, Google Earth. A autora comenta:

> Partimos do pressuposto de que saber pensar o espaço não constitui atividade exclusiva de geógrafos ou de professores de Geografia. Desde o seu lançamento (junho de 2005), o Google Earth tornou-se uma fornecedora de imagens para a sociedade civil. Nesse sentido, esta plataforma tem alterado nossas concepções de espaço? Ou, pelo contrário, tem ratificado-o como uma simultaneidade?

Quando consideramos a produção brasileira, notamos que sua importância vem crescendo de modo a destacar-se entre os países que pertencem à Cartography for Children Comission (ccc), uma das comissões da International Cartography Association

(ICA). Desde 1995, quando foi realizado o I Colóquio de Cartografia para Crianças, pesquisadores, professores e outros interessados se aproximaram através dos eventos que se sucederam com a finalidade de ampliar e, ao mesmo tempo, aprofundar discussões sobre temas da cartografia escolar.

Outro fato que vem colaborando para sua divulgação é o concurso de mapas feitos por crianças, realizado a cada dois anos durante o congresso internacional da ICA, no qual, por mais de uma vez, crianças brasileiras receberam a premiação. Atualmente, a Sociedade Brasileira de Cartografia (responsável pela organização do concurso internacional) criou um prêmio nacional que recebeu o nome de "Concurso Lívia de Oliveira" em homenagem a professora Lívia, pioneira no estudo de mapas para e por crianças.

Sem mais, agradeço aos autores por terem aceitado o desafio de transformar nossas conversas, encontros e debates em um livro que possibilita a continuidade dessas discussões, fomentando a investigação a respeito da cartografia escolar.

A organizadora

Notas

[1] Uma primeira versão está disponível em: <http://www.cartografiaescolar.blogspot.com>. Acesso em: 15 jan. 2011.

[2] Foram realizados os seguintes eventos no Brasil: em 1996, o II Colóquio de Cartografia para Crianças, promovido pela Universidade Federal de Minas Gerais, em Belo Horizonte; III Colóquio de Cartografia para Crianças, realizado pela Associação de Geógrafos Brasileiros (secção São Paulo), na USP, em 1999. A Universidade Estadual de Maringá deu lugar ao IV Colóquio e I Fórum Latino-americano de Cartografia para Crianças, em 2001. A Universidade Federal Fluminense e a Sociedade Brasileira de Cartografia realizaram o I Simpósio Ibero-americano de Cartografia para Crianças, no Rio de Janeiro, em 2002. Nesse mesmo ano, ocorreu o VIII Colóquio Internacional de Cartografia para Crianças, em Diamantina (MG), que reuniu diversos pesquisadores do CCC. O V Colóquio de Cartografia para Crianças foi realizado em Niterói, em 2007, sob a organização da Universidade Federal Fluminense e da Sociedade Brasileira de Cartografia. O VI Colóquio de Cartografia para Crianças e o II Fórum Latino-americano de Cartografia para Escolares aconteceu em 2009, organizado pela Universidade Federal de Juiz de Fora.

[3] Disponível em: <http://lazarus.elte.hu/ccc/ccc.htm>. Acesso em: 31 ago. 2010.

[4] Disponível em: <http://www.cartografia.org.br/#>. Acesso em: 31 ago. 2010.

Bibliografia

KINCHELOE, J. L. Introdução. In: GOODSON, I. F. *O currículo em mudança*: estudos na construção social do currículo. Porto: Porto Editora, 2001.

MÉRENNE-SCHOUMAKER, B. *Didáctica da Geografia*. Trad. Celeste Marçal. Porto: ASA Editora, 1999, p. 9.

RAILEF; WOKITOKI. Post Urbano. Disponível em: <http://post.wokitoki.org/>. Acesso em: 15 ago. 2010.

SACRISTÁN, J. G. *O Currículo*: uma reflexão sobre a prática. Porto Alegre: Artmed, 1998.

FOTOGRAFIAS E CONHECIMENTOS DO LUGAR ONDE SE VIVE: LINGUAGEM FOTOGRÁFICA E ATLAS MUNICIPAIS ESCOLARES

Wenceslao Oliveira Jr.

Àqueles que têm na Geografia escolar sua atuação, não cabe somente a pergunta "o que é Geografia?", mas outra, ligada ao seu lugar na instituição escolar, legitimada pelas tradições da escola num dado país e pelo jogo político no qual essas tradições são mantidas, desmontadas, alteradas: "qual o objetivo dessa disciplina na formação escolar das pessoas que frequentam a escola?".

Certamente, no caso brasileiro, os professores de Geografia teriam dificuldade de legitimar suas ações educativas somente no ensino [transposição didática?] da Geografia acadêmica aos seus alunos. A meu ver, é muito mais uma concepção de mundo, de realidade social, que deu e dá legitimidade à Geografia como componente curricular escolar, principalmente quando lembramos que, das inúmeras ciências humanas com lugar na academia, apenas duas se encontram representadas nominalmente nas escolas de ensino fundamental: a História e a Geografia.

Para uma reflexão rápida, pois não é esse o foco deste capítulo, na tradição do pensamento curricular brasileiro, essas duas áreas do conhecimento acadêmico tornaram-se, *grosso modo*, o tempo e o espaço, respectivamente. Uma vez tornada espaço, a questão da Geografia escolar não é simplesmente levar até os alunos um conjunto de conhecimentos científico-acadêmicos. É também realizar com eles a iniciação e o aprofundamento de conhecimentos relativos à "dimensão espacial", ou "territorial", do mundo, conhecimentos que, em conjunto com aqueles relativos à "dimensão temporal", possibilitam aos escolares a melhor aproximação que pode ser feita da "dimensão social" deste mundo no qual vivemos. Essa seria a aposta dos educadores e demais intelectuais do campo das Humanidades ao "deixar" aos profissionais formados em Geografia e História "toda" a "formação básica tributária das Ciências Sociais" necessária aos brasileiros para entenderem e agirem na sociedade. Essa tem sido a proposição adotada pela tradição curricular brasileira.[1]

Quais as implicações disso? Duas delas destaco aqui. A primeira é uma radical diferença entre as escalas espaciais de interesse dessas duas Geografias: a acadêmica, com forte interesse pelas escalas amplas ou muito amplas, e a escolar, com a necessidade imperiosa de lidar com as escalas restritas dos espaços vividos e experienciados corporalmente – daí as interfaces com a Arquitetura, o Paisagismo, a Psicologia Social, em certos aspectos e momentos do processo de escolarização. A segunda implicação, ligada à primeira, mas que me interessa mais de perto neste artigo, é a radical necessidade da Geografia escolar de lidar com as subjetividades, de modo que as práticas espaciais de cada um possam ser inseridas e entendidas nas suas relações com as demais práticas e com as materialidades físicas e culturais existentes (desde os prédios de tijolos e cores até as moralidades que restringem ou exigem certos deslocamentos e localizações).

Enquanto aos profissionais da Geografia Acadêmica, preocupados com escalas mais amplas e com práticas espaciais coletivas, está reservada a possibilidade de se desligarem das motivações pessoais de cada sujeito, aos professores de Geografia a preocupação com os sujeitos deve ser central no desenvolvimento de suas ações corporais e reflexivas.

A segunda é o conceito de lugar. Um lugar não nos chega pronto, não tem existência por si mesmo, mas vamos construindo nossas imagens e nossas ideias acerca deste lugar e é com elas que nós o pensamos e nele agimos. É em grande medida a partir das ideias e imagens que temos dos diversos lugares que construímos o conceito de lugar. Conceito que é "território contestado", para onde convergem discursos de muitos grupos sociais, alguns deles constituídos de pesquisadores em áreas acadêmicas, entre elas e com destaque, a Geografia.

Uma das tensões que permeiam as conversas e disputas em torno do conceito de lugar se deve a que os próprios lugares e qualquer lugar em particular são também "campos de lutas" entre muitas maneiras de concebê-los. A construção da ideia e da imagem de um lugar é resultante das inúmeras práticas sociais e discursivas que nele se desenvolvem ou a ele se referem. Cada indivíduo e cada grupo social criam uma versão de um lugar. Particularmente, o lugar onde vivemos é permeado de versões, as mais distintas ou semelhantes, normalmente sintonizadas às distinções e semelhanças das práticas sociais ali vivenciadas ou sofridas.

Parto do princípio de que, na *edição* dos materiais que comporiam a sua *versão acerca de um lugar (Município de Rio Claro), os autores do atlas (pessoas ou grupo social) fizeram escolhas.* Podem existir muitas versões concorrentes a respeito de um mesmo lugar, compostas todas ou algumas delas por fotografias. Versões que procuram convencer e seduzir as pessoas daquilo que é esse lugar. Para isso, criam *amparos de credibilidade* no interior de seu discurso. Em nossa sociedade é bastante frequente que um desses amparos seja o fotográfico. É bem comum alguém dizer em nome da sua versão: olhe a foto, ela não mente, isso de fato existe lá e é como está impresso na imagem.

Penso ser dessa forma, nas tensões entre as várias versões, que são construídas a história e a geografia desse lugar ao longo do tempo. Ou seja, e aqui está presente uma ideia importante, *os lugares não existem por si mesmos*, mas como produções instituídas pelas práticas sociais e discursivas realizadas em seu interior ou de algum modo a eles relacionadas.

O *Atlas Municipal e Escolar de Rio Claro* é tomado neste texto como uma obra que oferece aos leitores uma versão desse lugar onde eles próprios vivem.

Como terceiro e último preâmbulo, palavras necessárias sobre a escolha de escrever um artigo considerando um único material escolar. Essa é uma opção de pesquisa, resultante tanto de uma crença (política?) quanto de um cuidado (político?) com as obras humanas.

Toda e qualquer obra humana tem em si, explícitas e implícitas, intencionalidades quanto à versão de mundo para a qual busca dar existência. Sendo assim, cada obra realizada no mundo merece ser olhada, pelo pesquisador, com cuidado e respeito, de modo a permitir interpretações feitas em um máximo de inteireza. Inteireza essa alcançada no convívio mais dilatado no tempo e limitado em extensão. Dito de outra forma, ao pesquisador deve-se dar o tempo de dobrar-se sobre aquela obra, sem que outras sejam chamadas obrigatoriamente para comparações. Se outras obras forem chamadas no ato interpretativo, deverão chegar a partir de elementos que compõem a própria obra interpretada, na busca de entendê-la e apresentá-la em suas interfaces com a cultura e a sociedade que lhe deu origem.

Dessa maneira, a obra salta aos olhos de quem a vê.

É com essa disposição de pesquisar, dilatada e limitada a uma só vez, que tomei fotografias de um único atlas para lançar meus olhares e reflexões, os quais já foram apresentados aos autores da obra durante a pesquisa que se iniciou após a publicação do referido *Atlas Municipal e Escolar de Rio Claro*, do qual fiz parte como "pesquisador das imagens".

A partir de agora divido essas reflexões e olhares também com vocês, leitores anônimos e interessados em entender e, talvez, ensinar que a dimensão espacial da existência humana também se faz em e com imagens.

Linguagem, experiência e atlas municipais escolares

Construir passagens. Essa seria uma das buscas das linguagens produzidas e utilizadas por homens e mulheres na compreensão do mundo? Acredito que sim.

Construir passagens facilitadas. Essa seria, seguindo o mesmo pensamento, uma das buscas das linguagens presentes em obras com fins educativos.

Assim, parto ao encontro – ainda que fortuito e ao acaso – dessas *passagens* e dos *saberes* por elas relacionados. Eu diria mesmo que essas passagens não só relacionam saberes, mas antes os aproximam e misturam. Elas promovem a constituição de percursos por outros saberes e práticas, permitindo-nos renovar e ampliar a experiência cotidiana, formulando novos discursos e falas: ir e vir, percorrer, transitar, contaminar e ser contaminado.[2]

Entendo um atlas municipal escolar como uma obra em que as buscas se referem ao entendimento mais aprofundado do lugar onde se vive. Não importa se esse *lugar onde se vive* seja pensado como o município (o que o próprio título indica), seja ele a área urbana ou rural, o bairro central ou periférico, a vila ou mesmo a rua ou estrada onde vivem as pessoas. Importa ser uma extensão territorial que *já seja ou possa vir a ser pisada pelos próprios pés e observada pelos próprios olhos e ouvidos* daqueles que estão em processo de conhecimento do mundo que lhes é próximo ao corpo, do mundo que lhes é sensível à pele, ao nariz e, quem sabe, à boca.

Dizendo de outra maneira, penso que uma obra da natureza de um atlas municipal escolar tem como um de seus mais fortes fins promover *passagens facilitadas* entre os *saberes da experiência espacial cotidiana* – posso chamá-la de corporal, se entendermos esse corporal como indicativo de algo encarnado, intenso, de modo a diferenciar essa *experiência corporal* de "vivências" superficiais e fugidias,[3] essas últimas cada vez mais frequentes entre nós e nossos contemporâneos – então, esse atlas visaria a promover essas passagens entre os saberes da *experiência corporal*[4] do lugar onde se vive e outros saberes acerca deste lugar produzidos a partir de *outras práticas sociais e discursivas*.

Muitos temas presentes no atlas sobre o qual me dedico neste capítulo contêm *produtos* que apresentam Rio Claro a partir de outras destas práticas sociais e discursivas de que falo acima. Como exemplo posso citar o texto-escrito-a-partir-de-pesquisas-históricas-em-arquivos, o mapa-realizado-sob-a-perspetiva-da-semiologia-gráfica ou a fotografia-aérea-feita-com-metodologias-aerofotogramétricas-desenvolvidas-na-comunidade-acadêmico-científica.

Um atlas municipal visaria, entre outras coisas, focar nossa observação em outras coisas que nossa própria experiência de habitante não nos daria. Enquanto nossas experiências corporais nos dão uma cidade única e pessoal, talvez também pertencente às pessoas de nossa família ou amizade, um atlas, como narrativa educativa, se propõe a criar uma imagem da cidade mais coletiva, mais ampla, de modo a incluir muitas outras parcelas do território urbanizado no "lugar identificatório" onde as pessoas vivem e que têm para todos o mesmo nome. Essa perspectiva de um atlas local (seja de bairro, municipal ou urbano) de ampliar a imagem e o entendimento de um lugar-cidade não significa dissolver as imagens e os entendimentos anteriores numa mesma e única concepção-compreensão, muito pelo contrário.

O atlas de caráter local deveria ser entendido como um misturador, um contaminador que agrupa, aproxima, tensiona, mas que se propõe a tomar as experiências já existentes como verdadeiras, de modo que elas venham a propor maneiras de torná-lo outro. Ou seja, as experiências corporais deveriam ser solicitadas pelos materiais que compõem a narrativa presente no atlas de modo a serem inseridas em contextos territoriais mais amplos, mas também a permitir enxergar o território mapeado como diverso e íntimo, tantas vezes contraditório por conter em si experiências de vida muito distintas, para não dizermos antagônicas. Resumindo: as experiências corporais seriam as lupas colocadas sobre as generalizações cartográficas, escritas ou fotográficas, fundamentais para que não esqueçamos que há vida nos territórios e que ela se ramifica em tensões e alegrias só passíveis de serem compreendidas quando olhadas de perto, com cuidado e atenção.

Numa sociedade desigual, em que muitas pessoas vivem em extrema carência cultural, os atlas locais, notadamente os escolares, tendem a se tornar discursos totalizadores e impositores de uma versão da realidade sobre as demais. Falo destas tantas versões que vão sendo produzidas pelas pessoas e grupos ao longo e ao sabor das experiências no território, em práticas espaciais que vão desde o andar e o ver até o ouvir dizer do avô e da TV.

Nesse sentido, os autores de atlas, principalmente dos locais, devem se esmerar em não os tornarem um discurso fechado e sim um panorama aberto de imagens e textos que solicitem outros saberes produzidos nas próprias práticas espaciais cotidianas vivenciadas por crianças e jovens no território do lugar. Mais ainda, seria interessante deixar espaço para a imaginação dos leitores. Enfim, que os atlas locais sejam antes *passagens* que estações de parada.

Ao ser constituído de informações – em mapas, fotos, textos, desenhos etc. – do lugar onde vivem os alunos a que se destina, o atlas local visaria a permitir que estes alunos *reconheçam seus saberes*, mesmo que parcelados, naqueles outros saberes presentes nas páginas impressas. É deste modo que ele facilitaria trocas, passagens, permeabilidades que levem esses alunos – silenciados pelos materiais e práticas educativas tradicionais – a falar, a produzir discursos e ideias e imagens acerca do lugar onde vivem. Intercaladas a esses discursos, ideias e imagens, outras práticas sociais deverão se desenvolver nestes alunos na relação que eles mantêm com os lugares vividos a partir das outras miradas propostas pelos saberes existentes no atlas.

A meu ver, as páginas e os temas de um atlas que se debruça sobre o lugar onde a vida se desenrola com mais proximidade e concretude devem ser *promotores de falas* daqueles que dão vida efetiva a esse lugar, tornando-o geográfico, histórico, político, simbólico. Somente na continuidade destas falas dos alunos é que as falas dos professores deveriam ter existência.[5] Se estas últimas vierem antes das falas dos alunos, produzirão o mesmo silenciamento característico das falas autorizadas, aquelas que vêm embaladas com o plástico da "verdade" ou da "realidade".

Seguindo essa trilha que me levou ao encontro inusitado entre a necessidade de se conhecer melhor o lugar onde se vive – e onde o *mundo*[6] se manifesta de maneira mais intensa, inteira e complexa – e a valorização de outras falas e saberes que não os produzidos nas esferas universitárias e científicas, proponho aos leitores refletirem comigo sobre as possibilidades da linguagem fotográfica, mais especificamente daquela que origina as "fotografias comuns", na promoção dessas falas e do (re)conhecimento do lugar, ao permitir *passagens facilitadas* entre as experiências corporais nos lugares vividos e outros produtos e discursos sobre estes mesmos lugares.

Faço essa suposição a partir basicamente de duas constatações: a primeira delas vincula-se à própria presença dessas fotografias no cotidiano da grande maioria das pessoas, não só como observadoras das imagens como também produtoras das fotos, tornando essa linguagem e seus produtos em imagens bastante familiares aos alunos, o que facilita o envolvimento e a tranquilidade no seu manuseio, entendimento e crítica.

A segunda dessas premissas tem vínculo não com a vida dos brasileiros contemporâneos, mas com a própria "natureza" da imagem fotográfica habitual que mantém uma *grande verossimilhança com as experiências visuais cotidianas*. Se tomarmos a visualidade como a maneira privilegiada de nossa civilização ocidental conhecer, então uma verossimilhança visual das fotografias ganha um enorme peso de verdade, que pode ser confirmado em sua utilização como "prova de realidade", frequente tanto em jornais e revistas de circulação ampla quanto em materiais educativos de circulação mais restrita.

Na tentativa de dar visibilidade à obra que me servirá de inspiração e indicar como as muitas e diversas fotografias presentes nela podem gerar *passagens facilitadas* entre os saberes da experiência dos alunos e os saberes, digamos, mais acadêmicos presentes no *Atlas Municipal e Escolar de Rio Claro*, pensei em dividir meus escritos seguintes em duas partes.

Na primeira delas, buscaria enumerar os *tipos de fotografia* presentes nessa obra, comentando algumas de suas características.

Na segunda parte tomaria algumas dessas fotografias ou o conjunto delas para apontar onde encontrei o que venho chamando de *passagens facilitadas* para atingir mais tranquilamente a *valorização dos saberes da experiência corporal* e, partindo desses saberes, alcançar um *conhecimento mais inteiro do lugar* onde vivem os alunos.

No entanto, à medida que fui escrevendo este texto, percebi que essas duas partes se imbricavam de maneira intensa, impedindo que fossem radicalmente separadas, ainda que para fins didáticos. Daí que, a despeito da minha tentativa, em muitos momentos destes escritos enumero os tipos de fotos presentes no Atlas e já comento as relações que encontrei entre elas e a produção de um conhecimento sobre o lugar onde se vive a partir dos saberes adquiridos pelos sentidos corporais.

As duas partes juntas compõem o percurso (currículo?) em que se dá, explícita ou implicitamente, a "educação geográfica" presente nesse material educativo intitulado *Atlas Municipal e Escolar de Rio Claro*.[7]

As fotos do Atlas

Ao iniciar, gostaria de comentar, antes mesmo de louvar a grande quantidade de material fotográfico que vai sendo apresentado ao longo das páginas, sobre a *diversidade de tipos de fotos* que está presente nesta obra. Essa diversidade, a meu ver, permite uma ampliação do conhecimento dos alunos da própria linguagem fotográfica, a partir do momento em que lhes são oferecidas inúmeras formas de sua manifestação em nossa sociedade, tanto nos dias atuais quanto em tempos passados. Creio que o grande mérito dessa diversidade é o de *ampliar as sutilezas* com que os alunos passarão a olhar para as fotografias que lhes vierem às mãos no futuro de suas vidas, *evitando sobremaneira que elas continuem a ser vistas como a manifestação mesma da realidade*, ou seja, como a prova inconteste de que o que está na foto é igual ao lugar de onde foi tirada. Dessa forma, as *fotografias serão tomadas como obras humanas*, portanto, mais do que mostrando, *produzindo alguma realidade*, alguma verdade visual, mas nunca a realidade ou a verdade.[8]

Comecemos o elenco dessa diversidade pelas fontes, pelas origens das fotografias. Devo destacar que a diversidade de fontes aponta para a possibilidade de *tornar documento* fotografias quaisquer, desde aquelas presentes em museus e arquivos oficiais até aquelas guardadas nas gavetas de um morador qualquer daquele lugar. Cabe ao autor ou aos autores de uma obra *escolher* em quais fontes vai apoiar-se para apresentar sua versão do lugar, quais os atores sociais ele vai privilegiar e valorizar, a quais personagens da história e da geografia de um lugar ele vai dar voz e sobre quais ele silenciará. Quanto mais diversas as fontes, tanto maiores possibilidades de termos mais atores sociais participando do discurso construído.

Há no Atlas fotos pesquisadas em arquivos públicos, tanto históricos quanto outros, portanto já existentes antes mesmo da elaboração da obra, o que certamente influenciou na própria montagem das páginas, uma vez que a existência ou não de material facilitaria ou dificultaria a elaboração de uma página sobre tal tema.[9]

Os melhores exemplos da influência na montagem das páginas do material fotográfico já existente em arquivos estão nos temas "Rio Claro de Outrora" e "Rioclarenses de Outrora", não só pela grande quantidade de fotos exibidas nestas páginas, mas porque o eixo do conhecimento aí perseguido é diretamente vinculado a elas: trazer tempos passados ao presente vivido; apresentar lugares e personagens não mais existentes, a não ser nas fotografias e nas imaginações por elas provocadas.

Há fotos que parecem ter sido pinçadas de acervos privados de pessoas conhecidas dos autores, uma vez que a origem indicada à margem da foto é de autoria pessoal, diferentemente das fotos pesquisadas em arquivos públicos, cuja autoria se perdeu no tempo.

Há também fotografias tiradas pelos próprios autores do Atlas, trazidas para ele certamente visando à composição de algum tema ou alguma ideia no interior deste. Muitas das fotos recentes têm na indicação de autoria nomes listados como autores do Atlas. Teriam elas sido tiradas em que momento da produção das páginas e temas?

Há outras fotos, notadamente aquelas tiradas do alto, que foram encomendadas ainda quando o Atlas estava sendo elaborado e que visavam principalmente à produção de material visual sobre as partes – bairros, estações de tratamento, grandes construções – da área urbana de Rio Claro, uma vez que a maioria delas se encontra distribuída nas páginas que se referem aos setores da cidade. Não só da área urbana será possível encontrar vistas aéreas, pois há fotos de usinas hidroelétricas, encontro de rios, estradas de rodagem e áreas vegetadas onde se tem uma ampla área não urbanizada enquadrada também num *grande plano* superior (Figura 1).

Mas não só de "grandes vistas" vive esta obra. Pequenos objetos sacros ou oriundos de sítios arqueológicos, interiores de fazendas e locais de trabalho, fachadas de casas e escolas, bem como árvores e pessoas são trazidos a este Atlas por meio de fotos com enquadramentos diversos. Estes vão desde o *close* no símbolo da antiga Companhia Paulista de Estradas de Ferro, passando pelos *planos médios* do casal de doceiros e da florista, pelos inúmeros *primeiros planos* em trabalhadores, árvores e casas, indo até os ainda mais frequentes *planos de conjunto*, como os da cozinha da Fazenda Angélica ou da barbearia do Sr. Adriano Pinto de Sousa.

Tanto a diversidade de fontes quanto a diversidade de enquadramentos e angulações das fotos permitem aos leitores do Atlas entender que um lugar vai ganhando existência de muitas maneiras, sob pontos de vista diversos que, no entanto, vão compondo, em tensão ou solidariedade, a imagem desse lugar, no caso Rio Claro.

Esse Atlas nos oferece também uma inusitada repetição da mesma foto, só que em dois tamanhos diferentes, uma praticamente o dobro da outra, em proporções semelhantes a como aparecem abaixo.

Nas duas aparece o encontro dos rios Corumbataí e Passa Cinco. Essa repetição permite uma possibilidade de observação da relação tamanho da imagem/detalhamento, tão importante na leitura da fotografia quanto do mapa, uma vez que os detalhes que individualizam as coisas do mundo vão se perdendo à medida que vão sendo "prensados" em imagens cada vez menores. Nos mapas – em que essa relação

Figura 1 – Fotografia superior oblíqua em grande plano (p. 90 do Atlas).

Confluência do rio Passa-Cinco com o rio Corumbataí

Figura 2 – Fotografia superior oblíqua em grande plano (p. 44 do Atlas).

é indicada pela escala –, os detalhes chegam mesmo a desaparecer por completo sob as generalizações propostas pela linguagem cartográfica.

Numa fotografia, os detalhes vão tornando-se cada vez mais visíveis à medida que ampliamos a imagem,[10] fazendo com que a vegetação e as marcas do assoreamento sejam mais nítidas na segunda que na primeira.

Em relação ao ângulo das fotos, há um forte predomínio das tomadas frontais ou superiores oblíquas. A característica mais marcante destas fotos no Atlas é que elas nos trazem *informações visuais*. Elas nos mostram o ipê-branco, a igaçaba, a mata ciliar, a estação de tratamento de esgoto, o entroncamento de duas rodovias etc. Elas mostram o lugar onde se vive e as coisas que nele existem, por isso, em suas legendas, há a indicação do local onde aquilo que estamos vendo nas fotos está ou estava no território do município ou da cidade de Rio Claro, sendo associadas muitas vezes aos mapas que as acompanham no desenvolvimento do tema.

Há, nesse procedimento de "endereçar" as fotos, tanto o intuito de *dar visibilidade* às coisas existentes no lugar, ampliando, assim, o conhecimento sobre ele, quanto o intuito de solicitar os conhecimentos já existentes acerca desse lugar, os saberes da experiência corporal, para poder reconhecer a veracidade da informação dada na foto e na legenda. As pessoas podem "conferir" a veracidade da informação dada ao verificar a presença de tal árvore ou edificação no "endereço" indicado na legenda. Desse modo, uma vez que as *informações em imagens* vão sendo confirmadas por esses outros saberes preexistentes nos leitores do Atlas, elas vão garantindo e ampliando a confiabilidade destas e das demais informações contidas nos textos, desenhos ou outras fotos.[11]

Normalmente as fotos superiores oblíquas se conjugam com enquadramentos mais amplos e apresentam extensões maiores do espaço geográfico. As fotos frontais normalmente se conjugam a enquadramentos mais restritos em termos de espaço, como se pode notar nas páginas onde há fotos identificando espécies vegetais.

Sapucaia, Jd. São Paulo

Figura 3 – Fotografia frontal de uma sapucaia em plano de conjunto (p. 61 do Atlas).

Jequitibá, Floresta Estadual

Figura 4 – Fotografia frontal de um jequitibá em plano médio (p. 60 do Atlas).

Nestas fotos, nota-se que a legenda tem apenas um nome – sapucaia, jequitibá, ipê-amarelo etc. –, mas na imagem que vemos há outras plantas que não são nomeadas. Como saber a que planta se refere a legenda? Nossa memória visual, fruto da convivência cotidiana com as imagens, nos indica o que entender. Sabemos que a identificação que se dá na legenda é apenas da planta de maior visibilidade, normalmente estando em plano mais aproximado que as demais, bem como no centro da imagem.

É essa centralidade que faz com que na fotografia da Figura 3 a árvore que está ao fundo seja identificada com a sapucaia da legenda e não as que estão na frente, que são bananeiras. Mas afinal, nessa região a que se destina esse Atlas, há quem não conheça uma bananeira? Seria necessário identificá-la na legenda? Será que ela precisaria de outras apresentações que não a sua própria e peculiar forma visual? Mas e as sibipirunas atrás do ipê-amarelo? E quais seriam aquelas árvores atrás do jequitibá?

Mas se é verdade que há presenças na imagem que não são nomeadas, é certo que raramente haverá dúvidas sobre qual a planta presente na foto que está nomeada na legenda escrita. Afinal, esse entendimento, oriundo de uma cultura visual comum a nós, brasileiros, é dado pela relação estabelecida no enquadramento da própria imagem que já hierarquiza importâncias, seja no destaque do close [jequitibá], seja na definição das bordas [sapucaia, ipê-branco], seja pela relação do escrito com a imagem [ipê-rosa, ipê-amarelo], pois elas são a única espécie que tem essa cor na foto.

Além dos dois tipos citados de tomadas, frontais e superiores oblíquas, que têm fins mais diretamente informativos, há dois outros tipos de tomadas fotográficas no Atlas. Uma delas, a tomada superior vertical, dá origem às chamadas fotografias aéreas propriamente ditas, que são apresentadas e trabalhadas em oito páginas ao final do Atlas, numa boa introdução a esses tipos de fotografias, pouco habituais no cotidiano e muito utilizadas no desenvolvimento de pesquisas sobre o território, notadamente o urbanizado, ao qual se dedicam as análises presentes nele. Retorno a essas fotos mais adiante.

Por fim, há um único e belo exemplar de fotografia com tomada inferior, em *contraplongée* na linguagem dos especialistas, ou de baixo para cima numa linguagem mais corriqueira. Trata-se da foto de uma árvore, um Pau-Ferro, que está conjugada à outra foto da mesma árvore com tomada frontal.

Pau-Ferro abatido na Rua Samambaia

Figura 5 – Fotografia frontal em plano de conjunto, fotografia em *contraplongée* em primeiro plano (p. 60 do Atlas).

Voltarei a esta foto em *contraplongée* ao final do artigo, mas neste momento considero importante dizer da contribuição ao entendimento da linguagem fotográfica trazida pelas duas fotos citadas, pois elas dão um bom exemplo de como uma mesma realidade, o Pau-Ferro, pode ser mostrada de maneiras tão distintas, pois apesar de serem do mesmo exemplar da mesma árvore, as duas fotos nos indicam altura, espessura, densidade distintas. Com qual delas ficamos para construir nossa imagem de um Pau-Ferro? Teria essa árvore 10 ou 30 metros de altura? Seria possível envolver seu tronco somente com meus braços ou seria necessário mais pessoas para abraçá-la?

Finalizada essa parte em que busquei apresentar a diversidade a partir de "características mais individualizadas" de cada fotografia, gostaria de comentar a também grande diversidade de maneiras como essas fotos são apresentadas na organização dos temas ou páginas, visando a algum tipo de produção de conhecimento a partir delas. Já citei anteriormente a presença de duas fotos iguais em tamanhos diferentes – do encontro dos rios – e de duas fotos diferentes de uma mesma árvore, apontando os ganhos em termos de conhecimento que elas trazem. É nesse caminho que pretendo seguir.

Algumas fotos vistas com olhar educativo

Começo pelas fotos que vão compondo os aspectos históricos do município. Há entre elas fotos recentes de objetos antigos, como a igaçaba ou a imagem de Cristo com o cordeiro. Fotos coloridas de objetos que existiam antes mesmo de a fotografia passar a impregnar imagens no mundo. Há também fotos em preto e branco de coisas bem mais recentes que a igaçaba, como casas e fazendas do período da cafeicultura.

Um cruzamento entre esses dois conjuntos de fotos seria interessante para se pensar as temporalidades, uma vez que a época dos objetos fotografados é distinta da época das próprias *fotos como objetos*. Qual é mais antigo? A foto ou o que está nela? A igaçaba é mais antiga que a fazenda, mas a foto da igaçaba é bem mais recente que a foto da fazenda. Por que só há fotos mais recentes de objetos muito antigos? Por que só recentemente eles foram descobertos? Por que só mais recentemente se teve interesse em fotografá-los? Desde quando existe a fotografia? E quando ela passou a ser colorida? Toda foto em preto e branco é mais antiga que as fotos em cores?

Se nas fotos da igaçaba e das fazendas as temporalidades são distintas entre o objeto fotografado e a própria fotografia como objeto, há também fotos contemporâneas aos objetos e fatos registrados, como a foto da inauguração da ferrovia em 1876 ou da estação ferroviária em 1910, fazendo com que a "quantidade de tempo" do objeto fotografado e da fotografia como objeto sejam bem próximas ou coincidentes.

Nesse cruzamento entre as temporalidades das *fotos como objetos* e dos objetos presentes nelas também se pode desenvolver uma conversa bastante instigante sobre as permanências das coisas, sobre *preservação*, em museus, desses objetos tal qual eles são ou se bastariam as suas imagens impregnadas nas fotografias.

Além disso, aí temos presente a necessidade de dizer que as fotografias, assim como qualquer obra humana, têm sua história e essa se cruza com as demais histórias daquilo que os homens e mulheres inventam e usam. Daí ser importante que essas histórias se façam em paralelo. À história social e simbólica dos objetos e locais que são indícios trazidos ao atlas dos outros tempos do município de Rio Claro deve-se colar a história, também social e simbólica, dos registros fotográficos feitos desses objetos e locais. Desse modo, creio que o nosso mundo, nossa sociedade, nosso lugar se mostre mais amplamente àqueles que estão sendo inseridos no seu conhecimento. Tanto os objetos e os locais, quanto as linguagens desenvolvidas e utilizadas pelas pessoas na sua "apropriação", dizem deste mundo, desta sociedade, deste lugar.

Ainda em relação às fotografias presentes nas páginas com "temas históricos", destaco que no interior das próprias imagens fotografadas há várias épocas, temporalidades cruzando-se num único lugar, num mesmo enquadramento. É o caso do botijão de gás numa cozinha que data do século XIX, ou do caminhão no pátio de uma fazenda de café, numa página que traz informações de um período que vai dos fins do XIX até os anos 30 do XX, quando este caminhão ainda nem era fabricado. Há fiações elétricas e fuscas em fotos que têm ao fundo casas do início do século XX. Permanências e transformações, camadas de vários tempos visíveis num único lugar, numa única mirada. A complexidade do lugar se fazendo ver nas fotografias. Por que essa construção ainda existe e aquela outra não? E essa, que ainda existe, antes era um teatro e agora é uma igreja. Como pode? Mas as ruas continuaram as mesmas? Inclusive seus nomes e números? Se a iluminação elétrica veio depois das ruas, como era a iluminação pública antes? Ou ela não existia? Se as ruas continuaram as mesmas, o que mudou nelas para receber os automóveis?

Porém, desse rol de fotos que visam a trazer até nossos dias os diversos passados de Rio Claro, o conjunto mais impressionante provavelmente é aquele que reúne as fotos do que não mais existe. Profissões, casas, objetos, lugares, pessoas.

Na legenda de uma dessas fotos a indicação da passagem do tempo, da ausência, da nostalgia: "Foto do casarão construído em meados do século XIX, pela família Vergueiro, na Fazenda Ibicaba. Foi demolido na primeira década do século XX pelo coronel José Levy".

Em outra página, as legendas das fotos levam essa nostalgia para o Jardim Público, principal praça da cidade. Nessas legendas, as datas de construção e demolição, a indicação do que hoje existe onde antes existiu aquela edificação. Nesse interessante conjunto de fotos – ligadas a uma foto maior onde se vê uma boa parte da área central[12] –, não há só a ausência anunciada na legenda da foto do casarão dos Vergueiros, mas a tensão entre a ausência e a presença, entre aquilo que já não mais existe para ser visto ao redor da praça e a memória que essas edificações deixaram impregnadas nas novas construções que tomaram seus lugares. Verdadeiros retratos da cidade invisível que Ítalo Calvino chamou de Maurília:

Em Maurília, o viajante é convidado a visitar a cidade ao mesmo tempo em que observa uns velhos cartões-postais ilustrados que mostram como esta havia sido: a praça idêntica mas com uma galinha no lugar da estação de ônibus, o coreto no lugar do viaduto, duas moças com sombrinhas brancas no lugar da fábrica de explosivos. Para não decepcionar os habitantes, é necessário que o viajante louve a cidade dos cartões-postais e prefira-a à atual, tomando cuidado, porém, em conter seu pesar em relação às mudanças nos limites de regras bem precisas: reconhecendo que a magnificência e a prosperidade da Maurília metrópole, se comparada com a velha Maurília provinciana, não restituem uma certa graça perdida, a qual, todavia, só agora pode ser apreciada através dos velhos cartões-postais, enquanto antes, em presença da Maurília provinciana, não se via absolutamente nada de gracioso, e ver-se-ia ainda menos hoje em dia, se Maurília tivesse permanecido como antes, e que, de qualquer modo, a metrópole tem este atrativo adicional – que mediante o que se tornou pode-se recordar com saudades daquilo que foi.

Evitem dizer que algumas vezes cidades diferentes sucedem-se no mesmo solo e com o mesmo nome, nascem e morrem sem se conhecer, incomunicáveis entre si. Às vezes, os nomes dos habitantes permanecem iguais, e o sotaque das vozes, e até mesmo os traços dos rostos; mas os deuses que vivem com os nomes e nos solos foram embora sem avisar e em seus lugares acomodaram-se deuses estranhos. É inútil querer saber se estes são melhores do que os antigos, dado que não existe nenhuma relação entre eles, da mesma forma que os velhos cartões-postais não representam a Maurília do passado mas uma outra cidade que por acaso também se chamava Maurília. (Calvino, 1995: 37-8)

Na página ao lado da do Jardim Público, aparecem a "Rio Claro de Ontem" e a "Rio Claro de Hoje".

Duas cidades distintas que, coincidentemente, ocuparam o mesmo lugar e tiveram o mesmo nome. Raras permanências: uma fachada, uma cor, algumas palavras, outras lembranças. Documentos da transformação do lugar. Vestígios de outra cidade que também chamavam de Rio Claro.

Figura 6 – Fotos frontais em plano geral (p. 36 do Atlas).

Nas páginas dedicadas às fazendas de café, temos outras duas maneiras em que fotos aparecem no Atlas. A fachada principal da Fazenda Angélica é vista na foto maior, mas somos convidados a entrar em seu interior nas duas fotos menores ao seu lado, onde podemos observar a ampla sala e a também ampla cozinha, com seus fogões a lenha e a gás.

Contudo, este outro conjunto de fotos, da Fazenda Santa Gertrudes, se destaca na página.

Figura 7 – Conjunto de fotografias da Fazenda Santa Gertrudes (p. 33 do Atlas).

Nele, os autores realizaram o que se pode chamar de "efeito lupa". Ao centro há uma grande foto tirada do alto apresentando a área da fazenda onde se encontram as principais edificações. Nela podemos ver a disposição de uma construção em relação às demais, bem como identificarmos seus tamanhos e distâncias aproximadamente, visto que, propositalmente ou não, há na lateral esquerda da foto um "pequeno" caminhão que nos serve de parâmetro conhecido para o estabelecimento dessas medidas, além de indicar uma época bem mais recente da foto que a da fazenda.

Na foto maior há cinco circunferências brancas. Delas saem linhas ligando-as a fotografias que margeiam a foto. Cada uma mostra o lugar circunscrito mais de perto, com ampliações diversas, indo desde um *plano de conjunto* da Casa Grande tendo à frente parte do terreno de secagem do café até um close em um canal de escoamento de café existente em outra parte desse terreno.

Esses dois conjuntos de fotografias das fazendas nos revelam as possibilidades enriquecedoras da observação e do pensamento realizados em diversas escalas, principalmente quando são relacionadas entre si, permitindo-nos miradas internas e externas, amplas e pontuais, tirando delas conhecimentos distintos que, uma vez aproximados, geram *saberes mais inteiros*. Essa maior "inteireza", a nosso ver, seria alcançada justamente à medida que as fotos – mas não só elas, evidentemente – conseguem nos dar a possibilidade de *circular* nos lugares realizando *aproximações e distanciamentos*, que vão nos permitindo ver as relações espaciais existentes entre os diversos elementos da paisagem, bem como detalhes que identificam o "funcionamento" e a "forma" de um ou mais destes elementos do espaço das fazendas.

Por meio desses conjuntos de fotos, penso ser possível realizar, ainda que parcialmente e numa extensão territorial pequena, aquilo que foi proposto por Yves Lacoste (1997) como sendo um dos raciocínios geográficos por excelência: pensar em diversas escalas, interconectando-as.

Da mesma forma que as fazendas, as matas ciliares podem ser entendidas tanto em sua relação com os cursos d'água – extensões maiores, quanto em suas peculiaridades de espécies vegetais – extensões menores e mais detalhadas. Desse modo, a meu ver, além de se trabalhar de um raciocínio por escalas, alcança-se as perspectivas de observação e análise da Geografia e da Biologia, uma vez que estas áreas do conhecimento tradicionalmente observam o mundo em escalas bastante distintas, mais amplas e mais pontuais, respectivamente.

Teço agora alguns comentários acerca das fotografias aéreas verticais presentes no Atlas.

Essas fotografias, num total de seis, compõem um conjunto que visa a dar um entendimento da diversidade de usos do solo existentes no espaço geográfico da cidade de Rio Claro. Nelas estão impressas imagens visuais próximas ao ponto de vista "vertical" dos mapas, e são fruto de uma metodologia científica de interpretação e análise do território.

Como o objetivo das fotos aéreas verticais é introduzir os alunos nessa outra modalidade de fotografia, elas vêm acompanhadas de textos escritos a partir de interpretações já realizadas sobre, iniciando um processo de leitura e decodificação pelos leitores.

Não há dúvidas de que esse é um dos aspectos mais inovadores do *Atlas Municipal e Escolar de Rio Claro*. Primeiro porque introduz os alunos nesta modalidade de fotografia, pouco habitual no cotidiano, mas muito frequente nos ambientes acadêmico-científicos. Segundo, e não menos importante, porque essas fotos aéreas verticais têm um ponto de vista semelhante ao do assumido na maioria dos mapas, possibilitando aos alunos *passagens mais facilitadas* entre essas imagens menos codificadas – e lidas, em parte, a partir das memórias visuais das formas – e as imagens mais codificadas das plantas e mapas – lidas basicamente a partir das legendas que as acompanham e que dão inteligibilidade à maior parte dos símbolos utilizados na sua elaboração.

Em nenhum momento essas fotos foram sequenciadas por um mapa do mesmo território que elas abrangem. Ao destacar essa opção dos autores do Atlas, estou a perguntar se haveria a necessidade de as fotos serem seguidas de mapas e se isto poderia auxiliar os leitores a realizar passagens entre modos distintos de apresentar o mundo: da fotografia aérea – mais próxima do conhecimento corporal – ao mapa, ou se essas passagens estariam a cargo das práticas educativas realizadas em contextos escolares.[13]

Além disso, outras perguntas ficaram para mim: quais análises do território podem ser feitas em fotos oblíquas, como as que estão presentes nas páginas dos setores? Ou, comparando as duas fotos aéreas presentes numa mesma página – uma oblíqua e outra vertical –, quais interpretações do território poderiam ser feitas a partir de cada uma delas? Dessa comparação, seria possível depreender por que as fotos aéreas verticais são preferidas às oblíquas nos trabalhos acadêmico-científicos? Por permitirem maior número de *informações visuais* do território? Mas elas não têm cor...

Acima, fiz um questionamento sobre a ausência de uma relação explícita entre uma fotografia aérea vertical e um mapa, cabendo aqui algumas palavras sobre a aproximação entre fotos e mapas existente em quase todo o restante do Atlas.

Uma boa parte das fotos presentes nele está relacionada aos mapas que constam na mesma página ou tema. Elas dão outro tipo de visibilidade ao assunto que está sendo tratado, pois permitem que os alunos realizem uma identificação visual de algum local que conhecem por experiência corporal e os localizem no mapa. Essa associação das fotos com os mapas permite uma identificação cartográfica mais facilitada da localização dos locais no município ou na área urbana, ampliando as possibilidades de entendimento dos mapas ao permitir cruzamentos – passagens – mais frequentes entre estes dois saberes, o corporal/visual e o mapeado.

Uma vez identificado algum local conhecido na foto e no mapa, pode ser que se consiga, por contiguidade espacial, ir identificando outras coisas e localizando as casas das pessoas, os mercados, os bares e outros locais não identificados nos mapas, mas passíveis de serem "encontrados" e "localizados" neles, completando mentalmente o que está registrado cartograficamente. Isso é válido sobretudo para as páginas dos setores da cidade, uma vez que seu território, teoricamente, é de mais amplo conhecimento dos alunos ali moradores.

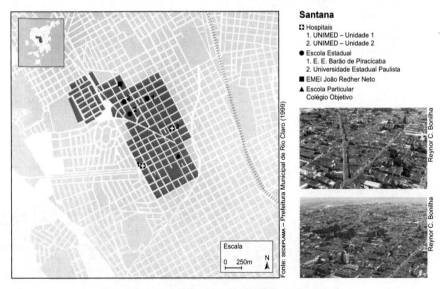

Figura 8 – Imagens do setor Santana (p. 67 do Atlas).

Porém, cabe dizer que essas páginas dos setores da cidade apresentam algumas dificuldades iniciais para que isso se realize. Enquanto todos os mapas têm orientação para o norte e este para a parte de cima da folha, as fotos têm orientações diversas, dificultando as relações entre o visual fotografado e o mapa. Além disso, o enquadramento das fotos raramente é semelhante à parte mapeada, tendo tanto extensões maiores quanto menores que os mapas.

Problemas? Nenhum. Se é certo que as relações não serão imediatas por conta dessas diferenças entre as duas orientações e limites, é também certo que o professor pode tirar muito proveito disso. Pode, por exemplo, pedir que se coloquem em pares e, mantendo o mapa na posição original, "girem" a foto até ela estar na mesma orientação que o mapa, ou seja, com o norte voltado para frente deles. Ou solicitando que os meninos e meninas digam o que tem a mais ou a menos na foto que no mapa, afinal é uma foto e um mapa do lugar deles, do bairro onde andam e olham. Dessa maneira, o que a princípio seria um "erro didático", torna-se um excelente momento de solicitação dos *saberes corporais da experiência* para o entendimento das informações e relações mapeadas no Atlas.

Outro exemplo da associação de fotos com linguagens mais codificadas está na página em que há dois perfis de relevo que compõem um perfil topográfico de Rio Claro, onde constam as maiores e menores altitudes existentes no município. Associados a esse perfil topográfico estão um pequeno mapa e três fotografias. No pequeno mapa estão traçadas linhas retas indicando os sentidos de orientação dos "cortes" que deram origem aos dois perfis de relevo.

As fotografias estão ligadas ao perfil por linhas que visam a indicar nelas aquilo que também está no perfil: o encontro dos rios Corumbataí e Passa Cinco, o Córrego

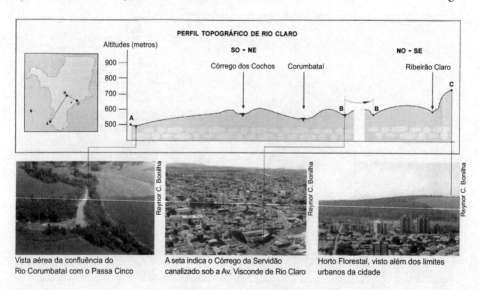

Figura 9 – Relevo (p. 44 do Atlas).

da Servidão (canalizado sob a avenida) e o morro onde se encontra o Horto Florestal e a torre de TV.

Essas fotografias, a meu ver, visam a *promover passagens* entre os conhecimentos habituais sobre o relevo do lugar e sua *apresentação*[14] pelas linguagens mais codificadas que elaboraram o perfil e o mapa. Para isso, alguns pontos importantes do relevo que se encontram indicados no perfil e no mapa – cursos d'água e elevações – são apresentados em uma forma mais próxima de como são vistos pelos alunos em seu cotidiano.

Dessa maneira, possibilita-se o entendimento dos perfis num plano mais próximo à vida cotidiana, na medida mesma em que os saberes corporais sobre o relevo – subidas, descidas, planos, o sentido das águas das enxurradas e rios – sejam transportados para as fotos e delas para o perfil e daí para o mapa de relevo, presente na página ao lado do Atlas.

Se esses saberes corporais já tiverem existência nas pessoas, poderão circular pelas demais formas de apresentar o relevo de Rio Claro. Mas esses saberes corporais podem ainda não ter existência nos alunos. Caso isso seja o que ocorre numa turma, o caminho das passagens poderá ser invertido, indo da observação do perfil para o reconhecimento das inclinações do relevo e suas influências sobre o escoamento das águas e a localização dos córregos e rios no chão da cidade de Rio Claro. Aqui estou a indicar que a visualidade do perfil poderá facilitar a identificação das relações entre a presença de cursos d'água e as partes mais baixas do relevo, promovendo então entendimentos antes inexistentes a partir somente das experiências cotidianas com as formas de relevo.[15]

Considerações finais

Nestas considerações, levanto duas questões. A primeira delas está relacionada ao dito anterior de que a maioria das fotos do Atlas são *informações em imagens*. A questão é: essas informações em imagens seriam *verdades parciais* ou falsificações deliberadas? Elas devem ser compreendidas como *construção de realidades* ou manipulação das pessoas? Coloquei em itálico aquela que seria a minha versão acerca delas, tomando como referência básica o pensamento de Gianni Vattimo (1991) citado no ensaio *Agamenon e seu porqueiro*, de Jorge Larrosa (1999), que retoma as ideias desse autor.

Essa questão me foi suscitada por fotos presentes no Atlas. Mais precisamente pelas fotos presentes nos temas "Divisão político-administrativa" e "Áreas verdes".

Com relação ao primeiro deles, na foto com legenda *área urbana* há uma enorme extensão arborizada ou gramada, dando a impressão de que a cidade de Rio Claro é mais verde do que é quando estamos corporalmente em seu território. Na foto com legenda *área rural*, aparece um campo cultivado, algumas árvores, uma estrada de chão e uma cerca de arame com moirões de madeira. Essa é a fisionomia da maior parte do campo no município de Rio Claro ou é uma imagem já canonizada da paisagem rural e por isso ela foi utilizada? Além disso, na legenda não se diz que tipo de cultura é aquela que vemos. Somente os iniciados, ou melhor, aqueles com memória visual das culturas agrícolas poderiam nos dizer. Como a maior parte das pessoas a que se destina esse Atlas é moradora da área urbana, talvez fosse melhor que se identificasse a plantação de laranja, café, cana, feijão etc.

No tema "Áreas verdes", por que as plantações não são "áreas verdes"? Na foto da "mata nativa" há outras áreas que têm o predomínio da cor verde. Como saber o que é a mata? Ela é uma vegetação compacta e verde? O que indicaria esse compacto? Intrincado? Sem passagens ou interferências humanas ocidentais? Esse é um bom exemplo de como as fotos solicitam outras experiências e saberes para serem entendidas em maior profundidade, contendo, portanto, *verdades parciais* que precisam ser ampliadas.

Ainda nas páginas que tratam deste tema, qual a *diferença visual* entre a "mata nativa" e o "reflorestamento"? Essas fotos solicitam que os alunos *entrem* – com pés, olhos, ouvidos e curiosidades – nesses locais existentes no município onde vivem, diferenciando então formações vegetais que são muito semelhantes quando olhadas de longe e do alto, como no caso das fotos presentes no Atlas.

Mas poderíamos dizer que houve *manipulação*, falseamento da verdade paisagística e espacial? Ou seria melhor dizermos que estas fotografias *participam da construção de "fatos espaciais"* (áreas de mata nativa e de reflorestamento; fisionomia da área urbana e da área rural de Rio Claro)?

Assumindo que toda obra humana está a nos apresentar uma versão acerca do mundo, caberia, sobretudo aos professores, conversar com seus alunos sobre que versão da realidade – do município e da cidade de Rio Claro – os autores desse Atlas estão nos dando. Onde percebemos os engajamentos políticos dos autores? Ao colocar uma foto de uma árvore abatida eles estariam nos dizendo que um desses engajamentos é na proteção da arborização urbana? Mas eles colocam sob a mesma classificação de "áreas verdes" a floresta nativa e o reflorestamento? Não há contradições aí? Ao destacar os imigrantes alemães e italianos, e não apresentar negros, estão a construir que versão para a colonização da cidade? Devemos ou não acreditar nela? Ou em parte dela? Em que páginas acreditar então? Por que acreditar em umas e não em outras? O que faz críveis umas e desconfiáveis outras? As fotos ou a ausência delas? De que maneira podemos "testar", "ampliar", "reforçar" a versão do lugar Rio Claro presente no Atlas? Ou, para me utilizar do verbo presente no ensaio citado de Jorge Larrosa, poderíamos "dissolvê-la" de que maneiras? Com fotos? Quais? Para quê? Em nome de que outros engajamentos?

Perguntas que deixam clara a condição do Atlas de obra histórica e socialmente localizada, portanto, não contendo em si a verdade ou a realidade em si mesma, mas uma versão dela, construída sob certas condições práticas e ideológicas, para não dizer certas concepções pedagógicas e geográficas.

As práticas educativas, nesse sentido, encaminham os alunos a tornarem-se produtores de suas próprias versões da realidade e a procurarem as maneiras e sutilezas com que as demais versões são construídas, com materiais e linguagens os mais diversos.

A segunda questão que gostaria de levantar aos leitores não mais se vincula às informações e sua força de verdade ou manipulação. Queria aqui trazer a natureza estética da linguagem fotográfica para uma primeira reflexão. As *escolhas estéticas* feitas pelos fotógrafos atuam no conhecimento que elaboramos a partir das fotos?

Por exemplo, em quase todas as fotos em que aparecem vias de transporte, ferrovia e rodovias cruzam toda a imagem, vazando o enquadramento, permitindo o ir e vir ser "sentido" na própria fotografia. Aproximar e sumir no horizonte, passar diante ou mudar de direção. É como se dissessem ao observador: escolha seu caminho e siga viagem. Dos significados existentes em nossa cultura sobre as vias de transporte, essas fotos salientam o *do ir* e o *do estar em deslocamento*, mas fogem do significado *de chegar*.

Penso que as fotos *participam da construção de uma memória sobre o lugar* e vão participando da configuração de uma inteligência[16] que nos permite *ler e significar o mundo, as coisas e os lugares* nele existentes. E nessa construção não há como separarmos as dimensões estéticas das dimensões informativas ou políticas dessas fotografias.

Neste sentido, é importante que se tome as fotografias não apenas como interface entre o visual cotidiano e as linguagens que apresentam o mundo de maneira mais codificada, como vim fazendo nestes capítulos. Cumpre lembrar: *olhar fotografias é uma maneira de educar o olhar*. Essa educação pode tanto reforçar formas habituais e massificadas quanto *encontrar outros jeitos de olhar o mundo*, de modo a nos permitir encontrar *outros entendimentos e outras poesias* nas coisas expostas aos nossos olhares no dia a dia de nossas caminhadas pelas calçadas e nossas debruçadas nas janelas.

O que eu disse acima pode ser notado na Figura 5, onde uma delas – justamente a maior – nos mostra um Pau-Ferro fotografado de baixo para cima, apresentando-nos um emaranhado de brilhos, contrastes e manchas. A árvore pode aí ser admirada feito um totem num altar: forte e exuberante, a se erguer em direção ao alto, aos céus, à luz... quase uma abstração. Assim, ela deixa de ser somente informação em imagem e passa a problematizar o olhar que dirigimos geralmente às coisas do mundo à nossa volta.

Essa fotografia coloca-se em tensão com as demais fotos do Atlas, solicitando que nós, a despeito de vivermos num mundo em que conhecimento é entendido como informação, compreendamos que conhecer também pode ser se permitir ver de outras maneiras, a partir das indicações de quem está ao nosso lado, com outros desejos, outros ângulos, outros saberes, outras experiências...

Notas

[1] É no interior dessa proposição geral que os conceitos, categorias e raciocínios desenvolvidos na comunidade acadêmica de geógrafos e outros cientistas vêm sendo incorporados nas práticas educativas escolares.

[2] Agradeço ao amigo e geógrafo José Pedro de Paiva Reis por esta última frase e a ideia de contaminação.

[3] Amparo-me na já clássica diferenciação feita por Walter Benjamin entre *experiência* e *vivência*, notadamente no ensaio "Sobre alguns temas sobre Baudelaire".

[4] Aqui cabe uma ampliação recente desta perspectiva benjaminiana encontrada num pequeno texto de Jorge Larrosa (2001), notas para uma conferência, onde o autor escreve sobre a experiência e o saber da experiência dizendo,

entre outras coisas, que esta é aquilo que nos passa, que nos chega, que nos acontece, e que, sendo assim, ela tem uma forte presença da passividade humana em relação ao mundo, contrapondo-se frontalmente à noção de experimento, oriunda do pensamento científico, que carrega em si ideias de controle e precisão vinculadas à concepção de atividade humana sobre o mundo.

5 Acredito que à medida em que estas páginas tornarem-se promotoras de falas dos alunos, elas poderão se tornar verdadeiros pontos de escuta para os professores das diversas realidades que permeiam a vida destes alunos, dificultando, assim, que os professores sejam definidores da "realidade" de seus alunos. Sobre esses pontos de escuta, indico a leitura do Trabalho de Conclusão de Curso em Geografia do aluno Carlos Santos Machado Filho, intitulado "Os 'espaços de escuta' na formação e atuação do professor".

6 Quando me utilizo da palavra mundo ao invés de outra, faço propositadamente, de modo a ligar as reflexões presentes neste texto ao pensamento de Hannah Arendt (1995), no qual encontro amparo e poesia para encarar o mundo como sendo fruto e produto dos homens, no plural, de seus trabalhos e de suas ações, assumindo-as como eminentemente políticas.

7 Para conhecer melhor a produção coletiva de professores que resultou neste Atlas de Rio Claro e nos de Limeira e Ipeúna, veja o Caderno *Cedes* 60 – Formação de Professores e Atlas Municipais Escolares. Nele, os autores dos atlas escrevem sobre a elaboração dos mesmos em meio às suas experiências de pesquisa e autoria.

8 Boris Kossoy (2000) apresenta um belo exemplo dessa construção de realidade apoiada em fotos no artigo "A construção do nacional na fotografia brasileira: o espelho europeu".

9 É famosa, e também algo angustiante, no grupo de professores elaboradores desse Atlas, a tentativa frustrada de produzir uma página sobre o trabalho escravo na região. Em conversas informais, esses autores alegam a ausência praticamente total de documentos de qualquer tipo, aí incluso as fotografias, o motivo de não conseguirem material suficiente para a montagem de tal página, resultando na ausência deste tema no Atlas.

10 Um bom exemplo disto pode ser visto no filme *Blow up*, onde um crime é desvendado ao se descobrir, por ampliação de uma fotografia, uma arma em meio aos arbustos do parque. Evidentemente, isso tem um limite, quando então, ao invés de maior detalhamento, vai-se perdendo a definição da imagem.

11 No *Atlas Municipal e Escolar de Ipeúna*, realizado no mesmo grupo de pesquisa que o de Rio Claro, há uma fotomontagem que se apresenta como uma fotografia comum. Ela é a única e, justamente por ser única, carrega para si a credibilidade proveniente das demais fotos existentes nesse Atlas, fazendo com que poucos leitores notem a desproporção existente entre o primeiro plano das lavadeiras e o plano de fundo com os morros da serra. O objetivo dessa autora dessa fotomontagem foi transformar em informação visual uma informação recebida oralmente de antigos moradores da cidade: antes da chegada da água encanada na década de 1960, as pessoas lavavam suas roupas no rio. A informação histórica é verdadeira, mas a foto é uma montagem. O objetivo foi pedagógico: facilitar o entendimento por meio de uma imagem.

12 Não há a data dessa foto.

13 Aqui cabe dizer do desenvolvimento no grupo onde se elaborou esse atlas de oficinas com professores, nas quais foram realizadas práticas educativas promovedoras dessas passagens. A partir da solicitação de identificar os diversos usos do solo presentes no espaço fotografado, são feitas atividades com acetato transparente colocado sobre as fotografias aéreas verticais. Sobre esses acetatos devem ser registradas as áreas com usos do solo diferentes e construir uma legenda correspondente aos símbolos utilizados na identificação dessas áreas. Desse modo, o resultante dessa atividade – o acetato desenhado – se aproxima bastante das características de uma planta ou mapa. Para mais entendimentos dessa atividade, ver a dissertação de Valéria Cazetta, "A aprendizagem escolar do conceito de uso do território por meio de croquis e fotografias aéreas verticais".

14 Utilizo a palavra *apresentação* propositadamente, no intuito de diferenciá-la da palavra usualmente utilizada: representação. Com isso, estou assumindo, aqui, a perspectiva benjaminiana de que as coisas só ganham existência quando são nomeadas, ou seja, "ditas" ou "escritas" por alguma linguagem inventada e utilizada pelos homens e mulheres na sua busca de compreender o mundo. Sendo assim, uma linguagem, mais do que representar ou reapresentar algo, ela o *apresentaria*, dando existência a ele neste mesmo momento. Radicalizando esta perspectiva, Larrosa (1999), na esteira de Gianni Vattimo (1991), diz que atualmente estamos submetidos à *construção e dissolução cotidiana da realidade* nos discursos veiculados nas instituições de formação e comunicação em massa, aí incluídas tanto as escolas quanto as redes de TV e rádio. Em outras palavras, vivemos uma realidade que nos é apresentada [na tensão entre sua construção e dissolução] em discursos produzidos em diversas linguagens que visam a garantir a confiabilidade e a credibilidade destes próprios discursos, convencendo-nos a nos engajar numa ou noutra *versão de realidade*.

15 Cabe aqui a lembrança de uma outra forma de associação entre perfil, mapa e fotografia no estudo do relevo presente no *Atlas Geográfico Escolar de Juiz de Fora*, onde estas três formas de apresentar o relevo são colocadas

uma abaixo da outra, tendo mais ou menos a mesma extensão na página, facilitando (didatizando?) ainda mais as passagens entre uma linguagem e outra na apresentação do relevo.

[16] Ideia desenvolvida no ensaio "A Educação Visual da Memória: Imagens Agentes do Cinema e da Televisão", de Milton José de Almeida, e no livro *Cinema: arte da memória*, do mesmo autor.

Bibliografia

ALMEIDA, M. J. *Cinema*: arte da memória. Campinas: Autores Associados, 1999.

_____. A Educação Visual da Memória: Imagens Agentes do Cinema e da Televisão. *Pro-posições*, v. 10, n. 2 (29), julho de 1999, Universidade Estadual de Campinas, Faculdade de Educação.

ALMEIDA, R. D. *Do desenho ao mapa*: iniciação cartográfica na escola. São Paulo: Contexto, 2001.

ARENDT, H. Crise da educação. In: *Entre o passado e o futuro*. São Paulo: Perspectiva, 1979.

_____. *A condição humana*. Rio de Janeiro: Forense Universitária, 1995.

BACHELARD, G. *A poética do espaço*. Rio de Janeiro: Eldorado, 1972.

BENJAMIN, W. O narrador. *Magia e técnica, arte e política*. São Paulo: Brasiliense, 1985. (Obras escolhidas v. 1)

_____. Sobre alguns temas em Baudelaire. *Os pensadores – Walter Benjamin*. São Paulo: Abril Cultural, 1980.

CALVINO, I. *As cidades invisíveis*. São Paulo: Companhia das Letras, 1995.

CAZETTA, V. *A aprendizagem escolar do conceito de uso do território por meio de croquis e fotografias aéreas verticais*. Dissertação (Mestrado) – Programa de Pós-Graduação em Geografia, IGCE/Unesp-Rio Claro, 2002.

HILLMAN, J. *Cidade e alma*. São Paulo: Studio Nobel, 1993.

KOSSOY, B. *Realidades e ficções na trama fotográfica*. Cotia-SP: Ateliê Editorial, 2000.

LACOSTE, Y. *A geografia, isso serve, em primeiro lugar, para fazer a guerra*. São Paulo: Martins Fontes, 1997.

LARROSA, J. Agamenon e seu porqueiro. *Pedagogia profana*: danças, piruetas e mascaradas. Belo Horizonte: Autêntica, 1999.

_____. Notas sobre a experiência e o saber da experiência. *Leituras*. n. 4 [Textos-subsídios ao trabalho pedagógico das unidades da Rede Municipal de Educação de Campinas/Fumec], Secretaria Municipal de Educação, Campinas, julho 2001.

MACHADO FILHO, C. S. *Os "espaços de escuta" na formação e atuação do professor*. Rio Claro, 2001. Trabalho de Conclusão de Curso (Bacharelado em Geografia) – Unesp.

OLIVEIRA JR., W. M.; ALMEIDA, R. D. (orgs.). *Formação de Professores e Atlas Municipais Escolares. Cadernos CEDES*, n. 60. Campinas: Centro de Estudos Educação & Sociedade, 2003.

_____. Perguntas à tevê e às aulas de Geografia - crítica e credibilidade nas narrativas da realidade atual. In: PONTUSCHKA, N.; OLIVEIRA, A. U. (orgs.). *Geografia em perspectiva*. São Paulo: Contexto, 2002.

_____. *Realidades ficcionadas: palavras e imagens em um telejornal brasileiro*. Anais em CD-rom da 23ª Reunião Anual da Associação Nacional de Pós-Graduação em Educação – Anped, GT Educação e Comunicação, setembro 2000, Caxambu – MG.

RESTREPO, L. C. *O direito à ternura*. Petrópolis: Vozes, 1998.

SACKS, O. Ver e não ver. *Um antropólogo em Marte*. São Paulo: Companhia das Letras, 1995.

VATTIMO, G. *A sociedade transparente*. Lisboa: Edições 70, 1991.

Atlas escolares citados

ALMEIDA, R. D. et al. *Atlas Municipal e Escolar*: geográfico, histórico, ambiental. Rio Claro: Fapesp/Prefeitura Municipal de Rio Claro/Unesp, 2001.

_____. *Atlas Municipal e Escolar*: geográfico, histórico, ambiental. Ipeúna: Fapesp/Prefeitura Municipal de Ipeúna/Unesp, 2000.

AGUIAR, V. T. B. *Atlas Geográfico Escolar de Juiz de Fora*. Juiz de Fora: UFJF, 2000.

NAVEGAR, COM MAPAS, É BEM MAIS PRECISO!

Valéria Trevizani Aguiar

"Navegar é preciso", enfatizaram os gregos na Antiguidade. Daí vem a valorização dos mapas resgatada na obra poética do português Fernando Pessoa.

Mesmo que a palavra "preciso" signifique ou "necessário" ou "roteiro certo", em qualquer das opções, o uso do mapa se faz fundamental.

E no que se refere ao uso de mapas, como eles foram inseridos no ensino de Geografia ao longo dos anos?

Voltar à memória cartográfica e analisar como o mapa e os referenciais cartográficos foram postos na educação geográfica, ao longo do tempo, no Brasil, merece uma reflexão que se pautará nos atlas geográficos escolares brasileiros publicados nos últimos cem anos. Esta avaliação coteja as diferentes propostas que nortearam a educação geográfica e, por analogia, a educação cartográfica no Brasil.

Assim posto, as reflexões estarão direcionadas para a cartografia escolar, com "um olho armado" para os atlas escolares.

Começo de conversa ou aquecer os motores...

O conhecimento do espaço geográfico e sua representação em forma de mapas possibilitaram a elaboração de atlas e, com a inserção da Geografia nos currículos escolares, a produção de atlas escolares.

Ao longo do tempo, os atlas desempenharam um papel especial, visto voltarem-se para o atendimento de um imenso público, composto por estudantes, crianças, adolescentes e adultos que passam pela escola. Considerando que a Geografia é uma disciplina básica nos currículos escolares, constatamos que atlas e mapas são constantes nas salas de aula; os mapas sempre aparecem nos livros de

Geografia, muitas vezes nos livros de História e, esporadicamente, nos manuais de Ciências. Fazem-se presentes nos jornais e revistas cada vez mais intensamente, e a necessidade de saber utilizá-los é imperativa. Nesse sentido, faz-se necessária uma avaliação dos atlas utilizados pelos alunos nas escolas ou, como Oliveira (1978: 100) bem coloca:

> [...] um levantamento dos tipos de mapa de que nossas escolas dispõem, quais são publicados por nossas editoras e integram nossos atlas escolares é uma outra necessidade. Quais são os "retratos" que temos da Terra para oferecer aos alunos, a fim de que eles conheçam melhor o nosso planeta?

Os atlas geográficos são elaborados e podem ser classificados segundo objetivos distintos. Libault (1975: 222-4) distingue seis tipos de atlas: atlas de referência, dedicados ao registro da toponímia e da topografia e que, portanto, dão ênfase à localização de lugares; atlas mistos, aqueles em que outros temas são mapeados, além do registro da toponímia e da topografia, como, por exemplo, os mapas de clima, de vegetação, de recursos minerais, de áreas industriais, entre outros; os atlas especiais, que se dedicam a um determinado tema (e, embora o autor conteste o uso da expressão "temático" por parecer "contrária à complexidade" de tais obras, a nosso ver entendemos que a palavra "temático" é mais usual e esclarecedora de seus propósitos). A quarta classe de atlas é definida por Libault como os atlas monográficos, em que se incluem os atlas nacionais, regionais e urbanos. Os atlas de organização (*atlas of survey*), que constituem o quinto tipo, são voltados a fornecer subsídios para planejamentos e, finalmente, os atlas escolares sobre os quais Libault (1975: 224) faz a seguinte afirmação:

> Para o ensino, a cartografação necessita de um estilo simplificado, evidenciando as feições essenciais da paisagem física e humana. A concepção didática será caracterizada por uma generalização expressiva, um desenho nítido, um colorido forte e diferenciado, sempre devendo ser considerado o grau de ensino ao qual for destinado o Atlas.

Assim, Libault situa alguns parâmetros que ajudam não só na caracterização do atlas escolar, como também em sua avaliação. Não há dúvidas de que um dos pontos importantes ressaltados pelo autor é a adequação ao grau de ensino. Atlas, cujos mapas contêm muitas informações, tornam-se mais complexos, dificultando sua decodificação por escolares, em especial por aqueles que ainda não estão aptos a realizarem a abstração requerida para a leitura de informações diversificadas que necessitam de correlações.

Entretanto, vale ressaltar que o adjetivo *escolar* nem sempre aparece nos atlas destinados para tal finalidade e que outros tipos de atlas tornam-se escolares na medida em que são utilizados no ensino.

Oliveira (1980: 29-30) distingue o atlas didático do atlas escolar. O primeiro é um "atlas concebido especialmente para fins didáticos" e o segundo é um "atlas temático para uso escolar, relativo aos programas de Geografia". O que o autor destaca na diferenciação é que o atlas escolar deve adequar-se aos programas de ensino e, portanto, para esse fim exclusivo, deixando o que ele denomina de didático com uma possibilidade de uso mais amplo. Embora o autor não os situe como sinônimos, também não estabelece uma clara diferenciação entre os dois adjetivos propostos para qualificar os atlas.

Os atlas geográficos, para Bochicchio (1989: 32-4), classificam-se em atlas de referência, atlas temáticos e atlas escolares ou didáticos. Esses últimos são dirigidos a um "público consumidor muito especial – estudantes" e "devem abranger a totalidade dos assuntos de interesse do estudo da Geografia". Ele não faz diferenciação no que diz respeito aos graus de ensino, deixando subentendida a ideia de que uma única obra possa ser utilizada para todos os graus, indistintamente.

Optamos pela utilização do termo escolar para adjetivar o substantivo "atlas", entendendo que tem uma conotação de destinar-se ao processo de ensino – aprendizagem, nos níveis fundamental e médio.

No Brasil, há muitos atlas escolares e, nesse contexto, encontramos três tipos: o histórico, o histórico-geográfico e o geográfico.

Os atlas históricos são variados e há alguns voltados especificamente para a escola básica. Segundo Oliveira (1980: 30), os atlas históricos são aqueles "cujos mapas representam fenômenos que aconteceram, ou que se presume tenham acontecido", fatos nacionais e/ou mundiais relativos à história da humanidade.

Os atlas histórico-geográficos procuram indicar uma aproximação entre História e Geografia. Não há um grande número dessas publicações e as que consultamos não nos conduzem a estabelecer a conexão entre os diferentes elementos cartografados para se ter a ideia mais ampla e profunda do lugar. Em geral, apresentam duas partes em separado, como se fossem dois capítulos estanques dentro de uma mesma obra. Como os históricos, há também os atlas histórico-geográficos escolares.

Os atlas geográficos escolares destinam-se ao uso por escolares no contexto da educação geográfica. Esses atlas são numerosos e elaborados sob diferentes concepções temáticas e sua produção tem se ampliado ano a ano.

Os atlas escolares, apesar de serem, com frequência, sugeridos nas listas de material escolar, raramente são mencionados na literatura sobre educação geográfica, que afirma serem os mapas formas básicas de expressão.

Dessa maneira, é importante ressaltar que as inquietações com essa problemática nasceram junto à prática profissional, sendo reforçadas à medida que os contatos com a sala de aula, nos ensinos fundamental e superior, se ampliaram; sobretudo, quando em contato com professores de Geografia das redes pública e particular, que sempre apontam suas dificuldades em relação ao ensino do mapa e, por conseguinte, em relação ao uso do atlas com seus alunos.

Assim, buscamos responder à seguinte questão: *quais são os referenciais que norteiam a representação do espaço geográfico nos nossos atlas escolares?*

Com essas preocupações, trilhamos o caminho em direção ao conhecimento dos atlas escolares publicados no país. Para tal, em um primeiro momento, foi feita uma seleção de atlas geográficos escolares e elaborado um instrumento para se proceder à avaliação desse material, com o propósito de conhecer os diferentes "retratos" do espaço geográfico contidos nos atlas escolares.

Através da análise dos atlas geográficos escolares, podem-se constatar as diversas representações do espaço geográfico, ao longo do tempo, como também os diferentes propósitos que têm norteado o seu uso no processo ensino/aprendizagem da Geografia.

Os atlas geográficos escolares são instrumentos fundamentais no processo ensino/aprendizagem de Geografia e, para que cumpram seu papel, devem apresentar um *design* concernente com sua finalidade, ou seja, cada mapa do atlas deve ser elaborado de forma que seus componentes sejam claramente distinguíveis, traduzidos com facilidade e com o mínimo de erro possível.

Nesse sentido, Sanchez (1981) aponta que o bom mapa deve ter uma linguagem cuja mensagem deve ser captada pelo usuário com o menor esforço mental e tempo possíveis. Afirma que, para uma representação gráfica ter qualidade, ela deve apresentar as seguintes características: a) ser útil, respondendo às questões de interesse; b) ser concisa, excluindo detalhes supérfluos; c) ser precisa, garantindo a exatidão dos elementos observados e permitindo interpolações e extrapolações com razoável nível de precisão; d) ser expressiva, escolhendo cuidadosamente as variáveis visuais para evitar equívocos e interpretações dúbias; e) ser evocadora, diminuindo o máximo possível as constantes solicitações à legenda.

Para Sandford (1978), o excesso de informações ou a exagerada generalização das informações contidas nos mapas dos atlas escolares em razão da escala em que são elaborados trazem dificuldades quanto à sua compreensão. O autor aponta uma solução para que haja seleção do conteúdo cartografado em consonância com a faixa etária a que os atlas se destinam e conforme a intensidade de uso, comparando essa seleção tal como a de palavras na elaboração de dicionários escolares.

Noyes (1979) menciona que o mapa para escolares é aquele que apresenta definição dos elementos do mapa de forma que sejam legíveis não só isoladamente como também em combinação uns com os outros.

Com base nesses estudos, conclui-se que os melhores atlas são aqueles cujos mapas apresentam cartografadas, com clareza e simplicidade, as informações necessárias definidas conforme seu objetivo, oportunizando um *optimum* de legibilidade.

Portanto, a análise das obras foi feita a partir de critérios que se inter-relacionam: planejamento gráfico e conteúdo, destacando a distribuição dos mapas quanto aos temas tratados, uso de textos, glossários, ilustrações (fotos, desenhos, diagramas etc.), visibilidade e legibilidade das informações cartografadas, ao lado da avaliação das propostas que nortearam o ensino da Geografia brasileira na educação básica e, por conseguinte, a cartografia escolar, ao longo do tempo.

Partir para navegar...

O marco referencial do ensino oficial de Geografia no Brasil é o Colégio Pedro II, no Rio de Janeiro, fundamental para o início da produção do material geográfico escolar: livros e atlas. Desde a sua criação no século XIX até a década de 1930, o Brasil não possuía cursos de formação de professores. A organização do ensino de Geografia no país provinha desse estabelecimento de ensino.

O ensino era pautado na memorização de informações sobre o território brasileiro e o mundo e havia a utilização de um atlas elaborado especificamente para os alunos do Pedro II, mas que não retratava a agricultura brasileira.

Em 1890, após a Proclamação da República, foi realizada a primeira reforma de ensino do período republicano, que abrangeu o ensino em todos os níveis. O ensino de Geografia foi incluído, com clara orientação positivista e norteado pela memorização de dados numéricos relativos à superfície terrestre e à população, conforme Colesanti:

> O ensino de Geografia abrangia todos os anos (sete), sendo de Geografia do Brasil nos dois primeiros anos, com três aulas semanais, e, nos cinco anos seguintes, previa uma aula por semana de revisão que tanto poderia ser de Geografia do Brasil como de Geografia Geral. (Colesanti, 1984: 16)

O ensino de cartografia aparece nesse contexto, mas a maior ênfase estava nos estudos astronômicos.

Em 1901, nova reforma de ensino colocou em destaque o papel do Colégio Pedro II, cuja função era a de servir de modelo para todos os estabelecimentos de ensino públicos e particulares do país, fiscalizados pelo governo. Nesse contexto, a Geografia fica reduzida aos três anos iniciais do curso secundário, com uma carga horária de três horas semanais. Não houve modificação do programa de ensino em relação à reforma anterior.

Em 1911, com o propósito de reorganizar a educação no país e proporcionar uma autonomia didática, foi elaborada outra reforma de ensino no Brasil. Quanto à orientação teórica, estava clara a vinculação ao positivismo e a Geografia permaneceu inalterada, sendo ministrada em três anos, e o ensino secundário foi reduzido para seis. O ensino de cartografia foi incluído nos primeiro e terceiro anos. No primeiro, eram estudados os círculos da esfera terrestre, escala, latitude e longitude, rosa dos ventos, pontos cardeais e colaterais e orientação pelo sol e pela bússola. No terceiro ano, a ênfase recaía sobre Cosmografia, astros e esfera celeste.

Em 1915, a reforma de ensino no país reduziu para cinco anos o ensino secundário e o ensino de Geografia passou para dois anos. No primeiro, o estudo voltava-se para a Geografia física e política dos continentes e, no segundo, Geografia do Brasil e Cosmografia.

Com ampla participação de dirigentes escolares e professores, a reforma de 1925 ampliou para três anos o ensino de Geografia: no primeiro, no segundo e no quinto anos, sendo que neste a ênfase era para a Cosmografia, não havendo alterações nos anteriores. O programa do primeiro ano era dividido em oitenta lições e a cartografia aparecia nas dez primeiras, não havendo, como nos anteriores, relação com os conteúdos seguintes.

Com o propósito de avaliar a cartografia escolar no contexto dessas reformas educacionais, selecionamos quatro atlas que as ratificam: o *Atlas de Geographia Universal Especialmente do Brasil* (edições de 1906 e de 1913) e duas edições do *Novo Atlas de Geographia* (uma de 1927 e outra anterior, sem data de publicação).

As primeiras páginas desses quatro exemplares (Figura 1) são dedicadas às projeções cartográficas e à Cosmografia, de acordo com as indicações curriculares vigentes na época. A sequência de mapas divide-se em duas partes: a primeira é composta por mapas políticos e regionais do mundo e a segunda, por mapas do Brasil e dos Estados brasileiros. Na ocasião, várias propostas de regionalização do país eram veiculadas, sob a influência da escola francesa de Geografia; entretanto, o mapeamento do Brasil em regiões não aparecia nos atlas escolares analisados.

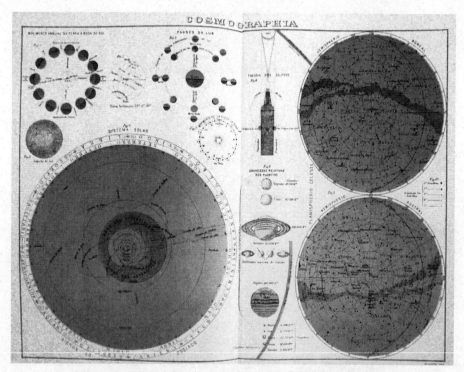

Figura 1 – *Atlas de Geographia Universal Especialmente do Brasil*, 1913: 1.

Nos mapas referentes aos Estados brasileiros no *Atlas de Geographia Universal*, o autor incluiu alguns produtos, ora agrícolas, ora decorrentes do extrativismo, sem a preocupação com a localização precisa. Ao final do atlas, foi inserida uma planta parcial da cidade do Rio de Janeiro, capital do país na ocasião. A edição de 1906 traz uma parte de mapas históricos que é retirada da outra edição mencionada. No exemplar de 1913 está incluído um mapa do Brasil na escala de 1: 10.000.000.

O *Novo Atlas de Geographia* inclui nas quatro páginas finais gráficos pictóricos de diferentes produtos agrícolas e minerais, sob o título "Geografia Econômica", como se esses dados fossem completamente descolados da distribuição espacial.

A Reforma Francisco Campos de 1931 foi considerada importante para a renovação da educação brasileira. O ensino secundário passou a ser de sete anos e a Geografia foi incluída nos cinco primeiros. A abordagem da cartografia foi ampliada no primeiro ano e no quinto permanecem os referenciais de Cosmografia. A abordagem da Geografia iniciava com estudos do Brasil e nos anos finais, estudos de Geografia Geral. Ela introduziu as aulas práticas de Geografia, que era comum em outros países.

O *Atlas Geographico Geral e Especialmente do Brasil* ou *Atlas Geográfico Melhoramentos*, conforme passou a ser denominado a partir de sua segunda edição, comumente conhecido por *Atlas do Padre Pauwels*, foi utilizado por várias gerações de escolares visto que sua primeira edição data de 1936 e a mais recente, a 57ª, fora publicada em outubro de 1994 e distribuída encartada em um jornal de circulação nacional.

A primeira edição do *Atlas do Padre Pauwels* apresenta características similares às dos atlas europeus do século passado, visto que possui, em seu início, um texto de cinquenta e sete páginas com uma definição de Geografia e suas divisões (astronômica e matemática, física, política e econômica), noções gerais de Geografia Física seguida de uma relação de acidentes geográficos das diversas partes do mundo. O autor acrescenta, posteriormente, um texto sobre o Brasil, que é concluído com um rol de informações intitulado "O Brasil em Números". Essa parte que antecede os mapas é concluída com um extenso vocabulário da língua tupi para facilitar ao usuário a "compreensão de alguns termos geográficos utilizados no Brasil".

O glossário que acompanha os atlas tem por objetivo explicar termos mais utilizados nas legendas, com o propósito de ser um elemento de esclarecimento para o usuário. Portanto, entendemos que vocabulários como o desse atlas são completamente desnecessários.

O atlas é estruturado conforme o referencial de Geografia explicitado pelo autor em suas páginas iniciais, cuja ênfase recai sobre a Geografia física dos lugares. A primeira prancha trata de noções de Cosmografia (Figura 2); as pranchas seguintes são compostas por mapas físicos e políticos das diversas partes do mundo e um maior número é dedicado à representação dos Estados e territórios brasileiros; a Geografia Econômica se reduz aos quadros com informações quantitativas.

Devido à forma de impressão e à precariedade do parque gráfico nacional na época, praticamente em fase inicial, os mapas, por serem impressos em cores, não ocupavam o verso da página.

Nas edições seguintes, além da troca do nome do atlas, outras modificações foram introduzidas. Na segunda edição, foi retirado o texto inicial e o vocabulário; o encarte contendo os dados físicos, demográficos e econômicos do Brasil e do mundo foi ampliado. Ao final da obra, o autor acrescentou um planisfério contendo o mapeamento dos Impérios Coloniais e as bandeiras de diversos países e, por ser uma publicação contemporânea à Segunda Guerra Mundial, vários dos países diretamente envolvidos no conflito, como Alemanha, Japão, Rússia, Itália, entre outros, foram representados por duas bandeiras, a mercante e a de guerra.

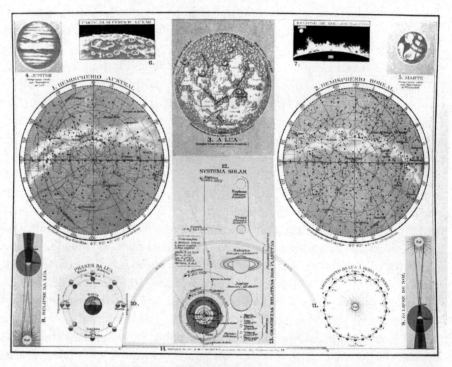

Figura 2 – *Atlas Geographico Geral e Especialmente do Brasil*, 1936: 69.

A 19ª edição do *Atlas do Padre Pauwels* obedece à mesma estruturação, sendo acrescida, ao final, de uma coletânea de fotos coloridas sobre o Brasil, acompanhadas por um texto descritivo, mas sem que haja a preocupação de localizá-las em mapas ou remeter o leitor a um mapa para localizá-las. As fotos nos atlas devem estar relacionadas aos mapas para que se possa formar uma imagem mais clara dos lugares mapeados. Na 21ª edição desse atlas, a parte inicial de Astronomia foi ampliada, incluindo diversos desenhos legendados. Ainda nessa edição, são acrescentados diversos mapas temáticos como de vegetação, agricultura, solos, grupos étnicos, religiões, densidade de população, entre outros; um mapa-múndi acompanhado por encartes contendo a rosa dos ventos, a distribuição das terras e águas, a produtividade do solo e zonas térmicas da Terra, uma solução encontrada pelo autor para suprimir espaços em branco nas laterais das páginas, mas com algumas informações que não ampliam o uso do mapa principal. A coletânea de fotos da edição anterior é suprimida e outras fotos, impressas em bicromia, são inseridas na contracapa final, sem legendas. Para a elaboração dessas duas edições, o autor contou com a assessoria de dois professores.

É interessante ressaltar que, mesmo com a introdução de outros tipos de mapas, constata-se não haver alteração na concepção teórica que norteou a elaboração dos atlas, visto que a ênfase recai sobre mapas físicos, com representações do relevo e da hidrografia, intensamente cobertos de nomes de lugares e de acidentes geográficos.

A edição mais recente conta com a colaboração de outros professores de Geografia e, embora permaneçam os mapas das edições anteriores, alguns passaram por uma revisão, tais como os planisférios temáticos. Ao lado do mapa físico do Brasil, foram inseridos alguns perfis de relevo que se constituem em auxílio à compreensão das diferentes formas do relevo brasileiro. Encartes de localização e de ampliação são acrescentados ao lado de alguns mapas, como também oito mapas temáticos do Brasil, acompanhados por um pequeno texto explicativo. Nota-se um cuidado maior com a diagramação, melhor aproveitamento dos espaços em branco deixados nas folhas e ampliação das informações mapeadas, aspectos esses que fazem com que essa edição apresente melhor qualidade visual do que as anteriores.

As informações físicas, econômicas e demográficas contidas no encarte final são apresentadas em forma de gráficos, e a parte referente à Cosmografia é transferida para o final. A título de ampliar e atualizar as informações contidas no atlas são inseridas as bandeiras dos países, que aparecem agrupadas conforme os continentes, acompanhadas das seguintes referências: área, população, capital, idioma falado, moeda e organização política. As páginas finais são reservadas às mudanças mais recentes do espaço político-territorial da ex-Iugoslávia e da CEI, acompanhados por textos informativos. Outro aspecto interessante é a utilização da quarta capa com um planisfério representando os fusos horários. Se o seu propósito é o de uso constante pelos alunos, o atlas deixa a desejar quanto à qualidade do papel, por apresentar uma textura fina, não ser encadernado e não apresentar capa dura, comprometendo sua durabilidade.

O *Atlas de Pauwels* se caracteriza pela enorme nomenclatura relativa aos acidentes naturais, conforme era norteada, equivocadamente, a Geografia de memorização, ao longo de décadas, no Brasil.

Em 1939 foi publicada uma coleção de atlas sob o título: *Atlas Geográfico Histórico*, cujo objetivo era o de atender ao programa de ensino vigente e por série. Na elaboração dos diferentes volumes, consideraram-se tanto as propostas de ensino de Geografia quanto as de História; assim, os atlas estão divididos em duas partes. O exemplar, destinado à primeira série, inicia-se com uma prancha do Brasil Político (Figura 3), acompanhada por dois encartes temáticos: um com a representação das imigrações e itinerários das bandeiras e outro com a densidade de população do país.

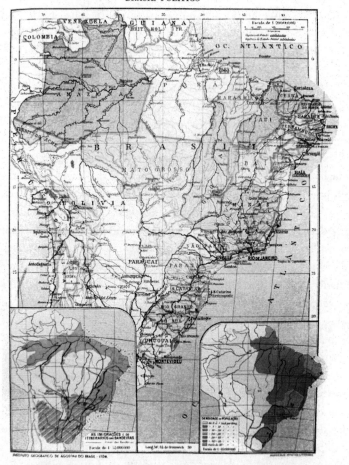

Figura 3 – *Atlas Histórico Geográfico*, 1939: 1.

Interessante ressaltar que os encartes temáticos são recursos que possibilitam o estudo comparativo das informações, permitindo ao usuário estabelecer correlações e ampliar a imagem da parcela do espaço geográfico apresentada. Esse modo de implantação das informações cartografadas só será retomado nos atlas escolares nas décadas de 1980-1990.

Após o mapa do Brasil, seguem outras pranchas: elementos de Astronomia, mapa-múndi físico acompanhado por dois planisférios de encarte (estrutura da terra e sismos), oito planisférios com representações de elementos de meteorologia, um de clima, um com a distribuição da vegetação e correntes marítimas, fauna mundial, pesca, línguas, raças e povos, densidade de população e distribuição das religiões. As escalas desses mapas não são as mesmas e, portanto, a superposição das informações cartografadas fica dificultada.

Em outra escala (1: 80.000.000) e impresso em duas páginas do atlas, os autores retornam com um planisfério político de fluxo das comunicações terrestres e marítimas. No rodapé, bandeiras dos países.

Para finalizar a parte de Geografia, os autores incluíram oito mapas do comércio mundial, cada um destinado a um produto, na escala de 1: 300.000.000. A lógica da organização do atlas é a mesma estabelecida pelos programas de ensino.

O volume destinado à terceira série retoma a mesma prancha do atlas anteriormente mencionado: Planisfério Político e Comunicações Terrestres e Marítimas. Seguem-se seis planisférios com a distribuição da população, raças, religiões, densidade de população e línguas, na escala de 1: 150.000.000. Na mesma escala há 21 mapas sobre a produção mundial. Embora a escala seja de grande generalização das informações cartografadas, o ponto positivo é o de ser a mesma para todos os 27 mapas, o que possibilita a superposição e comparação das informações.

O último mapa do atlas é o Brasil político, acompanhado por um encarte com a distribuição dos indígenas no país.

Em 1942, foi realizada mais uma reforma de ensino no Brasil, a qual insere a Geografia nas sete séries do ensino secundário, que passou a ser dividido em dois ciclos: ginasial, com quatro anos, e colegial, com três anos de duração. Colesanti (1984: 47) menciona que: "A Geografia, nesta reforma, adquiriu grande valor como disciplina, conforme acontecia nos colégios europeus, passando a ser ensinada nas sete séries do curso secundário".

O ensino de Geografia na ocasião se pautava nas orientações da Escola Francesa, uma vez que fora criado, na década de 1930, o curso de Geografia na Universidade de São Paulo, sob a influência dessa escola. O currículo proposto para a Geografia era regido pelos estudos regionais e não havia uma orientação pedagógica diferenciada, posto que os estudos pautados na memorização ainda prevalecessem.

Sob a orientação da Reforma Capanema, como ficou conhecida desde sua publicação em 1942, não houve publicação de novos atlas no Brasil que seja de nosso conhecimento. Novas edições do *Atlas de Pauwels* foram postas no mercado, mas sem muitas alterações em relação à primeira.

Em 1961 foi publicada a conhecida LDB (Lei de Diretrizes e Bases da Educação Nacional), que buscou imprimir alguma descentralização em relação aos currículos escolares no Brasil. Aos estados, fora atribuída certa autonomia na organização escolar, mas pautados num eixo norteador proposto pelo Conselho Nacional de Educação. A Geografia permaneceu nas quatro séries do ginásio e nas três do colegial, sem grandes modificações com relação às orientações anteriores.

Para detalhar os estudos referentes à cartografia escolar, deveríamos recorrer aos programas de ensino propostos por cada um dos estados, o que não foi realizado neste capítulo. A nossa análise foi norteada pelos atlas publicados na época.[1] Cabe ressaltar que, além de propostas programáticas, não havia nenhuma orientação teórico-metodológica explícita para orientar o ensino de Geografia e esta continuava como uma disciplina enfadonha, pautada na memorização de ampla nomenclatura.

O *Atlas Nacional do Brasil*, publicado pelo IBGE e pelo Conselho Nacional de Geografia em 1966, inova pelo formato e pelo conteúdo, embora não possa ser considerado propriamente um atlas escolar. O tamanho da folha (54 x 40 cm) foi utilizado para 50 mapas do Brasil na escala de 1: 12.500.000, com encartes na escala de 1: 32.000.000, acrescidos de gráficos, tabelas e/ou perfis, segundo o tema, acompanhados por textos no verso. Reflete um esforço de compilação das pesquisas realizadas através da linguagem cartográfica e de textos concisos. Busca também atender a fins de planejamento e administração. Em sua introdução, há o registro de propósito da Geografia, naquele contexto político.

> [...] fazer com que a ciência geográfica colabore, através de seus ensinamentos, para o desenvolvimento harmônico do território nacional – único capaz de promover o bem-estar da Nação, o fortalecimento do poder nacional, a concretização do Brasil em grande potência e sua projeção no campo internacional.

Focado na preocupação de considerar a dinâmica dos dados espaciais, o *Atlas Nacional* foi publicado em capa dura, com folhas perfuradas, sem encadernação permanente, a fim de que folhas com dados atualizados pudessem ser acrescidas ou substituíssem as anteriores, à medida que fossem impressas.

Publicado em 1968, o *Atlas Contemporâneo*, do autor francês Pierre Gourou, foi traduzido para o português pelo Prof. Nilo Bernardes, com o apoio de outros renomados geógrafos, e difundido nas escolas brasileiras. No prefácio ao atlas, registra-se o seu objetivo:

> Atendendo à ênfase dada ao nosso país pelos programas de ensino médio e, também, ao crescente interesse do público pelos aspectos geográficos dos problemas nacionais, foi dada importância especial à parte referente ao Brasil. (Bernardes, 1968: 3)

Conforme mencionado, nele foram incluídos diversos mapas físicos e políticos nacionais e regionais; os mapas temáticos que, de acordo com o autor, "procuram traduzir as tendências contemporâneas", apontando para uma proposta de renovação do estudo de Geografia no Brasil. De fato, o atlas inova nesse quesito, posto que avança em relação às informações cartografadas. O autor apresenta variadas pranchas com dados econômicos do Brasil (agricultura, indústria, comércio e circulação), demográficos (distribuição da população, fluxos de povoamento do país, densidade demográfica) e urbanos (áreas metropolitanas), o que permite ao usuário estabelecer comparações e elaboração de sínteses sobre diferentes áreas no Brasil. A sua proposta ultrapassa a cartografia tradicional, que se atém à localização dos lugares. Para a organização das legendas foram utilizados símbolos e cores em excesso, o que às vezes dificulta a legibilidade dos mapas.

O *Atlas Escolar da Fundação Nacional de Material Escolar* (Fename) foi elaborado com o apoio do IBGE e substituiu o *Atlas Geográfico Escolar*, bastante difundido e publicado durante vários anos (de 1956 a 1980), com uma tiragem de 2.958.000 exemplares ao longo do tempo. A edição de 1965 aponta uma proposta metodológica para a cartografia escolar, a saber:

> Atendendo à moderna orientação pedagógica, dá especial relevo aos aspectos físicos, humanos e econômicos dos continentes. Em relação ao Brasil, destaca as grandes regiões, onde os mapas econômicos aparecem em escala igual à dos mapas físicos, ensejando a correlação entre paisagens naturais e a vida humana na pluralidade dos aspectos do nosso país. (IBGE, 1965: 2)

Ainda na apresentação do atlas, menciona-se a participação de renomados geógrafos brasileiros como o Professor Orlando Valverde e Carlos Delgado de Carvalho. O prefácio à edição de 1970 omite os nomes dos colaboradores e aborda o enaltecimento de um patriotismo exacerbado, conforme o momento histórico do país, à época, apregoava. Em um trecho de seu prefácio, podemos constatar tal afirmação:

> [...] ninguém será perfeito cidadão do mundo se não for, antes, perfeito cidadão de seu país, razão por que o Brasil necessita palpitar intensamente dentro do coração de cada brasileiro, para nos afirmarmos com personalidade própria no concerto das nações. (IBGE, 1970: 3)

Uma nova publicação do atlas é divulgada em 1975 e incorpora um longo prefácio, onde há destaques para o presidente da época e considerações neopositivistas, norteado pelo "milagre brasileiro". Cabe ressaltar que, ao longo dessas tiragens, não houve mudanças no conteúdo do atlas, mas somente, nas políticas que conduziram suas impressões. É possível que os professores e alunos na ocasião não tivessem um olhar crítico para esses prolegôminos e utilizassem o atlas sem uma reflexão crítica de suas propostas.

Em 1971, a Lei n. 5.692 apontou que a escolha dos conteúdos que formarão o currículo deve ser feita por aproximações sucessivas e escalas decrescentes, terminando no próprio nível do aluno, e deixa a organização desses conteúdos a cargo dos estados. Assim posto, a abordagem do espaço geográfico indica o uso de escalas a partir de generalização até chegar às escalas de detalhamento, o que vai de encontro às reflexões pedagógicas acerca da percepção, concepção e representação espaciais pela criança e pelo adolescente.

Em 1978, a professora Lívia de Oliveira publicou um estudo que apontava para reflexões acerca da cartografia escolar, que deu início a uma série de pesquisas sobre a temática no país. Um dos pontos defendidos pela autora conduziu a uma inversão das propostas pedagógicas relativas ao mapa, ou seja, o ensino do mapa deve preceder o ensino pelo mapa. A proposta tornou-se referência para muitos outros trabalhos que sinalizavam mudanças na educação cartográfica no contexto da Geografia escolar.

Decorrentes desses estudos, podemos afirmar que a década de 1980 foi marcada pelo início de uma nova fase de produção de atlas escolares no Brasil, com inovações que auxiliavam o usuário na construção de uma imagem mais ampla do espaço geográfico. O *Atlas Geográfico Escolar*, de Simielli e De Biasi, foi o pioneiro dessa fase, e suas características são similares ao *Geoatlas*, de Simielli, que, entretanto, apresenta maior densidade de informações mapeadas, ou seja, é mais complexo que o anterior. Nas páginas iniciais do *Geoatlas* estão as bandeiras dos países do mundo acompanhadas por informações sobre cada um deles; foi o primeiro, entre os analisados, a aproveitar as primeira e quarta capas para informações geográficas e cartográficas. Ao planisfério político inicial seguem-se vários planisférios temáticos, elaborados na mesma escala, permitindo ao usuário estabelecer correlações entre os diferentes eventos mapeados. Em geral, os mapas são acompanhados por encartes que ocupam espaços brancos da folha, ora temáticos, que possibilitam o estabelecimento de correlações entre várias informações, propiciando a ampliação do nível de leitura dos mapas, ora de localização, utilizados para situar os lugares em espaços geográficos mais amplos.

Outra característica interessante nesse atlas é a manutenção das mesmas legendas para os mesmos fatos nos diferentes mapas, tornando mais fácil e ágil a utilização de seus mapas. Essa concepção de atlas escolar, com certeza, auxiliaria no processo ensino/aprendizagem de Geografia, visto estar mais adequada com as novas propostas teórico-metodológicas que têm buscado uma abordagem integrada do espaço geográfico, o que possibilita a análise e o conhecimento, sob dimensões múltiplas, de um mesmo lugar. Essa linha de produção de atlas extrapola a simples cartografia de localização.

Vale ainda ressaltar a preocupação do autor na constante atualização dos atlas, quer seja em relação aos dados cartografados, quer seja no que diz respeito às mudanças das fronteiras e à reorganização do espaço mundial. Várias foram as edições do *Geoatlas*, que continua no mercado e é constantemente revisado e renovado, com a inclusão de novos mapas temáticos, quer do Brasil, quer do mundo.

Com uma estrutura similar, na década de 1990 foi publicado o *Moderno Atlas Geográfico*, que apresenta pequenas diferenças em relação à disposição dos mapas, sendo que a estrutura e a temática dos mesmos são praticamente idênticas ao *Geoatlas*; as pequenas diferenças estão na quarta capa, que é ocupada por um planisfério com os fusos horários, e na primeira página aparecem informações sobre as diferentes escalas dos mapas, com quatro mapas que vão da grande à pequena escala. Não apresenta inovações em relação ao anterior.

O *Atlas Geográfico Saraiva* retoma uma concepção frequente nos atlas das décadas iniciais do século xx, com a representação de referenciais astronômicos nas páginas iniciais. O atlas inclui um roteiro de leitura de mapas e orientações acerca de escala e projeções. Apresenta, além de mapas físicos e políticos, diversos mapas temáticos do Brasil e de outras partes do mundo. Entretanto, a dificuldade de comparar as informações cartografadas, através da superposição de mapas, é dificultada pela variação de escalas de um mesmo território.

O *Atlas Geográfico Escolar* do IBGE inicia com uma explicação sobre atlas, seguido da representação do Universo. O segundo capítulo, denominado "Introdução à Cartografia", é dedicado a explicações sobre escala, projeções, coordenadas geográficas, mapeamento temático, entre outras. O capítulo posterior apresenta um conjunto de planisférios e mapas físicos, políticos e temáticos regionais do mundo.

A parte final retrata o Brasil, seus aspectos políticos, físicos, econômicos e culturais. No conjunto de mapas apresentados há variações nas escalas, o que dificulta correlacioná-los, além de alguns conterem longas legendas de difícil utilização. O atlas não contempla uma variedade de mapas da regionalização brasileira, comum em outras publicações. Retrata os estados brasileiros, mas as pranchas a eles destinadas são poluídas pela extensa nomenclatura incluída. Cabe mencionar a inclusão de um glossário, que auxilia os alunos na compreensão dos termos mencionados ao longo da obra.

Os atlas temáticos também aparecem no rol dos escolares. Destinado às escolas de ensinos fundamental e médio, foi elaborado o *Atlas do Meio Ambiente do Brasil*, que se destaca pelo pioneirismo do tema tratado, ou seja, a questão ambiental no Brasil. Apresenta vários textos, inclusive alguns retirados de revistas e jornais, assim como diversas fotos, mas algumas destituídas de legendas explicativas e sem referências no texto. Os mapas são acompanhados por gráficos e diagramas que, além de não estarem bem distribuídos nas páginas, carecem de informações básicas como escala e orientação. Alguns são elaborados contendo excesso de informações em relação à escala, o que dificulta a sua leitura e compreensão. Ao final do atlas há um glossário de termos geográficos e ecológicos, bem como uma ampla relação das fontes bibliográficas utilizadas para sua elaboração, o que não é comum nos atlas nacionais.

Aguiar, em 1996 e 1997, chamou a atenção para a necessidade de produzir atlas locais e municipais, posto que esses estivessem mais concernentes com as necessidades de trabalhar os conceitos geográficos a partir do espaço vivido pelo aluno. Assinalou que, apesar dos

> [...] consideráveis avanços qualitativos à gradativa ampliação da produção de Atlas escolares no Brasil, faz-se mister considerar que ressentimos ainda de estudos que apresentem propostas pedagógicas concernentes aos Atlas escolares e à ampliação de trabalhos que possibilitem às crianças lidarem com mapas de sua cidade, de seu município e de seu estado [...]. (Aguiar, 1997: 42-3)

Com o objetivo de reformular a educação nacional, em 1996 foi publicada nova Lei de Diretrizes e Bases da Educação Nacional (LDB); em decorrência, foram elaborados os Parâmetros Curriculares Nacionais (PCNs), que buscam apontar grandes eixos temáticos para cada disciplina dos ensinos fundamental e médio e, pela primeira vez no país, apontam uma discussão teórico-metodológica para o ensino de Geografia.

Como nas propostas de ensino anteriormente mencionadas, a cartografia também está incluída, sem adentrar em discussões mais profundas de como deveria ser tratada no contexto escolar. As menções à cartografia escolar são postas para cada ciclo, sem grandes detalhamentos, mas concordamos que houve avanços em relação ao que era sugerido anteriormente. Os Parâmetros Curriculares Nacionais enfatizam a compreensão e a utilização da linguagem cartográfica em diferentes níveis de análise, desde as representações espaciais produzidas pelas crianças até as leituras de mapas elaborados por outros.

Há que se ressaltar que se pauta, inicialmente, em uma abordagem sintética do ensino, diferentemente das anteriores.

> O processo de mapeamento do espaço geográfico, privilegiando uma abordagem sintética, deve oferecer oportunidades para que o aluno construa e utilize mapas em grandes escalas à medida que estará representando a sua sala de aula, sua escola e arredores. Neste processo, o aluno lidará com representações de lugares que, em geral, não ultrapassam a algumas centenas de metros, portanto, na sua representação, estará lidando com escalas inferiores a 1: 10.000, que variam de grande a muito grande e que permitem um elevado nível de detalhamento das informações cartografadas. (Aguiar, 1996: 212)

Merecem destaque, sob o ponto de vista de uma representação sintética do espaço geográfico, as publicações de vários atlas escolares municipais. Por outro lado, há que se ressaltar que muitos estudos aparecem no país na tentativa de incluir o processo de mapeamento e de utilização dos mapas como linguagem imprescindível no conhecimento do espaço geográfico. Esses avanços podem ser atribuídos às pesquisas realizadas em diferentes instituições de ensino no país que se multiplicam a cada ano.

Outra linha de produção de atlas no Brasil é a dos atlas escolares regionais; esses atlas são importantes para a Geografia escolar, posto que retratam diferentes estados brasileiros. Além de atenderem às propostas desenvolvidas no segundo ciclo do ensino fundamental pelos Parâmetros Curriculares Nacionais, que mencionam o estudo do rural e do urbano e, de forma geral, as escolas incluem, em seus currículos, o estudo dos estados onde estão localizadas.

Chegar a um porto seguro...

Apesar do elevado índice de solicitação, a experiência dos professores em sala de aula tem mostrado a utilização do atlas unicamente como recurso visual, sem haver uma preocupação com a sistematização de seu uso.

Lacoste propõe uma série de indagações que convalidam essa afirmativa concernente ao precário uso de mapas e atlas na educação geográfica:

> Vai-se à escola para aprender a ler, a escrever e a contar. Por que não para aprender a ler uma carta? Por que não para compreender a diferença entre uma carta em grande escala e uma outra em pequena escala e se perceber que não há nisso apenas uma diferença de relação matemática com a realidade, mas que elas não mostram as mesmas coisas? Por que não aprender a esboçar o plano da aldeia ou do bairro? Por que não representam sobre o plano de sua cidade os diferentes bairros que conhecem, aquele onde vivem, aquele onde os pais das crianças vão trabalhar etc.? Por que não aprender a se orientar, a passear na floresta, na

montanha, a escolher determinado itinerário para evitar uma rodovia que está congestionada? (Lacoste, 1988: 55)

As preocupações de Lacoste em relação ao ensino e ao uso do mapa foram constatadas em diversas pesquisas direcionadas à avaliação do desempenho de escolares na solução de problemas espaciais através do uso de mapas. Geralmente, as pesquisas concluem que os alunos apresentam deficiências no que diz respeito às habilidades necessárias ao uso de mapas e, por conseguinte, de atlas, em razão de sua precária utilização.

Os mapas dos atlas são representações euclidianas, em pequenas escalas, da superfície curva da Terra em um plano e, consequentemente, generalizadas. O uso dos atlas pelos alunos requer, por conseguinte, procedimentos geográficos e pedagógicos. Ressalta-se, primeiramente, o domínio do plano de visão ortogonal, considerando que a possibilidade de colocar-se fora do espaço representado é uma experiência, muitas vezes, estranha aos estudantes e sem o que não haverá a compreensão do mapa. Dessa forma, antecedendo o uso do atlas, os professores deverão possibilitar aos alunos a construção de modelos e maquetes, que servirão de base para representar o espaço. O mesmo procedimento é cabível em relação ao uso de fotografias oblíquas e verticais.

Outro aspecto complexo a ser ressaltado, no que se refere aos escolares, é a compreensão da dificuldade de mostrar todos os elementos de um lugar no mapa e de que há necessidade de selecionar o que será representado, de acordo com a escala, o que implica lidar com generalizações. Assim, o aluno, anteriormente ao uso do atlas, deve passar pela experiência de mapeador do seu espaço de ação cotidiana, situação que o levará a solucionar problemas relativos à seleção do que representar, conforme a escala definida e, posteriormente, a lidar com representações em diferentes escalas.

Igualmente complexa é a compreensão de que os elementos selecionados para a elaboração de um mapa são representados através de um sistema simbólico e que, portanto, podem assemelhar-se ao elemento real (simbólico pictórico) ou serem completamente abstratos (linhas, pontos e áreas). Em geral, os mapas utilizados pelas crianças pautam-se em referenciais simbólicos que não têm nenhuma significação para elas. Dessa forma, é importante ressaltar a necessidade de considerar o conhecimento da utilização do símbolo na representação gráfica. Para tanto, os alunos devem passar pela experiência de construir símbolos, elaborando, inicialmente, seus próprios mapas, ou seja, codificando-os antes de decodificarem os mapas elaborados por adultos.

Outra preocupação de caráter didático a ser considerada pelo professor é o entendimento de que o grau de complexidade varia entre os diferentes mapas apresentados em um ou entre diferentes atlas. Antes de lidarem com os mapas dos atlas, em especial aqueles que apresentam um grande número de variáveis, os alunos devem lidar com mapas que têm cartografada uma única variável para, posteriormente, fazerem correlações entre duas ou três variáveis em mapas separados. Nesse contexto, é fundamental que os alunos passem pela experiência de elaboração de croquis geográficos, em que possam destacar as informações cartografadas e, depois, reuni-las.

Agindo assim poderiam separar, compor e, em decorrência, construir uma imagem mais ampla do lugar mapeado.

Os atlas geográficos escolares devem apresentar conteúdos consentâneos com os programas de ensino, ou seja, mapas físicos e políticos, em conformidade com a Geografia Geral, e mapas temáticos mundiais e regionais que permitam aos leitores encontrar respostas para as questões relativas ao como? Quanto? Por quê? Onde? Extrapolando a simples cartografia de localização.

Não há um único atlas escolar e sequer os vários atlas existentes estão estruturados da mesma forma; em decorrência, não há uma única maneira de lê-los. A leitura dos mapas decorre dos objetivos e dos interesses do leitor, de sua capacidade em decodificá-los e dos seus conhecimentos relativos ao espaço geográfico.

Como se aprende a ler com quem sabe ler, reserva-se ao professor uma das mais interessantes tarefas: revelar aos seus alunos a trajetória percorrida para se atingir as etapas de codificação, de decodificação e de compreensão dos mapas.

O uso dos atlas geográficos escolares em sala de aula pressupõe uma reflexão de relevância pedagógica do desenvolvimento de estratégias cognitivas que poderão permitir à criança e ao adolescente formarem-se como usuários independentes, aptos a operarem conscientemente no processo de produção da compreensão e da organização do espaço geográfico.

Assim, navegar é bem mais preciso!

Nota

[1] Ver a esse respeito o capítulo "A cartografia nos livros didáticos no período de 1824 a 1936 e a História da Geografia Escolar no Brasil" que faz parte deste livro.

Bibliografia

AGUIAR, V. T. B. de. *Atlas Geográfico Escolar*. Rio Claro, 1996. Tese (Doutorado) – Unesp.

_____. Os Atlas de Geografia: um Peso na Mochila do Aluno. *Revista Geografia e Ensino*. Belo Horizonte, v. 6, n. 1, pp. 39-42, 1997.

ALMEIDA, R. D. (org.). *Cartografia Escolar*. São Paulo: Contexto, 2007.

BLACK, J. *Mapas e História – Construindo Imagens do Passado*. Bauru: Edusc, 2005.

BOCHICCHIO, V. R. *Atlas Atual – Geografia – Manual do Professor*. São Paulo: Atual, 1989.

COLESANTI. M. T. M. *O Ensino da Geografia Através do Livro Didático no Período de 1890 a 1971*. Rio Claro, 1984. Dissertação (Mestrado) – Unesp.

LIBAULT, A. *Geocartografia*. São Paulo: Nacional/USP, 1975.

NOYES, L. Are Some Maps Better Than Others? *Geography*, n. 64, pp. 303-6, 1979.

OLIVEIRA, C. de. *Dicionário Cartográfico*. Rio de Janeiro: IBGE, 1980.

OLIVEIRA, L. de. *Estudo metodológico e cognitivo do mapa*. São Paulo: USP-IG, 1978.

SANCHEZ, M.C. Conteúdo e Eficácia da Imagem Gráfica. *Boletim de Geografia Teorética*. Rio Claro, 11(21-22), pp. 74-81, 1981.

SANDFORD, H. A. Taking a Fresh Look at Atlases. *Teaching Geography*, pp. 62-5, nov. 1978.

Atlas

CALDINI, V.; ÍSOLA, L. *Atlas Geográfico Saraiva*. 3. ed. São Paulo: Saraiva, 2009.

EMBRAPA. *Atlas do Meio Ambiente do Brasil*. Brasília: Terra Viva/Fundação Banco do Brasil, 1994.

FERREIRA, G. M. L. *Moderno Atlas Geográfico*. 2. ed. São Paulo: Moderna, 1993.

FREIRE, O. *Atlas de Geographia Universal e Especialmente do Brasil*. Curso Superior. Rio de Janeiro: Francisco Alves, 1906.

_____. *Atlas de Geographia Universal e Especialmente do Brasil*. Curso Médio. Rio de Janeiro: Francisco Alves, 1913.

GOUROU, P.; BERNARDES, N. *Atlas Contemporâneo*. Rio de Janeiro: Hachette-Liceu, 1968.

IBGE/Conselho Nacional de Geografia. *Atlas Nacional do Brasil*. Rio de Janeiro: IBGE/CNG, 1966.

IBGE. *Atlas Geográfico Escolar*. 3. ed. Rio de Janeiro: IBGE/Fename.

_____. *Atlas Geográfico Escolar*. 4. ed. Rio de Janeiro: IBGE, 2007.

MONTEIRO, J.; D'OLIVEIRA, F. *Novo Atlas de Geographia*. Rio de Janeiro: Francisco Alves, [s.d.].

_____. *Novo Atlas de Geographia*. Rio de Janeiro: Francisco Alves, 1927.

PAUWELS, Pe. G. *Atlas Geographico Geral e Especialmente do Brasil*. São Paulo: Melhoramentos, 1936.

_____. *Atlas Geográfico Melhoramentos*. 57. ed. São Paulo: Melhoramentos/Jornal da Tarde, 1994.

SILVA, F.; OLIVEIRA, F. *Atlas Geográfico Histórico*. 1ª série. Rio de Janeiro: Instituto Geográfico de Agostini do Brasil Ltda., 1939.

_____. *Atlas Geográfico Histórico*. 3ª série. Rio de Janeiro: Instituto Geográfico de Agostini do Brasil Ltda., 1939.

SIMIELLI, M. E.; BIASI, M. *Atlas Geográfico Escolar*. 3. ed. São Paulo: Ática, 1984.

_____. *Geoatlas*. 4. ed. São Paulo: Ática, 1990.

ATLAS GEOGRÁFICOS PARA ESCOLARES: UMA REVISÃO METODOLÓGICA

Marcello Martinelli

Dispondo-se de maior conhecimento sobre os primórdios e o desenvolvimento hodierno dos atlas geográficos para escolares, centrado no Mundo Ocidental, polarizado pela Europa, transparece de forma evidente algo como um enfoque preferencial. Deve-se deixar claro que partes do mundo motivadas por outras culturas também participaram e ainda participam da produção desse saber. Para alcançar em sua plenitude esse enorme leque de entendimentos, ficará evidente que o campo de pesquisa sobre o assunto teria que tomar outras proporções.

Pelo menos naquele sediado na Europa, o ensino-aprendizagem de Geografia, desde sua instituição como disciplina para os níveis fundamental, médio e superior no início do século XIX, os atlas geográficos para escolares ganharam crédito entre os materiais didáticos, adequando-se cada vez mais a essa tarefa em sala de aula. Tais atlas despontaram em várias partes do continente seguindo o modelo da Geografia alemã. Tanto é que se noticiou como um primeiro atlas escolar o *Kleiner Atlas Scholasticus*, publicado em 1710 pelo editor Homann. Compunha-se de mapas, sem nenhum texto. Numa edição posterior, de 1719, sob o nome de *Atlas methodicus*, fora então concebido especificamente para atender aos cursos de Geografia.

Também outros protótipos compareceram no mesmo período, porém, num primeiro momento, com uma Geografia intimamente ligada à Cosmografia, dando mais atenção ao espaço cósmico do que ao terrestre, passando posteriormente a contemplar espaços estritamente do planeta, por obra de grandes pedagogos.

Nessa difusão colaboraram também numerosas inovações, como a invenção da litografia, possibilitando edições de atlas com tiragens elevadas, tornando-os mais acessíveis aos estudantes, ao mesmo tempo em que a Geografia começava a se confirmar junto aos programas escolares.

Nessa nova incumbência, tais atlas iniciaram suas estruturações e elaborações como seleções e simplificações dos grandes atlas gerais de referência. Porém, o grande passo foi dado quando se consolidaram como composições específicas para o ensino de Geografia.

O próprio *Atlas général Vidal-Lablache: histoire et géographie*, de 1894, foi uma obra que inspirou inúmeras derivações, tanto na França como em outros países do Velho Continente.

Antecipando-se a esse feito, no Brasil, em 1868 se publicava o *Atlas do Império do Brasil*, de Cândido Mendes de Almeida, o primeiro atlas escolar brasileiro. Foi adotado no Imperial Colégio Pedro ii do Rio de Janeiro.

Fruto de toda uma evolução e transformação epistemológica da cartografia de atlas e da afirmação de uma economia de mercado cada vez mais globalizada, atualmente conta-se com uma enorme e variada gama de atlas para escolares nos formatos impresso, digital e eletrônico, sejam mundiais, nacionais, estaduais, municipais e até locais.

Em nível teórico-metodológico, a proposição de tais atlas segue duas orientações básicas: o ensino do mapa e o ensino pelo mapa. A seguir conta com as bases metodológicas da Geografia para organizar os respectivos conteúdos. Um recorte espaçotemporal também terá que ser definido. Na sequência, a produção passa a considerar a cartografia temática para poder produzir com consistência as respectivas representações em mapas.

A elaboração dos atlas geográficos para escolares

Essa elaboração não é simples. Não basta simplificar mapas, nem torná-los mais atraentes, muito menos selecionar os temas mais fáceis. Sim, esses componentes devem ser ponderados, mas não são os essenciais. A tradição persiste negligenciando toda uma fundamentação metodológica específica.

O empreendimento desses atlas deverá partir, de um lado, das lucubrações sobre a construção da noção de espaço pelo escolar e, de outro, dos estudos sobre a representação desse mesmo espaço pelo educando, envolvendo práticas iniciais de cartografia, bem como a aprendizagem de sua linguagem.

As principais fontes seriam, dentre outras, os estudos psicogenéticos de Jean Piaget e sua equipe, os trabalhos de Vygotsky, acerca das relações entre a fala como atividade simbólica, a estruturação do tempo e a construção da memória e os de Bertin e seus discípulos sobre a representação gráfica para se assimilar o conteúdo do mapa (Bertin, 1973, 1977; Piaget e Inhelder, 1972; Bonin, 1975, 1982; Vygotsky, 1998).

No Brasil, conta-se com as contribuições da Professora Dra. Lívia de Oliveira, que, em sua pesquisa de livre-docência e em outros estudos que se sucederam, estabeleceu as linhas mestras para uma correta orientação desses trabalhos, tendo instituído uma verdadeira escola com discípulos de alta qualificação (Oliveira, 1978, 2006; Robinson e Petchenik, 1976, 1987).

Ao conceber um atlas de tal categoria, coloca-se como premissa a de não ser apenas uma coletânea de mapas, prontos e acabados, mas sim uma organização sistemática de representações trabalhadas com finalidade intelectual específica. Neste intento, deve-se levar em conta a articulação de dois embasamentos metodológicos fundamentais: o do mapa e o da aquisição do conhecimento em Geografia através dele (Paganelli et al., 1985; Almeida e Passini, 1989; Antunes et al., 1993; Simielli, 1993; Chianca, 1994; Haslam e Taylor, 1996; Francischett,1997; Almeida, 1997, 2001; Wiegand, 2006). Além disso, as representações temáticas selecionadas devem ser construídas a partir de dados consistentes, com o fim de revelar o conteúdo das informações sobre a atualidade, proporcionando ao estudante a compreensão de determinadas questões que a ele se colocam, em busca do conhecimento da realidade que o cerca.

Portanto, os mapas não seriam vistos como tradicionalmente é feito, como meras figuras ilustrativas dos textos didáticos, mas sim como representações reveladoras de questões que serão abordadas e discutidas nos discursos geográficos, dando chance a uma reflexão crítica e consciente entre os estudantes, orientada pelo mestre em sala de aula.

No empreendimento do almejado atlas, considera-se, como um primeiro passo para sua coordenação, o entrelaçamento integrado de duas orientações básicas:

- o **ensino do mapa**, lastreado nas posturas teórico-metodológicas sobre a construção da noção de espaço e respectiva representação pelo escolar, envolvendo práticas iniciais de cartografia;
- o **ensino pelo mapa**, perpetrado em Geografia, promovendo o conhecimento do mundo a partir da inclusão e continuidade espacial, do próximo (vivenciado e conhecido – o lugar) ao distante desconhecido – o espaço mundial, porém com possibilidade de ser apreendido pela sua representação, sendo o educando capaz de raciocinar sobre tal contexto disposto em mapa, sem tê-lo experimentado antes.

Em seguida, seria possível ingressar na tessitura das bases metodológicas da Geografia para organizar o conteúdo do atlas. Este se fundamentaria numa lucubração básica do conhecimento geográfico dos dias atuais: a sociedade em composição com a natureza. Nesse contexto, os mapas mostrariam: a natureza com seu específico movimento, sem deixar de entrevê-la e avaliá-la como recurso natural, a sociedade com seu modo de produção do espaço, hoje um meio científico, técnico e informacional e, como fechamento, a questão ambiental (Santos, 1994; Brasil. Med. Sef., 1998).

Atrelada à questão do conteúdo estaria a definição do recorte espaçotemporal no âmbito geográfico, sugerindo uma abrangência, que poderia ser desdobrada em vários níveis escalares, desde o local até o mundial.

Na sequência, poderíamos considerar a cartografia. Embora podendo contemplar, em alguns casos específicos, a topográfica, é a cartografia temática que contaria com maior presença. Porém, esta não poderia fazer a menos daquela topográfica ao estabelecer uma base cartográfica adequada à representação dos temas. Diante desse enfoque, seria preciso compor com clareza e praticidade uma consistente cartografia temática, que deverá estar estabelecida consoante com as propostas metodológicas para tanto. Seria possível adotar aquela que se fundamenta no paradigma estruturalista. Considera a confecção do mapa como uma construção dentro dos parâmetros que estabelecem a representação gráfica como uma linguagem, integrando um sistema semiológico monossêmico, de significado único (Bertin, 1973, 1977).

Com essa postura, os mapas temáticos do atlas poderão ser elaborados levando-se em conta um amplo leque de métodos, cada um mais apropriado às formas da realidade se apresentar.

A cartografia temática dos atlas geográficos para escolares

A cartografia temática não surgiu de forma espontânea; é historicamente sucessiva à representação topográfica do mundo, essencialmente analógica.

A progressiva especialização e diversificação das realizações da cartografia científica, operadas desde os séculos XVII e XVIII e cristalizadas do século XIX, em atendimento às crescentes necessidades de aplicação confirmadas com o florescimento e sistematização dos diferentes ramos de estudos constituídos pela divisão do trabalho científico, no fim do século XVIII e início do século XIX, culminaram com a definição de outro tipo de cartografia. Essa seria a cartografia temática, o domínio dos mapas temáticos.

Essa nova demanda de mapas norteou a passagem da representação das propriedades apenas "vistas", para a representação das propriedades "conhecidas" dos objetos, fatos ou fenômenos. O código analógico foi sendo substituído paulatinamente por um código mais abstrato. Passou-se a representar categorias mentalmente e não mais visualmente organizadas. Ratificou-se, assim, o mapa como expressão do raciocínio que seu autor empreendeu diante da sua realidade, apreendida a partir de um determinado ponto de vista: sua opção de entendimento do real. Confirmou-se, assim, a tomada de uma postura metodológica na elaboração da cartografia temática (Robinson, 1982; Mac Eachren, 1979; Palsky, 1996).

Com maior desenvolvimento no século XX, assistiu-se a uma proveitosa sucessão de paradigmas.[1]

Dentre vários, numa atitude distinta, vinculada à *semiologia*, Jacques Bertin tomou a posição de considerar a cartografia, bem como seu ramo temático, integrado à representação gráfica. Seria uma linguagem dentre outras, construída pelos homens para reter, compreender e comunicar observações indispensáveis à sobrevivência. Seria uma linguagem bidimensional atemporal e destinada à vista. Teria supremacia sobre as demais, pois demandaria um instante mínimo de percepção. Constituiria um sistema semiológico monossêmico. O autor titulou sua semiologia de *semiologia gráfica*.

Da mesma forma que a representação gráfica em geral, a cartografia temática, em seu âmbito específico, tem uma função tríplice: registrar, tratar dados, bem como revelar informações neles seladas. Tem também como principal propósito ressaltar as três relações fundamentais entre conceitos previamente definidos: de diversidade (≠), de ordem (O) e de proporcionalidade (Q). Saber coordenar tais orientações significaria dominar a sintaxe dessa linguagem (Bertin, 1973, 1977; Bonin, 1975, 1982; Mac Eachren, 1995; Martinelli, 1990, 1994, 1998, 1999, 2001, 2002, 2003, 2005, 2007; Martinelli e Ferreira, 1975; Martinelli et al. 1999).

Para o completo domínio de tal sintaxe, será necessário ainda atentar para duas questões básicas: quais são as *variáveis visuais* de que se dispõe e quais são suas respectivas *propriedades perceptivas*.

As duas dimensões do plano, mais seis modulações visuais possíveis que uma mancha visual pode assumir, constituem as *variáveis visuais*. São elas: tamanho, valor, cor, forma, orientação e granulação.

Essas seis variáveis visuais mais as duas dimensões do plano, portanto num total de oito, têm *propriedades perceptivas* que toda transcrição gráfica deve levar em conta para traduzir adequadamente as citadas relações fundamentais entre objetos, fatos e fenômenos.

- Percepção Dissociativa (≠) – a visibilidade é variável: afastando da vista tamanhos diferentes, eles somem sucessivamente.
- Percepção Associativa (=) – a visibilidade é constante: as categorias se confundem; afastando-as da vista, não somem.
- Percepção Seletiva (≠) – o olho consegue isolar os elementos.
- Percepção Ordenada (O) – as categorias se ordenam espontaneamente.
- Percepção Quantitativa (Q) – a relação de proporção visual é imediata.

Seguros dessas bases da sintaxe da representação gráfica, os mapas temáticos dos atlas passarão a ser construídos de forma consistente, levando-se em conta um amplo leque de métodos, cada um mais apropriado às características e às formas de manifestação (em ponto, em linha, em área) dos fenômenos da realidade considerados em cada tema, seja na abordagem qualitativa, ordenada ou quantitativa.

Nas representações temáticas pode-se empreender também uma apreciação sob o ponto de vista estático, constituindo a cartografia estática; ou dinâmico, estruturando a cartografia dinâmica.[2] Salienta-se, ainda, que os fenômenos que compõem a realidade a ser representada em mapa consentiriam de serem vislumbrados dentro de um raciocínio analítico ou de síntese. Assim, existiria de um lado a cartografia analítica – abordagem dos temas em mapas analíticos, atentando para seus elementos constitutivos, lugares, caminhos ou áreas caracterizadas por seus atributos ou variáveis. E de outro, uma cartografia de síntese – abordagem de temas em mapas de síntese, empreendendo a fusão dos seus elementos constitutivos em "tipos", perfazendo agrupamentos de lugares, caminhos ou áreas unitárias de análise caracterizadas por agrupamentos de atributos ou variáveis (Brunet, 1967, 1987; Rimbert 1968, 1990; Cuenin, 1972; Bertin, 1973, 1977; Libault, 1975; Mac Eachren, 1979; Beguin e Pumain, 1994; Slocum, 1999; Kraak e Ormeling, 2003; Slocum et al., 2005).

Deve-se deixar claro nesse ponto que todos os procedimentos que envolvam a elaboração de mapas temáticos para os atlas escolares podem hoje ser realizados por meio de softwares específicos. A cartografia dinâmica ganha com eles o potencial oferecido pela animação. O raciocínio de síntese conta com funções específicas dos sig (Sistemas de Informações Geográficas). Todo esse conhecimento informático e tecnológico vem a favor de uma excelente produção de atlas, desde que o instrumental disponível seja empregado de maneira consistente e apoiado nas diretrizes metodológicas para a organização de tais construtos.

Na história da cartografia temática, as primeiras representações dos séculos XVII e XVIII limitavam-se a mostrar aspectos qualitativos ou ordenados de manifestações em pontos, linhas ou áreas, dispondo-as sobre mapas topográficos.

Para manifestações em pontos na abordagem qualitativa e ordenada, dispõe-se, respectivamente, do *Método dos signos pontuais qualitativos* e do *Método dos signos pontuais ordenados*.

Para os mapas dos atlas geográficos para escolares que contemplam temas do Brasil e do mundo, o *Método dos signos pontuais qualitativos* tem aplicação na representação de ocorrências localizadas como de recursos minerais, cidades, portos, aeroportos etc. Todos os signos terão formas diversificadas, porém, preferencialmente, todas de mesmo tamanho e cor.

O *Método dos signos pontuais ordenados* tem correto emprego na representação de manifestações em ponto, porém, dotados de uma classificação ordenada, como cidades em hierarquia populacional ou funcional, categorias de portos pelo volume transportado, níveis de aeroportos pelo número de passageiros etc. Todos os signos para cada tema terão a mesma forma, variando o valor visual de seu interior, do escuro para o claro.

No mesmo encaminhamento de raciocínio, para ocorrências em linhas na abordagem qualitativa e ordenada, conta-se, respectivamente, com o *Método dos signos lineares qualitativos* e o *Método dos signos lineares ordenados*.

Para manifestações em linhas, os mapas dos atlas adotarão o *Método dos signos lineares qualitativos* quando se trata de representar fenômenos distintos, que se dispõem linearmente no espaço. Utilizam-se linhas diferenciadas, como no momento de expressar estradas classificadas pelo critério de gestão, porém, tomando-se o cuidado de que todas fiquem de mesma espessura, variando, ou a cor ou a forma dos elementos que as compõem. Para o caso de fenômenos lineares que guardam entre si relações de ordem como, entre rodovias classificadas, das mais às menos importantes, entre rios hierarquizados pela poluição de suas águas, recomenda-se o

Método dos signos lineares ordenados. Aplicam-se signos em linhas, todos de mesma espessura, variando internamente o valor visual do escuro para o claro, conforme uma classificação hierarquizada.

Quando os acontecimentos se dão em área, os procedimentos de elaboração de mapas para a abordagem qualitativa e ordenada tomam, respectivamente, os nomes de *Método corocromático qualitativo*, que foi proposto por Buache ao confeccionar dois mapas mineralógicos atinentes a um artigo do geólogo Guettard publicado em 1746, e de *Método corocromático ordenado*.

O *Método corocromático qualitativo* é o mais indicado para quando se está diante de ocorrências em áreas caracterizadas por critério seletivo. A representação explorará preferencialmente a variável visual cor, pelo fato de possuir alto grau de discriminação. Será ideal para mapas do Brasil, de outras nações ou do mundo, que representam a divisão político-administrativa, vegetação, ambiente, solos, biomas, bacias hidrográficas, uso da terra, organizações internacionais etc.

No caso de ocorrências em área, porém classificadas hierarquicamente, passa-se a aplicar o *Método corocromático ordenado*. É apropriado para mapas como geologia com a organização cronológica de seus conjuntos litológicos, potencialidade agrícola dos solos etc. Nessas elaborações, as áreas de manifestação serão preenchidas também por cores, porém organizadas de modo ordenado, das mais claras às mais escuras, conforme o tempo geológico é o mais antigo e conforme a viabilidade agrícola vai da menos a mais favorável, respectivamente.

As representações quantitativas compareceram tardiamente. Antes do fim do século XVIII, a cartografia não se preocupava com a quantificação das ocorrências, fossem da natureza ou da sociedade.

Ao promover a conquista dessas reproduções em mapas, contou-se com a contribuição trazida por William Playfair. Foi a partir da invenção dos gráficos estatísticos de sua autoria que as quantidades, mediante vários procedimentos, chegaram aos mapas.

O *Método coroplético* foi o primeiro a ser idealizado para expressões quantitativas, tendo sido concebido por Dupin em 1826. Esse método é tradicionalmente empregado para representar uma série ordenada de valores relativos agrupados em classes significativas referentes às manifestações em áreas às quais os dados se referem. Adota-se a propriedade de ordem que pode ser organizada ou entre as cores quentes ou entre as cores frias.

Tal método tem grande potencial de aplicação nos atlas geográficos para a representação de manifestações em áreas dadas em valores relativos, como é o caso da densidade demográfica, da taxa de urbanização, do PIB por habitante, da mortalidade infantil, do crescimento natural. A sequência das classes de valores, da densidade demográfica em sucessão crescente, por exemplo, ficará anotada no mapa por uma sequência de valores visuais extraída das cores quentes, indo das mais claras até as mais escuras. Tem a grande vantagem, nesse evento, de proporcionar a exploração da noção de "povoado".

Um segundo procedimento que permite a expressão das quantidades é aquele feito mediante o *Método dos pontos de contagem*, proposto por Frère de Montizon em 1830. O processo considera a disposição nas áreas de ocorrência, de pontos de mesmo tamanho, forma e cor, com um mesmo valor unitário, cuja soma integrará o total quantitativo.

Essa elaboração pode contar com dois encaminhamentos alternativos. Ou os pontos se distribuem de maneira uniforme e regular em cada unidade de observação ou são localizados nos lugares onde realmente se encontram.

Para os mapas dos atlas escolares, esse método tem pronta aplicação para a representação de fenômenos dispersos, como a população rural, o efetivo bovino de um estado ou de uma nação.

O *Método das figuras geométricas proporcionais*, estabelecido por Minard em 1851, instituiu figuras como círculos, cujos tamanhos possuem áreas correspondentes às quantidades em valores absolutos da manifestação. Permite, assim, avaliar visualmente a proporção que existe entre as quantidades. Os círculos que as representam, em termos de totais, podem ser subdivididos em setores proporcionais às respectivas parcelas para expressar partes como a população urbana e rural naquela total, a participação relativa dos setores de atividades na população economicamente ativa, o PIB por setor de produção.

Diante de temas que expressam quantidades em números absolutos, localizadas ou referentes às áreas de observação, o *Método das figuras geométricas proporcionais* é o mais recomendado. Os círculos com tamanhos proporcionais aos valores absolutos, como no caso da população de cidades, estados ou nações, serão implantados, ou no lugar da manifestação ou no centro da área de ocorrência, permitindo revelar a relação de proporção que existe entre os valores considerados. Possui a prerrogativa para se explorar a noção de "populoso".

Inúmeros outros temas quantitativos de atlas podem ser mostrados por esse método, como produção agrícola, produção industrial, produto interno bruto, comércio, valor das exportações, turismo etc.

A respeito desse método e daquele coroplético, deve-se deixar bem claro que a utilização do método coroplético para valores absolutos, muito comumente empregados nos atlas e na mídia em geral, que seria incorreta, incidirá em grave erro na compreensão: quem pode afirmar que o vermelho vale quatro vezes mais que o amarelo? Perde-se a noção de proporção! Vê-se apenas uma ordem.

O *Método isarítmico*, concebido por Halley em 1700 e retomado por Dupain-Triel em 1791, considera a superfície tridimensional composta pelos valores assumidos em vários pontos por determinado fenômeno contínuo no espaço. Essa superfície seria representada pelas linhas que unem pontos de igual valor de tal fenômeno, ditas isolinhas, projetadas ortogonalmente sobre uma superfície horizontal de referência, a do mapa, sendo aquelas anotadas pelos respectivos valores.

Para obter o melhor resultado na visualização da representação, aconselha-se preencher os espaços entre aquelas linhas com uma ordem visual crescente, conforme a intensidade do fenômeno se torna mais elevada.

O *Método isarítmico* encontra grande aplicação nos atlas escolares. É ideal para a representação de fenômenos contínuos como temperatura, pressão, precipitação,[3] umidade, relevo emerso e relevo submerso.

Um mapa de atlas, quase sempre aparecendo como um dos primeiros, é aquele do relevo. Muitas vezes é denominado hipsométrico, porém a designação mais correta seria *mapa do relevo em cores hipsométricas*. A representação do relevo é feita mediante curvas de nível selecionadas, entre as quais se introduz uma sequência crescente de valores visuais extraídos das cores quentes que vão das mais claras às mais escuras.

Quanto ao tema, talvez esse mapa devesse chamar mais apropriadamente de "hidrografia e relevo", para ser coerente com sua construção. E partiria de um plano de referência de base dado pela cartografia topográfica: a planimetria. Nesse plano se inserem os rios e demais objetos fixos e duráveis da superfície da Terra, que darão apoio à segunda parte da elaboração, que seria o levantamento das altitudes, configurando a altimetria, momento em que são lançadas as curvas de nível sobre o mapa.

Chama-se também a atenção para o título "Mapa hipsométrico", de grande difusão. Embora não completamente errado, esta denominação traz mais à tona a forma de sua apresentação, enquanto que o mais recomendado seria ressaltar o tema representado: o "Relevo".

Outra incoerência que aparece nesses mapas, como uma tradição praticamente consolidada internacionalmente, por conta da sua história de elaboração iniciada no fim do século XIX e adotada como convenção, é a que dita de se colocar tons de verde, desde escuros para claros nas baixas altitudes para, somente depois, passar à ordem crescente de cores quentes das claras para as escuras. Esse procedimento faz com que na visualização do mapa, o escolar perceba dois conjuntos distintos, um das cores frias, outro das cores quentes, enquanto o correto seria que o aluno tivesse um único impacto, isto é, aquele de um "crescendo" único que vai das baixas até as grandes altitudes, tal como ele experimentaria ao subir um morro!

Um único método de representação foi proposto no século XX. Trata-se daquele elaborado por Bertin em 1967, considerando-o uma solução ideal para a expressão quantitativa de fenômenos com manifestação em área: é o *Método da distribuição regular de pontos de tamanhos crescentes*, os quais são dispostos regularmente em toda a extensão de cada superfície de ocorrência. No caso da população recenseada em nível de unidades de observação, esse procedimento permite uma dupla percepção: aquela da densidade percebida pela imagem construída pelo contraste entre o preto dos pontos e o fundo branco do mapa, e aquela das quantidades em números absolutos, obtidas multiplicando-se o valor do ponto pelo número desses. A legenda será dupla: os tamanhos de referência nela anotados se reportarão, seja às quantidades, seja às densidades. Por ser um método pouco divulgado e de elaboração mais intricada, foi pouco explorado nos atlas.

Até aqui foram consideradas situações estáticas no espaço e no tempo.

Entrando agora nas representações de manifestações dinâmicas, podem-se distinguir aquelas adequadas aos estados sucessivos de forma qualitativa, ordenada ou quantitativa no tempo para um mesmo lugar ou área e aquelas que materializam as posições sucessivas assumidas por um mesmo fenômeno em movimento, percorrendo certo itinerário e empregando determinado tempo.

As primeiras podem recorrer à exploração dos métodos já apresentados.

Na representação qualitativa, como no caso do Brasil, ao focalizar a progressiva devastação da vegetação nativa, deverá ser mostrada uma sequência de mapas corocromáticos qualitativos organizada em intervalos iguais de tempo ou um único mapa corocromático. Porém, deverá ser ordenado, isto é, com a delimitação dos estágios registrados mediante uma ordem de cores que vai das mais claras às mais escuras, conforme o tempo decorre da primeira situação até a última, a atual.

Na representação de variações quantitativas no tempo em números absolutos e em números relativos se explorarão, respectivamente, o *Método das figuras geométricas proporcionais* e o *Método coroplético*. O primeiro, fazendo uso dos círculos proporcionais para os saldos positivos ou negativos de uma variação. A oposição entre as operações se distinguirá com cores opostas: os círculos dos saldos positivos de uma migração serão coloridos de vermelho. Aqueles dos saldos negativos serão apresentados em azul.

O segundo, fazendo uso de duas ordens opostas entre as cores frias e quentes para variações positivas e negativas dadas por taxas, enaltecerá a oposição entre elas: as taxas positivas estarão representadas por uma ordem visual entre as cores quentes e aquelas negativas por uma ordem visual entre as cores frias, dispostas em oposição.

Para a representação das manifestações dinâmicas dadas por movimentos no espaço e tempo, aplica-se o *Método dos fluxos*, inventado por Minard em 1840. Para tanto, explora-se ou uma mesma espessura para movimentos qualitativos ou a proporcionalidade da espessura das flechas para movimentos quantitativos, as quais incorporam a direção, o sentido e a quantidade de determinada espécie deslocada. Vale dizer que se explorará a variável visual tamanho.

As flechas partem do ponto de saída, percorrem certo caminho e chegam com a ponta fincada a determinado lugar. O *Método dos fluxos* para movimentos qualitativos é ideal para a representação, por exemplo, dos deslocamentos das massas de ar, das correntes marítimas, dos tufões etc. Já o *Método dos fluxos* para movimentos quantitativos será proveitoso para representar os movimentos migratórios durante certo período na realidade brasileira. As flechas com as respectivas espessuras dos fluxos saem dos estados emissores e se dirigem, percorrendo certo caminho, aos estados receptores. Todas elas receberão a mesma cor quando se tratar de uma única espécie em movimento, no caso, migrantes.

A solução por flechas é plausivelmente empregada também para representar fluxos de exportação e importação referenciados a portos, estados, países. Às flechas que saem com espessuras proporcionais coloridas de vermelho se opõem flechas entrantes tingidas de azul.

Frisa-se mais uma vez que todas as modalidades de cartografia dinâmica ganham uma excelente aliada no mundo digital: a animação cartográfica.

Após ter-se apresentado modalidades de expressão para a realidade dentro do raciocínio analítico, seria possível avançar para uma complexidade maior. Entraríamos, assim, no domínio da abordagem da realidade mediante o raciocínio de síntese, a ser explorada na organização de atlas geográficos para escolares.

Na síntese, não se verão mais os elementos, sejam de ordem estática como dinâmica, em superposição ou em justaposição, como nos mapas analíticos, mas sim a fusão daqueles em "tipos", como já comentado.

Apesar da necessidade de procedimentos baseados na integração de múltiplos dados qualitativos e quantitativos, os mapas de síntese, mesmo de forma restrita, comparecem nos atlas escolares. Embora oferecendo uma visualização relativamente fácil, expõem o resultado de várias combinações. Por conta disso, sua apresentação em atlas deveria vir precedida pelas etapas analíticas que compõem o procedimento do raciocínio para se chegar à síntese (Claval e Wieber, 1969).

Assim, no caso do mapa dos "tipos de clima", tema bastante presente, tem-se o resultado do raciocínio de síntese por excelência, e, então, deveria comportar um preparo ao seu entendimento, mediante a apresentação dos mapas analíticos que entraram em jogo em tal processo. Seriam temas como precipitação, temperatura, circulação atmosférica, massas de ar, ventos, pressão.

Outro tema que atualmente vem sendo apresentado é o dos "tipos de relevo". O mesmo encaminhamento deveria ser operado: antes de expô-lo, seriam mostrados os mapas analíticos que entraram no processo, como geologia, precipitação, temperatura, geomorfologia, hidrografia e relevo.

Um terceiro seria o dos "biomas", o qual deveria fazer-se anteceder de temas relativos à Biogeografia e à Ecologia.

Como uma quarta proposta, seria possível citar o registro em mapa dos sistemas ambientais naturais.

Considerações finais

Ponderam-se esses encaminhamentos metodológicos como imperativos para sustentar todo e qualquer empreendimento voltado à idealização de atlas geográficos para escolares quando envolvem mapas temáticos para formas de manifestação dos fenômenos em ponto, linha ou área, nas abordagens qualitativa, ordenada ou quantitativa, em apreciação estática ou dinâmica, sejam eles desenvolvidos dentro do raciocínio analítico como de síntese. Eles vão lhe confirmar seu papel pedagógico na Geografia, assegurando-lhe a certeza de estar participando do encaminhamento do escolar ao entendimento de temas específicos, preparando-o para a compreensão da realidade em que vive e atua. Certamente, ampliando sobremaneira o acesso a esse meio de comunicação, seja no modo impresso, como digital ou eletrônico, acerca do espaço natural e social, em seu dia a dia, em qualquer parte da Terra.

Notas

[1] *Paradigma*: modelo aceito dentro do qual se desenvolve uma ciência, aonde vão se acumulando os conhecimentos. Pode continuar ou ser abandonado quando superado, levando ao estabelecimento de um novo paradigma. É um padrão estável da atividade científica (Kuhn, 1970).

[2] Hoje essa cartografia conta com as possibilidades da "animação".

[3] Embora a precipitação não seja um fenômeno contínuo, passa a ser considerado como tal quando resulta de médias calculadas para períodos longos, incluindo todas suas formas, tomadas como "normais". Por outro lado, precipitação é uma denominação genérica. Para o caso de chuvas, pode-se empregar "Pluviosidade".

Bibliografia

ALMEIDA, R. D. *Do desenho ao mapa. Iniciação cartográfica na escola*. São Paulo: Contexto, 2001.

_____; PASSINI, E. Y. *O espaço geográfico*: ensino e representação. São Paulo: Contexto, 1989.

_____ et al. *Atividades cartográficas*. São Paulo: Atual, 1997, 4 vol.

ANTUNES, A. R. et al. *Estudos sociais. Teoria e prática*. Rio de Janeiro: Access, 1993.

BEGUIN, M.; PUMAIN, D. *La représentation des données géographiques*: statistique et cartographie. Paris: Armand Colin, 1994.

BERTIN, J. *La graphique et le traitement, graphique de l'information*. Paris: Flammarion, 1977.

_____. *Sémiologie graphique: les diagrammes, les réseaux, les cartes*. Paris: Mouton, Gauthier-Villars, 1973.

BONIN, S. Novas perspectivas para o ensino da cartografia. *Boletim Goiano de Geografia*, 2(1), pp. 73-87, 1982.

_____. *Initiation à la graphique*. Paris: ÉPI, 1975.

BRUNET, R. *La carte: mode d'emploi*. Paris: Fayard/Reclus, 1987.

CHIANCA, R. M. B. *Mapas*: a realidade no papel. São Paulo: Ática, 1994.

CLAVAL, P.; WIEBER, J-C. *La cartographie thématique comme méthode de recherche*. Paris: Les Belles Lettres, 1969.

CUENIN, R. *Cartographie générale* (tome 1). Paris: Eyrolles, 1972.

FRANCISCHETT, M. N. *A cartografia no ensino da geografia*: construindo os caminhos do cotidiano. Francisco Beltrão: Ed. da Autora, 1997.

HASLAM, A.; TAYLOR, B. *Make it work. Maps*. Londres: Two-Can Publ. Ltd., 1996.

KRAAK, M. J.; ORMELING, F. *Cartography: visualization of geospatial data*. Enschede: Pearson Education Ltd., 2003.

LIBAULT, A. *Geocartografia*. São Paulo: Nacional/USP, 1975.

MAC EACHREN, A. M. The evolution of thematic cartography: a research methodology and historical review. *The Canadian Cartographer*, 16(1), pp. 17-33, 1979.

_____. *How maps work: representation, visualization and design*. New York: The Guiford Press, 1995.

MARTINELLI, M. A cartografia escolar na abordagem temática da geografia. *Boletim de Geografia*, 19(2), pp. 7-17, 2001.

_____. A sistematização da cartografia temática. In: ALMEIDA, R. D. (org.). *Cartografia escolar*. São Paulo: Contexto, 2007.

_____. Cartografia dinâmica: espaço e tempo nos mapas. *Geousp: espaço e tempo*, (18), pp. 53-66, 2005.

_____. Cartografia para escolares: um desafio permanente. *VIII Colóquio Internacional Cartografia para Escolares*. Diamantina, 2002.

_____. O atlas geográfico ilustrado: um primeiro atlas? *Geoensino*, 2(1), pp. 6-9, 1994.

_____. Orientação semiológica para as representações da geografia: mapas e diagramas. *Orientação*, (8), pp. 53-62, 1990.

_____. *As representações gráficas da geografia*: os mapas temáticos. São Paulo, 1999. Tese (livre-docência) – DG-FFLCH-USP.

_____. *Atlas geográfico. Natureza e espaço da sociedade*. São Paulo: Editora do Brasil, 2003.

_____. *Cartografia temática*: caderno de mapas. São Paulo: Edusp, 2003.

_____; FERREIRA, G. M. L. "Manual do professor: Atlas geográfico ilustrado". In: MARTINELLI, M. e FERREIRA, G. M. L. *Atlas geográfico ilustrado*. 3. ed. São Paulo: Moderna, 2004.

_____ et al. A cartografia para crianças: alfabetização, educação ou iniciação cartográfica? *Boletim de Geografia*, 17(1), pp. 125-36, 1999.

_____. *Mapas e gráficos*: construa-os você mesmo. São Paulo: Moderna, 1998.

_____. *Os mapas da geografia e cartografia temática*. São Paulo: Contexto, 2003.

_____; Ferreira, G. M. L. L'atlas géographique illustré: un premier atlas pour les enfants. *Proceedings. Poster Session. 17th. International Cartographic Conference Proceedings*, Barcelona: ica/aci, 1995.

Ministério da Educação e Cultura. *Parâmetros curriculares nacionais*: geografia. Brasília: Secretaria do Ensino Fundamental, 1998.

Oliveira, L. "Os mapas na geografia". *Geografia*, 31(2), pp. 219-39, 2006.

_____. *Estudo metodológico e cognitivo do mapa*. São Paulo: usp-ig, 1978.

Paganelli, Y. I. et al. A noção de espaço e de tempo: o mapa e o gráfico. *Orientação* (6), pp. 21-33, 1985.

Palsky, G. *Des chiffres et des cartes. La cartographie quantitative au xixe siécle*. Paris: Comité des Travaux Historiques et Scientifiques, 1996.

Petchenik, B. B. Fundamental considerations about atlases for children. *Cartographica*, 24(1), pp. 16-23, 1987.

Piaget, J.; Inhelder, B. *La représentation de l'espace chez l'enfant*. Paris: puf, 1972.

Rimbert, S. *Carto-graphies*. Paris: Hermes, 1990.

_____. *Leçons de cartographie thématique*. Paris: Sedes, 1968.

Robinson, A. H. *Early thematic mapping in the history of cartography*. Chicago: The University of Chicago Press, 1982.

_____; Petchenik, B. B. *The nature of maps*: *essays toward understanding maps and mapping*. Chicago: The University of Chicago Press, 1976.

Santos, M. *Técnica, espaço, tempo*: globalização e meio técnico-científico informacional. São Paulo: Hucitec, 1994.

Simielli, M. E. R. S. *Primeiros mapas*: como entender e construir. São Paulo: Ática, 1993, 4 vol.

Slocum, T. A. *Thematic cartography and visualization*. Upper Saddle River: Prentice Hall, 1999.

_____; Mcmaster, R. B.; Kessler, F. C.; Howard, H. H. 2. ed. *Thematic cartography and geographic visualization*. New Jersey: Prentice Hall, 2005.

Vygotsky, L. S. *A formação social da mente*. São Paulo: Martins Fontes, 1998.

Wiegand, P. *Learning and teaching with maps*. London: Routledge, 2006.

A CARTOGRAFIA NOS LIVROS DIDÁTICOS NO PERÍODO DE 1824 A 1936 E A HISTÓRIA DA GEOGRAFIA ESCOLAR NO BRASIL

Levon Boligian
Rosângela Doin de Almeida

No processo de construção e reconstrução histórica do saber geográfico escolar no âmbito educacional brasileiro, foi fundamental o papel desempenhado pelos livros didáticos[1] nacionais de Geografia produzidos desde o início do século XIX. Para melhor compreender esse processo, analisamos neste capítulo os conteúdos de cartografia presentes nos materiais didáticos antigos, a influência dos primeiros programas oficiais estabelecidos pelo Colégio Pedro II e as práticas e saberes dos professores-autores[2] desses materiais para o estabelecimento de uma "cultura escolar" geográfica, no período de 1824 a 1890. Essa visão sócio-histórica da evolução da cartografia é uma das peças-chave para compreendermos melhor como os professores-autores selecionaram tais conteúdos presentes nos programas curriculares oficiais e em várias edições de livros didáticos publicados no Brasil. Isso criou um mecanismo de didatização dos *saberes a serem ensinados* na escola, dando origem a uma forma de conhecimento muito peculiar e, por vezes, distinta de sua base científica e cultural (Audigier, 1988, 1992, 1994).

A análise aqui apresentada tem como base os elementos que Chervel (1990) denomina de "componentes disciplinares", ou seja, as "vulgatas", os "exercícios-tipo" e as formas de "avaliação" presentes nos materiais escolares nacionais publicados no período. André Chervel aponta que, no decorrer da história das disciplinas escolares, consolidaram-se alguns componentes que servem de base para a estrutura interna dessas disciplinas e que permitem o funcionamento dos "conteúdos" e dos "métodos" empregados em cada uma delas. Os componentes de uma disciplina escolar são, em ordem cronológica ou de importância, a *vulgata*, os *exercícios* ou as *atividades-tipo*, as *práticas de motivação* e as *avaliações* ou *provas de natureza docimológica*, todos eles presentes na Geografia escolar.

Para Chervel, as vulgatas são um conjunto de saberes ou conteúdos explícitos compartilhados por todo o professorado e considerados característicos de determinada disciplina escolar. Para Audigier (1994), a vulgata é composta internamente por dois elementos principais que caracterizam sua linguagem: um conjunto de conhecimentos factuais e, associados a eles, uma nomenclatura ou vocabulário muito característico de certa área do conhecimento. A vulgata estabelece uma forma de linguagem que "distingue" a linguagem escolar daquela utilizada em outras "modalidades não escolares", como na família e na sociedade de maneira geral. É uma linguagem expositiva, utilizada tanto pelo professor em sala de aula, como pelos livros escolares. É composta pela "parte teórica", na qual a disciplina específica vai levantar problemas e balizar seu objeto de estudo. Por meio da vulgata, ou seja, de seus conteúdos explícitos, as diferentes disciplinas vão expor seu "*corpus* de conhecimentos".

De acordo com Chervel (1990), um estudo minucioso das produções editoriais de determinado período histórico permitirá ao investigador "determinar um *corpus* suficientemente representativo" dos componentes de uma disciplina escolar, não somente das vulgatas, mas também de outros elementos, como os exercícios-tipo. Os exercícios são indispensáveis para a fixação dos conteúdos de uma disciplina e possuem grande importância para o "sucesso" de cada área do conhecimento no meio escolar. Nesse sentido, faz-se fundamental que o professor tenha em mãos exercícios de qualidade que o auxiliem para que atinja seus objetivos didático-pedagógicos. Lestegás (2002) mostra que os exercícios-tipo estão intimamente ligados às práticas pedagógicas de uma disciplina, contribuindo para definir e delimitar sua linguagem. Assim, poderíamos citar como exemplos estes típicos exercícios-tipo: "a resolução de problemas", em Matemática; as "práticas e experiências em laboratório", em Ciências; e ainda, segundo esse autor, as "atividades com mapas", em Geografia; embora, tradicionalmente dentro da história desta disciplina, essas atividades tenham sido utilizadas apenas para desenvolver nos alunos a capacidade de nomear e localizar lugares.

Continuando suas explicações, Chervel (1990) esclarece que nada se passaria em sala de aula se os alunos não demonstrassem uma disposição para aprender os conteúdos e os exercícios a eles propostos. Para que isso ocorra, o professor deve utilizar uma série de práticas de motivação, de forma a incitar o aluno ao estudo da matéria. Trata-se, na verdade, de o professor preparar e selecionar os conteúdos, os textos, enfim, as vulgatas que mais estimulem os alunos, para facilitar a aprendizagem, a aplicação e a resolução dos exercícios.

Ainda como último componente importante do *corpus* de conhecimento de uma disciplina, encontra-se a necessidade de avaliação dos alunos, seja em exames internos ou externos, que gera dois tipos de fenômenos sobre o desenvolvimento das disciplinas escolares. O primeiro é o da especialização de determinados exercícios em sua função de exercícios de controle. O segundo está relacionado ao grande peso que as chamadas provas de exame final possuem no desenrolar das disciplinas ensinadas na escola, visto que possuem uma importância considerável na introdução de mudanças curriculares e na prática docente.

Assim, segundo Chervel (1990: 207), as disciplinas escolares são constituídas por uma combinação, em proporções variáveis, dos componentes vistos anteriormente, ou seja, do ensino expositivo teórico, de exercícios padrão, de práticas pedagógicas de motivação dos alunos e de um sistema de avaliação. Esses sistemas "[...] funcionam evidentemente em estreita colaboração, do mesmo modo que cada um deles está, à sua maneira, em ligação direta com as finalidades [...]" de cada disciplina escolar. Os componentes disciplinares serão identificados e analisados nos seguintes compêndios de Geografia:

- TORREÃO, Bazilio Quaresma. *Compendio de Geographia Universal*. Londres: L. Thomson Library, 1824.
- BRASIL, Thomaz Pompeo de Souza. *Compendio elementar de Geographia geral e especial do Brasil*. Rio de Janeiro: Eduardo & Henrique Laemmert, 1864.
- F. I. C. *Terra Ilustrada. Geographia Universal: Physica, Etnographica, Politica, Economica dos cinco partes do mundo*. Trad. e adapt. Eugenio de Barros Raja Gabaglia. Rio de Janeiro: Livraria Garnier, 188?.

Nesse sentido, por meio da análise desses materiais didáticos de Geografia, explicitamos como esses componentes disciplinares – vulgatas, exercícios, práticas motivadoras e formas de avaliação – evoluíram, alternaram-se ou transformaram-se com a análise minuciosa de exemplares publicados no período mencionado.

O *Compendio de Geographia Universal,* de Bazilio Quaresma Torreão

Com edição de 1824, o *Compendio de Geographia Universal* do professor pernambucano Bazilio Quaresma Torreão está entre os primeiros compêndios elaborados e impressos em português, direcionado para ser utilizado nas poucas escolas secundárias da época e, especificamente, para ser usado nas aulas avulsas de Geografia.

Na página de rosto ou frontispício do volume, o autor nos revela o processo de confecção dos compêndios, confirmando a definição dada por Gasparello (2002, 2006) a esse tipo de material didático, cujo trabalho envolvia a compilação de outras obras didáticas ou "científicas". Nesse material, é possível ler que a obra é um trabalho "Rezumido de diversos authores e offerecido à mocidade Brazileira por Bazilio Quaresma Torreão" (Torreão, 1824).

Quaresma Torreão reconhece a importância do trabalho com mapas para o ensino da Geografia e lamenta a ausência desse recurso didático na obra devido aos altos custos, na época, de uma impressão com imagens. Nesse sentido, aconselha os professores a fazerem uso de planisférios e de mapas regionais em suas aulas, como forma de suprir a ausência de representações cartográficas no material didático.

> Conheço que, para melhor intelligencia, eu devia gravar Mappas Geographicos, para esclarecer as divisoens dos Paizes, que descrevo; mas as minhas circunstancias actuaes não me offerecem as necessárias proporçóens para huma empreza tão delicada: portanto, como seja o meu objecto dar aos meus Patrícios huma tintura geral de Geographia, resolvi-me a publicar mesmo com esta falta, na persuasão de que as Cartas Univesaes, e Geraes pódem muito bem applicar-se-lhe, com pequenas faltas, que serão supridas por qualquer habil explicador. (Torreão, 1824)

No caso dessa obra de Quaresma Torreão, como ele mesmo declara, a primeira a ser publicada na forma de compêndio, os conteúdos principais ligados à cartografia que foram levantados estão localizados na primeira parte do livro. O material está dividido em três grandes partes: Geografia Astronômica, Corografia do Brasil e Países do Mundo. As partes estão divididas em seções ("Secção"), e cada seção em "pontos", pequenos textos explicativos com definições ou curtos comentários, que reconhecemos como as vulgatas preparadas ou compiladas pelo autor.

Reproduzimos, a seguir, como exemplo dos "pontos" a serem trabalhados pelo professor e, por outro lado, a serem apreendidos pelos alunos, as vulgatas constantes na "Secção 3ª" do compêndio.

> Secção 3ª
> Das dimensóes do Globo Terrestre

> 2º [ponto]
> Para representarmos a Terra nos servimos de hum Glôbo, ou Bola, sobre que estão figurados todos os Paizes da Terra; porém na falta do Globo, servimo-nos de Cartas Geraes, e Particulares, que se comtempláo como outras tantas partes tiradas do mesmo Globo. Estas Cartas, que geralmente se chamáo – Cartas Geographicas – dividem-se em Cartas Universaes, Geraes, Especiaes, e Particulares.

> 3º [ponto]
> Carta Universal he aquella, que representa todo o Glôbo Terrestre sempre em dois Hemispherios; a que chamamos – Mappa Mundi.

> 4º [ponto]
> Carta Geral he a que representa huma das quatro partes geraes da Terra; *v. g.* a nossa América figura-se em huma Carta Geral.

> 5º [ponto]
> Carta Especial he a que descreve hum Reino, huma Republica, huma Região, ou huma Província; *v. g.* o Brazil he representado em huma Carta Especial, que tambem se chama – Corographica.

> 6º [ponto]
> Carta Particular he a que descreve huma Cidade, huma Villa, hum Territorio; *v. g.* Olinda, ou Goianinha, he representada em huma Carta Particular, a qual tambem se chama – Topographica.

Notamos que, nesses conteúdos, o autor busca classificar os mapas existentes à época e, ao mesmo tempo, discorre sobre a noção de escala geográfica.

Os primeiros programas oficiais de Geografia do Colégio Pedro II e a obra de Thomaz Pompeo de Souza Brasil

De acordo com Vechia (2007), os primeiros programas oficiais estabelecidos no Colégio Pedro II datam já do ano seguinte à sua fundação, 1838. Porém, ainda que essa autora tenha produzido com o pesquisador Karl M. Lorenz um amplo trabalho de levantamento desses documentos, pouco se conseguiu resgatar dessa época, em grande parte, devido ao incêndio ocorrido no início da década de 1960 no prédio do internato, localizado no bairro de São Cristóvão, que destruiu parte significativa do acervo documental histórico da instituição (Vechia & Lorenz, 1998).

O primeiro programa completo resgatado e datado de 1850 é o "Programa de Exame para o ano de 1850", no qual há a prescrição restrita de conteúdos referentes à cartografia, com apontamentos sobre "Movimentos dos Astros", "Formas da Terra", "Linhas Imaginárias" e "Latitudes e Longitudes". Nesse sentido, o programa de conteúdos proposto por Quaresma Torreão, em seu compêndio, é mais extenso. Notamos uma *complexificação* dos conteúdos cartográficos, somente um pouco mais tarde, no "Programa de Ensino para o ano de 1862", no qual temos, além da prescrição do trabalho com "Movimentos dos Astros" e "Linhas Imaginárias", a inclusão de conteúdos referentes à "Orientação", "Escala Geográfica" e mapas, como planisférios e mapas topográficos.

No período de estabelecimento desses primeiros programas de ensino para o Colégio Pedro II surge, entre as obras didáticas mais indicadas, o livro do padre e jurista Thomaz Pompeo de Souza Brasil, intitulado "Compendio elementar de Geographia Geral e Especial do Brasil", publicado por uma das livrarias mais tradicionais do Rio de Janeiro, a Eduardo & Henrique Laemmert Editores. Sua primeira edição é datada, provavelmente, do final da década de 1850, porém a versão que consultamos no acervo da Biblioteca Nacional data de 1864. Souza Brasil era docente do Liceu do Ceará, em Fortaleza, nas cadeiras de História e Geografia, e mantinha estreitas relações com o Instituto Histórico e Geográfico Brasileiro (IHGB), sediado no Rio de Janeiro, onde atuava como membro pesquisador.

A análise deste compêndio mostra que várias são as fontes de informações e de dados que o autor busca consultar para a atualização e reparação do texto a cada nova edição. Souza Brasil não nega a busca de informações e a compilação de materiais didáticos anteriores à sua obra, mas mostra também um esforço em relação à busca de informações fidedignas, oficiais e, se assim poderíamos dizer, mais "científicas", quando consulta as publicações do "Instituto", neste caso específico, o Instituto Histórico e Geográfico Brasileiro, do qual era membro. De acordo com Bittencourt (2004), o IHGB foi local de poder político durante quase todo o período do Império.

Encontrava-se na lista de seus membros do período vários nomes de professores do Colégio Pedro II, os quais eram, ao mesmo tempo, autores de importantes obras didáticas do secundário. Segundo a autora, esses professores-autores tinham estreita ligação com o poder institucional responsável pela política de ensino do Estado e, dessa forma, encontravam-se no "lugar" onde boa parte do *saber transposto* para os programas oficiais e os compêndios didáticos era produzida.

No que se refere à estrutura de conteúdos do livro, a obra de Souza Brasil reproduz a de *postillas*[3] antigas e do próprio compêndio de Quaresma Torreão. Na primeira parte, são desenvolvidas "noções geraes", com conceitos de Astronomia, Cartografia e Geografia Física; a segunda parte aborda aspectos naturais, populacionais e econômicos descritivos dos continentes e países do mundo; a terceira parte final apresenta descrições dos aspectos já citados das províncias brasileiras, baseando sua estrutura de conteúdos e de vulgatas. O sumário da primeira parte do livro (Figura 1) se refere aos conteúdos de Cosmografia e Geografia Astronômica.

INDICE

DAS

MATERIAS CONTIDAS NESTE COMPENDIO.

PARTE PRIMEIRA.

PRINCIPIOS GERAES.

Figura 1 – Sumário da obra *Compendio elementar de Geographia Geral e Especial do Brasil*, de Thomaz Pompeo de Souza Brasil, de 1864.

Quase a totalidade dos compêndios produzidos na época do trabalho de Souza Brasil era em volume único, contendo em média entre 500 e 600 páginas, para servirem a todas as séries do secundário. De maneira geral, as obras seguiam o plano dos programas de conteúdos estabelecidos no Colégio Pedro II, ainda que, especificamente na obra de Souza Brasil, este apresentava, no caso da cartografia, conteúdos diversificados do programa de ensino de 1862. Percebemos que, com exceção dos conteúdos de "Formas da Terra – Movimentos dos Astros" e "Linhas Imaginárias – Paralelos e Meridianos", os demais conteúdos prescritos no currículo do Pedro II e no compêndio de Souza Brasil não coincidem. Esse autor propõe, por exemplo, o trabalho com formas geométricas e de objetos, o trabalho específico com os Hemisférios Terrestres e com as noções de latitude e longitude.

Assim, no capítulo I, intitulado "Preliminares", as vulgatas dos conteúdos ligados à Cosmografia são desenvolvidas na forma de definições de elementos de Geometria, como linhas, ângulos, raios, circunferências etc. Elas são retomadas no capítulo VI, em que servirão para um trabalho cartográfico de base com os conteúdos; as definições são aprofundadas, e cada elemento é nomeado, de acordo com sua função. Na realidade, nos 11 primeiros capítulos encontra-se a base da Cosmografia ou da Geografia Astronômica ou Matemática, com todos os princípios e noções que preparariam o trabalho com uma cartografia de base na sala de aula, estrutura de conteúdos que se repetiriam nas décadas seguintes nos livros didáticos produzidos por diversos autores.

A EXPANSÃO DO MERCADO DE LIVROS ESCOLARES E O ENSINO PRIMÁRIO E SECUNDÁRIO NO BRASIL

As últimas décadas do século XIX tornam-se um período de importantes transformações no cenário educacional e editorial brasileiro. De acordo com Colesanti (1984), com a Proclamação da República, no ano de 1889, emerge uma classe social importante no país, formada por intelectuais, pequenos comerciantes, profissionais liberais e militares, que buscavam suplantar as estruturas arcaicas e tradicionais do Império, as quais eram fomentadas pela sua aristocracia escravocrata. A inspiração para o discurso que embasaria esse novo modelo de sociedade e levaria a nação às transformações necessárias, colocando-a no contexto de modernidade do Mundo Europeu Ocidental, estava nos livros, revistas e periódicos que passaram a ser consumidos como nunca, fazendo com que o mercado editorial brasileiro deixasse para trás os tempos das velhas e acanhadas tipografias.

Gasparello (2002) mostra que, nesse período, as livrarias passam a ampliar suas funções, deixando de ser meras distribuidoras de livros importados (já que, até então, a produção nacional era muito restrita) para se transformarem em importantes editoras.

Além da publicação de periódicos, como jornais e revistas, as editoras também passaram a apostar no mercado de livros didáticos nacionais. As pioneiras nesse ramo são as editoras Garnier e Laemmert, do Rio de Janeiro, que iniciam sua atuação no mercado de didáticos ainda nas duas últimas décadas do século XIX.

Issler (1973) revela que, além do Distrito Federal, em outras capitais de províncias há um forte incremento do mercado editorial, com a produção de materiais escolares (inclusive de Geografia) por autores locais, como o que ocorreu em São Paulo, em Porto Alegre, em Recife e em Belém do Pará. Segundo Hallewell (1985) e Gasparello (2006), essas editoras produziam, a princípio, obras traduzidas de livros didáticos franceses, que eram "adaptadas" para compêndios com o formato de obras nacionais. Lorenz (2007) explica que, nos estudos sobre os documentos históricos do Colégio Pedro II, realizados por esse autor e pela professora Ariclê Vechia entre 2002 e 2007, estes conseguiram listar os títulos de manuais didáticos utilizados nessa instituição de ensino em várias disciplinas, da segunda metade até o final do século XIX, mostrando uma forte predominância de livros franceses. Dos 35 livros didáticos indicados nas bibliografias finais dos programas de ensino do colégio, trinta (30) eram escritos por autores franceses. Essa realidade não era diferente no caso de Geografia. Veja as tabelas de materiais didáticos utilizados no Colégio Pedro II, organizadas por Gasparello (2006) e por nós adaptadas.

QUADRO DE MATERIAIS DIDÁTICOS – indicados para o ensino de História e Geografia do curso secundário no século XIX

Período	Tipo	Nomenclatura/exemplos
Até a década de 1860	Predomínio de materiais impressos estrangeiros (em francês, alemão, latim, traduções): mapas, manuais, textos clássicos, compilações. Apostilas e resumos manuscritos de professores.	Bazilio Quaresma Torreão. Compendio de Geographia Universal, 1824.
		Manual du Baccalauréat (Ultima ed. para uso dos liceus de Paris) – História Média, Moderna (1850-1877); Delamarche: Atlas.
		TÁCITO/Annaes. Livro 1º latim – 1850.
		Montesquieu – Seleta de Blair (para o ensino de francês) – 1850.
		Goldsmith: History of Rome (Edição de Paris) – 1850.
		Abreu Lima – Compendio da Historia do Brasil; Postillas impressas do Professor.
		Atlas de Delamarche (Geografia) – 1862.
		Dr. Justiniano José da Rocha – História Antiga.
		História Romana, De Rosoir e Dumont, traduzida.
		História da Idade Média pelo Dr. J. J. da Rocha.
		Compendio elementar de Geographia Geral e Especial do Brasil. Thomaz P. Brasil, 1864.

Adaptado de: GASPARELLO, A. M. Tradução, apostilas e livros didáticos: ofícios e saberes na construção das disciplinas escolares. In: *Anais do XII Encontro Regional de História*. ANPUH – Rio de Janeiro, 2006.

Quadro 1 – Materiais didáticos (século XIX – até o final da década de 1860).

QUADRO DE MATERIAIS DIDÁTICOS – indicados para o ensino de História e Geografia do curso secundário no século XIX – 1870-1900		
Período	**Tipos**	**Nomenclatura/exemplos**
Década de 1870-1900	Livros "para aulas" e livros "para exames" Indicações mais flexíveis Apostilas do professor na falta de compêndios Compêndios de autores nacionais: "Lições", "Resumos", "Adaptações"	Pequeno Atlas Geral, Edição de Allilaud.
		Compêndio de História Antiga, pelo dr. Moreira de Azevedo.
		Lições Elementares de História da Idade Média, pelo bacharel Domingos de Ramos Mello.
		Lições de Historia do Brazil para uso dos alumnos do Imperial Collegio de Pedro II, pelo Dr. Joaquim Manoel de Macedo.
		Atlas do Império do Brazil, por Cândido Mendes de Almeida.
		Historia da Philosophia: Compendio de A. Pelissier, Traducção de E. Zaluar. Postillas do Professor.
		Geographia e Cosmographia de P. de Abreu.
		Atlas de Delamarche, 1882.
		Licções Elementares de Historia da Idade média pelo Bacharel Domingos Ramos de Mello Junior (para História Geral).
		Postillas do Professor (em falta de compêndio) – Português e História Literária.
		F.I.C. La Terre Ilustrée. Cours Spécial de Géographie Universelle, 1884.
		189? F.I.C. Terra Ilustrada. Geographia Universal: Physica, Etnographica, Politica, Economica das cinco partes do mundo. Traduzida por Eugênio de Barros Raja Gabaglia.
		1895: João Ribeiro: História do Oriente e da Grécia
		Weber: História Universal. Adaptada ao ensino secundário por João Ribeiro. Lacerda: Curso methodico de geographia (última edição) ou Pedro de Abreu: Elementos de geographia moderna ou Moreira Pinto: Curso de Geographia.
		Atlas do Brazil por Homem de Mello ou Lomelino de Carvalho.
		Atlas de Shrader, Azevedo May ou Delamarche. Lições de História do Brazil pelo Dr. Luiz de Queirós Mattoso Maia.
		Lições de Chorographia do Brazil pelo Dr. Joaquim Manoel de Macedo.

	Livros "para aulas" e livros "para exames"	Atlas do Imperio do Brazil por Candido Mendes de Almeida.
		João Ribeiro – História Antiga (1893).
	Indicações mais flexíveis	1898: Manual do Bacharelado em Lettras: História Moderna.
Década de 1870-1900	Apostilas do professor na falta de compêndios	Resumo de História Contemporânea por um Professor. (ensino de História Geral).
		Weber: Historia Universal, traducção brazileira. Adaptado ao ensino secundário por João Ribeiro.
	Compêndios de autores nacionais: "Lições", "Resumos", "Adaptações"	Lições de Historia do Brazil, pelo Dr. Mattoso Maia, 5ª edição.
		Selgnobos, Histoire de la civilisation, 2 volumes – História universal.

Adaptado de: Gasparello, A. M. Tradução, apostilas e livros didáticos: ofícios e saberes na construção das disciplinas escolares. In: *Anais do xii Encontro Regional de História*. anpuh – Rio de Janeiro, 2006.

Quadro 2 – Materiais didáticos (século xix – 1870-1900).

O compêndio *A Terra Ilustrada*, traduzido e adaptado pelo professor Eugenio de Barros Raja Gabaglia

Entre os livros didáticos franceses mais representativos, adaptados e traduzidos para as aulas de Geografia no Colégio Pedro ii durante a década de 1880 está a obra *A Terra Ilustrada – Geographia Universal: Physica, Etnographica, Politica, Economica das cinco partes do mundo*, preparada, em sua versão nacional, pelo professor Eugenio de Barros Raja Gabaglia e publicada pela Livraria Garnier, do Rio de Janeiro. Publicada originalmente com a denominação *La Terre Illustrée*, de 1884, essa obra já era importada e usada em sua versão francesa nos principais estabelecimentos de ensino secundário do país. Contudo, nesse caso, não se trata meramente de um trabalho de tradução executado por Raja Gabaglia, mas de uma obra que, além do texto original traduzido, recebeu novos conteúdos e adaptações para se adequar ao programa escolar brasileiro. O texto do frontispício do compêndio comprova esse aspecto, relatando que a obra foi "aumentada e refundida" pelo professor referido, lente do "Gymnasio Nacional" (denominação recebida pelo Colégio Pedro ii na época) e da "Escola Naval e Polytecnica do Rio de Janeiro".

Comparativamente em relação aos conteúdos de cartografia, a obra adaptada pelo professor Raja Gabaglia é mais completa e extensa que o "Programa de Ensino para o Ano de 1882", do Colégio Pedro ii, no qual encontramos apenas a prescrição dos conteúdos de "Forma da Terra e Movimento dos Astros", "Linhas Imaginárias: Paralelos e Meridianos" e "Latitude e Longitude". Além desses conteúdos, a adaptação da obra levou em conta também "Formas Geométricas", "Formas dos objetos", "Hemisférios terrestres" e "Mapas e Globo terrestre".

Diferentemente dos demais autores de compêndios analisados anteriormente, o professor Eugenio Raja Gabaglia fazia parte do corpo docente do Pedro II, sendo admitido aproximadamente na mesma época da publicação desse trabalho didático. De fato, Raja Gabaglia ingressou nessa instituição como lente da cadeira de Ciências Físicas e Matemática. Nesse sentido, tornam-se fortes as evidências, em nossa análise, de que a questão da formação do docente não se consolidava como barreira à atuação como professores-autores de compêndios em diferentes disciplinas, sendo que muitos deles, na realidade, lecionavam mais de uma matéria, configurando-se como "professores polivalentes". Além disso, parece relevante ressaltar, também, o fato de que a própria formação do professor Raja Gabaglia o tenha influenciado na seleção dos conteúdos da obra. Isso porque é a partir de seu trabalho que se inicia o desenvolvimento dos conteúdos sobre "Formas Geométricas" e "Formas dos objetos", como uma espécie de "pré-requisito" ao trabalho com os demais conteúdos de Geografia Astronômica e Cosmografia, nos livros didáticos publicados a partir de então. Entretanto, mesmo sendo conteúdos novos, são tratados no mesmo formato de vulgatas, organizadas em tópicos ou pontos, para serem memorizados pelos alunos. A concisão e a organização interna do texto facilitam a "recitação" dos "pontos" por eles. Por isso, é considerada pelo autor do prefácio da obra de Raja Gabaglia uma excelente "publicação de vulgarização".

Reproduzimos, a seguir, a página 5 do livro, na qual o autor desenvolve vulgatas de definições de "Cosmografia e Astronomia" e de astros e corpos celestes, no início do conteúdo correspondente a "Formas e Movimentos da Terra", como exemplo típico do texto em "pontos".

Caracteriza-se aqui um tipo de vulgata ideal ao trabalho de memorização pelos alunos, baseado em definições de conceitos e organizado em um texto conciso e simples, com o uso de verbos diretos, como, por exemplo: "Os astros e os corpos cellestes são [...]", "O Sol é [...]", "Os planetas são [...]". Destacam-se na página os comentários ou notas de curiosidades, que trazem mais informações a respeito dos elementos definidos pelo autor.

Ainda que o autor reproduza o formato de vulgatas já consolidado e por nós analisado em compêndios anteriores, devemos ressaltar que a obra traduzida e adaptada por Raja Gabaglia apresenta, por outro lado, uma série de novidades em termos de estrutura editorial, uma espécie de transição entre os antigos compêndios e os modernos livros didáticos de Geografia. Entre esses novos elementos estruturais estão as seções de "notas de curiosidades", de "etimologia e ortografia de termos", as propostas de exercícios cartográficos, os quadros sinóticos para a recapitulação dos conteúdos e a inserção dos famigerados "questionários". Outro elemento estrutural inédito é a presença da seção denominada "Plano da Obra", na qual pela primeira vez identificamos uma espécie de "Guia do Mestre", presente claramente em um compêndio de Geografia e que se propõe a instruir o professor no uso desse material, ressaltando os aspectos didático-pedagógicos mais importantes de sua estrutura editorial.

COSMOGRAPHIA

A **Cosmographia,** ou descripção do mundo, e a **Astronomia,** ou sciencia dos astros, tratam uma e outra dos corpos celestes e de seus movimentos.

Os **astros** ou *corpos celestes* são as innumeraveis massas de forma espherica que circulam no espaço indefinido que se chama *céo.*

Os astros dividem-se em *quatro classes,* a saber: as *estrellas,* os *planetas,* os *satellites* e os *cometas.*

As **estrellas,** no numero das quaes devemos pôr o Sol, são *astros luminosos* de si mesmos. Seu volume é muito consideravel, mas a grande distancia que estão de nós, faz com que nos pareçam simples pontos brilhantes fixos no céo.

As **Constellações** são grupos de estrellas. Ellas affectam varias formas ás quaes a phantasia popular deo nomes de divindades mythologicas, de personnagens, de animaes, etc.
Contam se mais de cem constellações[1].

O **Sol** é um astro que tem 324,000 vezes mais massa e 1,300,000 vezes mais volume que a Terra, da qual dista mais ou menos 150,000,000 de kilometros. Elle produz o calor e a luz que d'elle recebemos directamente.

Os **planetas** são astros *opacos* ou sem luz propria que descrevem orbitas quasi circulares em torno do Sol.

Os *principaes planetas* são: *Mercurio, Venus, a Terra, Marte, Jupiter, Saturno, Urano e Neptuno*[2]. Os seis primeiros, visiveis a olho nú eram conhecidos dos antigos; os dous outros foram

---

1. As **Constellações** mais notaveis são: a *Ursa Menor,* em que se acha a estrella Polar; a *Ursa Maior* ou a Carreta de David, e sua opposta *Cassiopéa,* todas tres sempre visiveis em nosso horizonte; o *Cysne* ou Cruz do Norte, (na Via lactea) e o *Cocheiro,* que quasi rastejam o horizonte e passam no zenith de Pariz; — a *Lyra* e a *Aguia,* ao Sul do Cysne; — *Andromeda, Perseu* e *Pegaso,* ao Sul de Cassiopéa; Hercules e o Bootes, a leste da Lyra; o *Tauro,* os *Gemeos,* o *Leão,* ao sul da Cabra e da Ursa Maior. — Todas estas constellações se acham no hemispherio boreal.

No equador vê-se a *Espiga da Virgem,* e os *Tres Reis,* que fazem parte da constellação do Orion, a mais bella do céo.

No hemispherio austral acham-se o *Cão grande,* que comprehende *Sirio,* a estrella mais brilhante do céo, visivel em França; o *Cruzeiro do Sul,* invisivel em França.

As estrellas de **primeira grandeza** apparente são: *Sirio* (do Cão Grande), *Arcturo* (do Bootes), *Rigel* (d'Orion), a *Cabra* (do Cocheiro), *Wega* (da Lyra), *Altair* (da Aguia), *Procyon* (do Cão pequeno), *Aldebaran* (do olho do Touro), *Antares* (do Escorpião), a *Espiga* (da Virgem), *Fomalhaut* (do Pisces austral), *Polluæ* (dos Gemeos), *Regulo* (do Leão), *Betelgeuse* (d'Orion).

2. Os **Planetas** conhecidos dos antigos têm os nomes dos dias (em latim, *dies*) da semana; (*Lunæ dies*), dia da Lua; (*Martis dies*), dia de Marte; (*Mercurii dies*), dia de Mercurio; (*Jovis dies*), dia de Jupiter; (*Veneri dies*), dia de Venus; (*Saturni dies*), dia de Saturno. — Domingo, de *dies magna,* grande dia, era o dia do Sol, como indica o nome allemão *Soontag.*

Figura 2 – Conteúdo da página 5 do livro *Terra Ilustrada. Geographia Universal: Physica, Etnographica, Politica, Economica das cinco partes do mundo,* da segunda metade da década de 1880, traduzido e adaptado pelo professor Eugenio Raja Gabaglia.

Imagens e vulgatas: transformações no mundo do livro didático

O título da obra analisada *Terra Ilustrada* remete ao principal aspecto sobre o qual nos debruçaremos neste item. Isso porque, provavelmente, essa obra deva ser um dos primeiros livros didáticos ilustrados de Geografia impressos no Brasil. Trata-se de uma inovação que a Livraria Garnier trouxe para o mercado editorial brasileiro, propondo um compêndio — ainda aqui o tratamos com essa denominação, pois se refere a um trabalho baseado em vulgatas de outros autores franceses consagrados até então, ou seja, também se apresenta como um trabalho de compilação —, mas que reúne a esse fato a possibilidade técnica e financeira de, naquele momento, inserir *imagens*, avançando no didatismo proposto pelos materiais escolares da época.

|82|

Inicia-se, assim, uma nova fase na produção de materiais didáticos, em que a vulgata passa a ter o apoio determinante de imagens em sua tarefa de "transpor" conceitos e conteúdos. Para realizarmos essa análise, apoiamo-nos, sobretudo, em Bittencourt (2003), que discute a importância didático-pedagógica das imagens e ilustrações nos livros escolares de História. Segundo essa autora, "A reflexão sobre as diversas ilustrações dos livros didáticos impõe-se como uma questão importante no ensino das disciplinas escolares pelo papel que elas têm desempenhado no processo pedagógico [...]" (Bittencourt, 2003: 70). Destacam-se também as ideias de Belmiro (2000: 11), quando nos coloca que, "[...] Ao longo da história de inserção da imagem em diferentes instâncias do espaço escolar e materiais produzidos para esse espaço, o livro didático vem se destacando como um importante suporte de sua veiculação em projetos pedagógicos. [...]".

A obra traduzida e adaptada pelo professor Raja Gabaglia apresenta-se como um marco, pois inova ao apresentar imagens de natureza diversa, sobretudo gravuras, esquemas e mapas, uma novidade baseada nos avanços gráficos da época, com o aprimoramento das máquinas e das técnicas de impressão. Já na época de publicação do trabalho, a relevância desse aspecto fica clara por meio das declarações e comentários dados por especialistas em ensino e em Geografia na França (como professores e editores de revistas pedagógicas) e publicados na seção "Apreciações", nas páginas iniciais do livro. Vejamos algumas delas:

> O auctor illustrou sua obra com muitas figuras gravadas em madeira e perfeitamente desenhadas e executadas. Notámos a nitidez das referentes aos diagrammas e objectos téchnicos, a elegância artística das que representam vistas panorâmicas ou monumentos. [...]
>
> Ninguém melhor que o auctor d'esta obra conhece o meio de facilitar a assimilação das noções connexas à Geographia, recorrendo alternadamente à memória, à vista, à imaginação dos alumnos e às reproducções de mappas que se acham como um ponto essencial em seu methodo [...].

Dentre as ilustrações que compõem o capítulo com conteúdos de cartografia, cabe ressaltar aquelas que dão apoio didático direto às vulgatas desenvolvidas nas páginas. Vejamos as mais importantes:

Figura 3 – Esquema que busca comprovar a esfericidade da Terra.

O **Mappa-mundi** é uma carta que representa a esphera terrestre cortada em duas partes iguaes ou *hemispherios*, chamados um *oriental*, ou *occidental*¹.

Mappa-Mundi.

O **planisphero** a que chamam de Mercator² é um mappamundi que desenvolve a superficie terrestre em um rectangulo, e substitue os circulos da esphera por linhas rectas.

Determina-se a posição dos logares nos globos e nas cartas por meio dos *pontos cardeaes* do horizonte e dos *circulos* da esphera, que servem para calcular a longitude e a latitude de cada logar.

Figura 4 – Ilustração que busca representar os hemisférios Oriental e Ocidental da Terra.

Eixo. — Chama-se *eixo* o diametro ou linha imaginaria em torno da qual a terra faz sua rotação.
Polos. — Os *polos* são os dous pontos extremos do eixo. ! dous polos : o polo norte, tambem chamado **boreal** ou arctico — o polo sul, tambem chamado austral ou antarctico.
Circulos. — Os principaes *circulos* da esphera terrestre s

 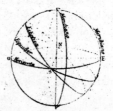

Pontos e linhas. Pequenos circulos.   Os circulos maximos.

o horizonte, o meridiano, o equador, os parallelos. Dividem-em maximos e pequenos circulos.

Chamam-se **circulos maximos** da esphera os circulos que a div dem em **duas partes iguaes** : taes são o meridiano, o equador, horizonte **astronomico** e a ecliptica.
Chamam-se **pequenos circulos** da esphera aquelles que a di dem em duas partes desiguaes . taes são os parallelos, os dous tr picos e os dous circulos polares.
Cada circulo **da esphera** divide-se em 360 partes iguaes, que i chamam **graus** ; o grau se divide em 60 minutos, e o minuto a 60 segundos.
O **valor do grau em kilometros** é o mesmo para os circulos ma mos (cerca de 111 kilometros); mas varia d'um a outro peque

Figura 5 – Conjunto de ilustrações que representam as principais linhas, eixos e pontos imaginários da Terra.

Rosa dos Ventos. — A *rosa dos ventos* ou *rosa nautica* é um figura que representa os pontos cardeaes e os pontos intermediarios em sua posição relativa. A rosa ou o *rhumb* dos ventos da bussola maritima tem 32 raios ou divisões do circulo horizontal.

Bussola maritima de duplo circulo de suspensão.　　　Rosa dos ventos.

Bussola. — A bussola ou agulha de marear, é um instrumento tendo uma agulha magnetica que, fixa sobre um eixo no meio d'uma rosa dos ventos, vira-se sempre para o polo N. magnetico, o que está situado no mar Polar d'America.

A direcção da bussola forma geralmente, com o meridiano, u *angulo de declinação* que, em França, varia de 15° a 20° para oeste¹.

Figura 6 – Conjunto de ilustrações que demonstram a bússola (aparelho) e o desenho da rosa dos ventos.

Figura 7 – Ilustração que se tornará "célebre" nos livros didáticos de Geografia, que "ensina", nos conteúdos de cartografia, como estabelecer a direção correta dos pontos cardeais, a partir de uma determinada posição.

|85|

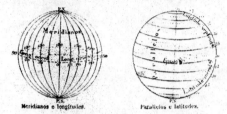

Figura 8 – Conjunto de ilustrações que representam as linhas imaginárias dos paralelos e meridianos, com suas respectivas graduações, e que auxiliam na compreensão dos conceitos de latitude e longitude.

Segundo Bittencourt (2003), Ernest Lavisse, historiador francês e autor de diversas e importantes obras didáticas de História, publicadas no início do século XX, afirmava que as ilustrações presentes nos compêndios serviriam para facilitar a memorização dos conteúdos. Para isso, o autor deveria ter cuidados especiais em apresentar, no corpo da página, o texto escrito intercalado com as imagens que reforçassem as explicações ou definições dadas. Além disso, as legendas explicativas, inseridas abaixo de cada ilustração, indicariam o que o aluno deveria observar, reforçando as ideias contidas no texto, aspectos que identificamos com forte presença na obra de Raja Gabaglia.

Além de esquemas e gravuras, devemos destacar ainda alguns comentários realizados a respeito dos mapas disponibilizados na obra, os quais, segundo os especialistas, facilitariam os trabalhos cartográficos em sala de aula, nesse caso, os exercícios-tipo de reprodução de mapas.

> Entre as innovações que nos parecem aproveitar muito n'um livro elementar, chamamos a attenção para os mappas que elle denomina semi-mudos, que representam em mui pequena escala, mas com grande exactidão de contornos, os continentes e os principaes paizes. Estas reproducções são feitas com muita clareza, se bem que em ponto pequeno, pois são contidas dentro dos paragraphos de texto. N'ellas se acham expressas por um systema de perfis a orographia simplificada dos paizes, n'elllas se acham tambem o logar das principaes cidades designadas cada uma pela primeira lettra do nome d'ellas. Isto evita muitas vezes de se consultar o atlas e constitue ao mesmo tempo um util processo mnemotechnico.

Ainda em uma análise mais apurada, observamos no texto do "Plano da Obra" instruções voltadas ao desenvolvimento de atividades cartográficas, as quais vão caracterizar uma "tradição" em termos de exercícios-tipo em livros de Geografia. De acordo com o autor, são habilidades importantes a serem desenvolvidas pelos alunos nas aulas de Geografia:

- Traçar "croquis" das cartas dos países estudados e reproduzi-los em cadernos especiais (o famoso "caderno de cartografia", vendido até hoje em papelarias);
- Indicar acidentes geográficos possíveis de serem desenhados, como o contorno de territórios, os rios, as montanhas, localização de cidades etc.;
- Nomear somente os elementos designados pelo professor a fim de evitar confusões gráficas.

Outra "tradição" consolidada nesse período, e que identificamos na obra, está ligada ao trabalho com os conteúdos de "Formas Geométricas" e "Formas dos objetos". Entendemos que esses conteúdos, em geral definições de formas geométricas, como corpo, superfície, linha, ponto, ângulos, retas, curvas etc., serviam de base para que o professor pudesse desenvolver, em sala de aula, atividades de aperfeiçoamento do processo de memorização dos contornos do mapa de uma região ou território, por meio do desenho geométrico primitivo ou intuitivo. Nessas atividades, o aluno deveria fazer relação entre as formas dos mapas vistos nos atlas e os livros apresentados, associando-as a determinadas formas geométricas que eram desenhadas nos "cadernos de cartografia". Issler (1973: 81) explica o método adotado na época:

> O processo consistia em associar-se, pelo desenho, o contorno de um mapa a uma figura geométrica, a um polígono, a um grupo conjugado de figuras geométricas ou a um conjunto de linhas e intersecções geométricas. Construído o "esqueleto", traçava-se o contorno externo e concluía-se o mapa.
> Esse processo de "decorar um mapa" era justificado como um processo para mentalizar o contorno do país ou do continente. A técnica era reputada como de grande valor pedagógico. [...]

De acordo com o autor de *A Terra Ilustrada*, o exercício cartográfico é "o mais importante" *tipo de atividade a ser desenvolvido nas aulas de Geografia*, pois possibilita aos alunos o domínio da representação das coisas em suas formas mais variadas, de suas características e de suas posições espaciais relativas. Ainda de acordo com os comentários dos especialistas franceses sobre *A Terra Ilustrada*, parece-nos importante destacar o seguinte trecho:

> Temos à vista um excelente livro, como este deveria haver muitos, e poucos ha. Alem de ser uma obra classica, methodica, concisa, *um trabalho de erudição*, cheio de algarismos e de factos, é também um livro agradável de leitura geographica feito não só para os alumnos como também para as pessoas grandes, para as pessoas da sociedade e os professores. [...]. Não obstante, [...] tal qual é, tem o seu logar marcado em todas as bibliothecas escolares bem surtidas, e em cima da mesa de todos aquelles que gostam de geographia. [grifo nosso]

A análise realizada mostra indícios – agora reforçados no discurso de um dos especialistas franceses citados e extraído das páginas iniciais da obra de Raja Gabaglia – de que, além de seu valor didático, todo esse destaque para o uso de imagens também reforçava na época o desenvolvimento, na escola, de um *saber geográfico clássico,* um *saber de natureza erudita*, muito mais do que um *saber científico*. Isso porque o livro didático serviria como fonte de informações para qualquer pessoa da sociedade, não só ao aluno ou ao professor, sendo visto, portanto, como um verdadeiro almanaque do qual se retira um conhecimento altamente enciclopédico.

Considerações finais

De acordo com a análise que desenvolvemos aqui, é possível entender que boa parte do conjunto de conhecimentos geográficos e, mais especificamente, dos conhecimentos cartográficos prescritos nos materiais didáticos nacionais não possui suas origens em um saber sistematizado na academia. Verificamos que suas origens estão apoiadas em um tipo de *saber erudito clássico*, baseado no espírito das *humanidades*, os quais formaram o alicerce do ensino secundário em nosso país, antes da fundação das primeiras universidades. Além disso, identificamos, por meio da análise dos compêndios selecionados, que seus autores, professores "não diplomados" (Goodson, 1990) de instituições de ensino secundário durante o Império e o início da Primeira República, desenvolveram uma *didatização* desses saberes, de maneira a torná-los "assimiláveis" aos jovens estudantes. Para tanto, lançaram mão de diferentes componentes disciplinares (Chervel, 1990), no sentido de tornar a Geografia viável na escola: a memorização de "pontos" e lições na forma de vulgatas (dados, nomenclaturas, localizações, definições), a execução de atividades padronizadas (questionários, cópias de mapas, montagem de maquetes), os chamados exercícios-tipo e as diferentes formas de avaliação periódicas (provas orais e escritas) pelas quais deveriam passar os alunos.

Particularmente, sobre esse último componente disciplinar, verificamos que, dentro do período histórico estudado, determinados tipos de avaliação, os chamados *exames preparatórios*, que perduraram de meados do século XIX até o início do século XX, foram peças-chave para o reconhecimento da Geografia como uma forma de saber relevante para a sociedade, estabelecendo-lhe aquilo que Goodson (2000) denomina de "caráter utilitário e pedagógico da 'matéria escolar'", legitimando-a e tornando-a "válida" como disciplina do currículo escolar.

Boa parte desse conhecimento geográfico clássico – do qual consequentemente faz parte a cartografia – ainda hoje está presente nas escolas, por meio do que chamamos de "núcleo duro" de conteúdos de cartografia, um conjunto de noções, conceitos e temas, como "Direção e Orientação", "Forma da Terra e Movimentos dos astros", "Linhas imaginárias: Paralelos e Meridianos", "Coordenadas geográficas: Latitude e Longitude", "Mapa" e "Globo terrestre", que entendemos aqui como *permanências* no currículo brasileiro de Geografia para o ensino secundário aproximadamente nos

A CARTOGRAFIA NOS LIVROS DIDÁTICOS NO PERÍODO DE 1824 A 1936

últimos dois séculos. Esses conteúdos explícitos, assim como o método de ensino estabelecido historicamente pelos professores-autores de materiais didáticos, demonstram uma produção cultural distinta, na qual verificamos que a Geografia escolar surge não como uma vulgarização ou uma adaptação de conhecimentos geográficos científicos, mas como uma forma de conhecimentos particular e original *da* instituição escolar e *para* a instituição escolar.

Notas

[1] Neste capítulo entenderemos como livros didáticos os produtos do meio escolar ou editorial elaborados para uso no ensino formal.

[2] A expressão "professores-autores" vem sendo utilizada por estudiosos na área de pesquisa em História da Educação – destacam-se os trabalhos realizados pelo Grupo de Pesquisa Ensino de História e educação: saberes e práticas (GRUPHESP), da Universidade Federal Fluminense –, em especial, nos trabalhos que se referem aos autores de livros didáticos.

[3] *Postillas* eram resumos escritos pelos professores, os quais eram reproduzidos de maneira manuscrita ou em pequenas tipografias, com conteúdos para algumas matérias escolares.

Bibliografia

AUDIGIER, F. "Savoirs enseignés – savoirs savants. Autour de la problematique du colloque". In: MARBEAU, L.; AUDIGIER, F. (eds.), Troisième Rencontre Nationale sur La Didactique de l'Histoire, de la Géographie et des Sciences économiques et sociales. *Actes du Colloque: Savoirs enseignés – Savoirs savants*. Paris, I.N.R.P., 1998, pp. 55-69.

_____. Pensar la geografia escolar. Un repte per a la didàctica. *Documents d'Anàlisi Geogràfica*, n. 21, 1992, pp. 15-33.

_____. "La didactique de la Géographie". In: DESPLANQUES, P. (coord.). *La Géographie en collège et en lycée*. Paris, Hachette, 1994, pp. 102-27.

BELMIRO, C. A. A imagem e suas formas de visualidade nos livros didáticos de Português. *Educação & Sociedade*, ano XXI, n. 72, ago. 2000.

BITTENCOURT, C. M. F. "Livros didáticos entre textos e imagens". In: BITTENCOURT, Circe (org.). *O saber histórico na sala de aula*. São Paulo: Contexto, 2003.

_____. Autores e editores de compêndios e livros de leitura (1810-1910). *Educação e Pesquisa*, v. 30, n. 3. São Paulo, set./dez. 2004, pp. 475-91.

CHERVEL, A. História das disciplinas escolares: reflexões sobre um campo de pesquisa. *Teoria & Educação*, n. 2, 1990.

COLESANTI, M. T. de M. *O ensino de Geografia através do livro didático no período de 1890 a 1971*. Rio Claro, 1984. Dissertação (Mestrado) – Instituto de Geociências e Ciências Exatas, Universidade Estadual Paulista.

GASPARELLO, A. M. Historiografia didática e pesquisa no ensino de história. *X Encontro Regional de História*. Anpuh-Rio de Janeiro. "História e Biografias". Universidade do Estado do Rio de Janeiro, 2002.

_____. Traduções, apostilas e livros didáticos: ofícios e saberes na construção das disciplinas escolares. *Usos do Passado – XII Encontro Regional de História*, ANPUH-RJ, 2006.

GOODSON, I. Tornando-se uma matéria acadêmica: padrões de explicação e evolução. *Teoria & Educação*, n. 2, 1990.

_____. *El cambio en el currículum*. Barcelona: Ediciones Octaedro, 2000.

HALLEWELL, L. *O livro no Brasil*: sua história. Trad. Maria da Penha Villalobos e Lólio Lourenço de Oliveira. São Paulo: T. A. Queiroz: Editora da Universidade de São Paulo, 1985.

ISSLER, B. *A Geografia e os Estudos Sociais*. Presidente Prudente, 1973. Tese (Doutorado) – Faculdade de Filosofia, Ciências e Letras de Presidente Prudente.

LESTEGÁS, F. R. *Concebir la Geografía escolar desde una nueva perspectiva*: una disciplina al servicio de la cultura escolar. Boletín de la A.G.E, n. 33, 2002, pp. 173-86.

LORENZ, K. M. Relatório do projeto: os livros didáticos de Ciências para o ensino secundário brasileiro do século XIX. In: CD-ROM Simpósio Internacional *Livro didático: Educação e História*, 5 a 8 de novembro de 2007, pp. 1023-41.

VECHIA, A. "Os livros didáticos de história do Brasil na escola secundária brasileira: a produção dos saberes pedagógicos no século XIX. In: CD-ROM Simpósio Internacional *Livro didático: Educação e História*, 5 a 8 de novembro de 2007, pp. 2041-54.

_____; LORENZ, K. M. *Programa de ensino da escola secundária brasileira*: 1850-1951. Curitiba: Ed. do Autor, 1998.

A DIVERTIDA EXPERIÊNCIA DE APRENDER COM MAPAS

Victoria Alves de Castro
Mariana Alesia Campos
Anabella Soledad Dibiase
Ana María Garra
Cristina Esther Juliarena
Carmen Rey
José Jesús Reyes
Anita Rohonczi
Teresa Saint Pierre

Entender o significado do espaço tem sido sempre útil e valioso. Trata-se de um conhecimento que não conseguimos em forma espontânea, senão pelo estudo e refletindo sobre a sua representação: "o mapa".

Cartografia tem ficado historicamente unida à Geografia tanto em seu desenvolvimento quanto em sua aplicação. Na atualidade ficam evidentes a necessidade e o efeito benéfico que o uso dos mapas tem para outras ciências, disciplinas, estudos e trabalhos.

A cartografia: uma divertida aprendizagem

A cartografia é uma ferramenta fundamental para entender a realidade, porém deve ser redescoberta não só pelas disciplinas a ela vinculadas, como é o caso da Geografia, mas também por outros campos do conhecimento transmitidos nas instituições educativas. Aos efeitos de conceitualizar o uso dos mapas, é necessário capacitar o adulto, desde a infância, fazendo presente o ensino da cartografia em sua educação formal.

Nesse sentido, propõe-se uma possibilidade inovadora no uso de mapas temáticos com critérios cartográficos pela metodologia das *Faces de Chernoff*. O método é factível de ser aplicado de modo simples nas distintas subdivisões do ensino escolar, partindo de um conhecimento transversal e aplicado desde idade precoce.

Queremos destacar que esse projeto foi realizado por duas equipes de investigadores em paralelo: uma argentina e a outra húngara, durante os anos 2008 e 2009, por meio do *Programa da Cooperação Científico-Tecnológica e Inovação Produtiva* (MINCYT) da Argentina e da *National Office of Research and Technology* (NKTH) da Hungria, com a finalidade de comparar os resultados em dois sistemas educativos diferentes com realidades geo-históricas e socioeconômicas diversas.

As *Faces de Chernoff* nos mapas temáticos: uma original experiência

O que são as *Faces de Chernoff*?

As *Faces de Chernoff* são um método gráfico desenvolvido com o objetivo de visualizar dados multidimensionais, ou seja, que são utilizados para a representação iconográfica da informação. Esse método foi criado e apresentado por Herman Chernoff, em 1973, em seu artigo intitulado: "The uses of faces to represent points in k-dimensional space graphically", publicado na revista da Associação Americana de Estatística (68: 361-7). Chernoff é professor emérito em Matemática Aplicada no Instituto de Tecnologia de Massachusetts e de Estatística na Universidade de Harvard.

A essência do método é usar as linhas do rosto humano para representar dados. Chernoff determinou que no máximo 20 temas diferentes podem ser representados utilizando o mesmo número de traços faciais, mas na realidade só por volta de 10 traços são utilizados para representar dados simultaneamente (Figura 1).

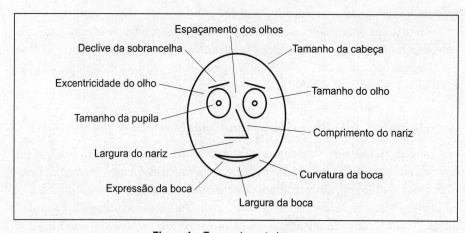

Figura 1 – Traços do rosto humano.

Ainda que o método tenha sido criado originalmente para representação gráfica de dados estatísticos multivariados da mesma forma que um "diagrama", nos últimos 10 ou 15 anos começou a ser incluído na cartografia, aproveitando o avanço tecnológico liderado pelo uso da informática nos diversos âmbitos do conhecimento. Até agora, ocorreram apenas experiências internacionais isoladas e não há suficiente bibliografia internacional referente a essa temática.

É por isso que as equipes de trabalho argentina e húngara começaram dividindo o novo projeto internacional em duas partes: a primeira dedicada ao estudo da prática e uso correto dos rostos de Chernoff na cartografia temática; a segunda dedicada à investigação das possibilidades dessa metodologia na área específica da cartografia: "representação temática nos mapas e atlas escolares" (Figura 2).

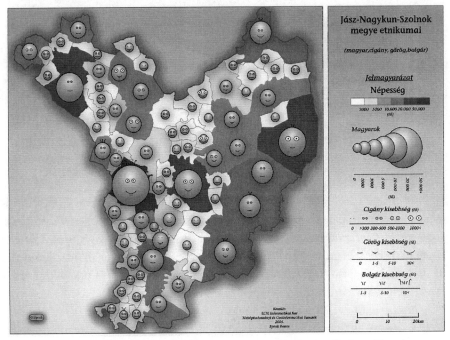

Figura 2 – Exemplo de experiência internacional: aplicação do método na Hungria.

Como utilizar o modelo de Chernoff?

O modelo de Chernoff tem utilidade na representação dos temas que possuem muitas dimensões ou variáveis; por exemplo, a "qualidade ambiental" pode-se trabalhar com as seguintes variáveis: qualidade da água, qualidade do ar, poluição acústica ou visual, entre muitas outras.

A metodologia pode ser aplicada com duas representações gráficas: pelo uso das faces e suas características constitutivas ou através do uso de motivos pictóricos relacionados à temática. No último caso, os diversos elementos constitutivos são alterados; considerando a figura de uma árvore, poderão ser modificados os galhos, o tronco, as folhas etc. Um exemplo do uso de motivos pictóricos pode ser encontrado no questionário argentino (ver Figura 3 adiante).

No caso das faces, primeiro deve-se associar a cada variável uma característica determinada (olhos, sobrancelhas, rosto, nariz etc.) e, logo depois, variar cada um deles de acordo com as categorias dos dados previamente classificados. As mudanças nas características podem ser feitas considerando: tamanho, orientação, quantidade, cor, posição, forma e diversos outros.

Para aplicar o método, devemos considerar que:

- As variações nas características devem ser o mais objetivas possível, de modo tal que a alteração de um deles na face não dê lugar a interpretações subjetivas.
- Há características que em certas posições têm conotação positiva ou negativa por eles mesmos e, por isso, devem associar os dados com cautela. Exemplificando, a boca para abaixo dá à face um valor negativo.
- O leitor percebe, primeiro, na leitura da face a impressão do conjunto e, depois, os traços em separado. Isso quer dizer que somente um traço positivo em um entorno de traços negativos não será visto no primeiro momento.

Aplicação das *Faces de Chernoff*: as experiências argentina e húngara

Antecedentes

Os mapas escolares e o conhecimento cartográfico nas crianças e jovens constituem a linha de ação da *Cartography and Children Commission* (ccc) da *International Cartography Association* (ica/aci), de modo explícito desde 1999. Argentina e Hungria fazem parte desta comissão mediante os seus representantes nacionais por intermédio da Associação Centro Argentino de Cartografia (cac) e a Eötvös Loránd University (elte), respectivamente.

No período de 2004 a 2005, ambos os países desenvolveram o seu primeiro Projeto de Colaboração Bilateral (hu/pa03uvii/002) intitulado "Uso e interpretação dos mapas pelas crianças em idade escolar. Ensino e aplicação da Cartografia na Argentina e na Hungria" (*Map reading by children in school age. Cartographic education and practice in Hungary and Argentina*), o qual tornou evidente a existência de grandes dificuldades no uso da cartografia nas aulas.

No período de 2008 a 2009, um novo projeto foi apresentado dentro dos limites do Programa de Cooperação Científico-Tecnológica entre o Ministério da Ciência, Tecnologia e Inovação Produtiva (mincyt) da República Argentina e a *National Office of Research and Technology* (nkth) da República da Hungria. O projeto aprovado (03/2007) foi intitulado "Possíveis usos das *Faces de Chernoff* na visualização de dados da cartografia escolar" (*The possible uses of the Chernoff faces for data visualisation in school cartography*)".

Para o desenvolvimento deste último, foram elaborados questionários na Hungria e Argentina, ambos com características semelhantes e incluindo temas importantes para o ensino, de modo a conseguir avaliar de forma comparativa a possível implantação do método nos sistemas educacionais de ambos os países.

Objetivos

Para realizar a investigação, foram propostos os seguintes objetivos:
- Investigar o método de Chernoff, seu uso atual na cartografia temática e os antecedentes cartográficos similares.
- Analisar os delineamentos gerais para usar esse método na cartografia.
- Investigar os possíveis usos de Chernoff na cartografia escolar.
- Delinear e elaborar exemplos de cartografia e questionários orientados para as escolas.
- Publicar trabalhos no avanço do projeto, referentes à aplicação das *Faces de Chernoff* na cartografia escolar.
- Difundir os avanços e resultados do projeto por intermédio de um website, tornando possível o acesso aos especialistas de outros países, tendo como objetivo incentivar e preparar na área da investigação os jovens profissionais interessados na educação e na cartografia.

Metodologia

O projeto foi planejado com atividades organizadas em duas partes, de tal modo que cada uma delas decorresse ao longo de um ano:

Ano 2008 – Investigação Teórica:
- Levantamento da bibliografia referente à temática e à realização de um intercâmbio de consulta bibliográfica entre ambos os países. Seleção e tradução da bibliografia.
- Reuniões grupais para discussão da bibliografia referente ao tema, já lida.
- Intercâmbio de vocabulário, ideias e opiniões para unificar os critérios a seguir.
- Implantação do diálogo de consulta entre os participantes do projeto.
- Estudo do método de Chernoff e das suas aplicações na cartografia temática.
- Investigação dos antecedentes cartográficos semelhantes ao método Chernoff na cartografia escolar.
- Análise dos conteúdos escolares dos planos de estudo na atualidade.
- Redação dos relatórios acompanhando o avanço do projeto.

Ano 2009 – Aplicações Práticas:
- Elaboração de questionários com diversos graus de complexidade, por meio de exemplos cartográficos com temas e variáveis diversos.
- Avaliação comparativa de similitude entre os questionários húngaros e argentinos.
- Entrevistas com autoridades de instituições escolares e preparação de cronograma de visitas aos estabelecimentos, para trabalhar com os questionários.

- Planejamento de tabela para registro dos resultados obtidos e avaliação desses resultados de acordo com o país.
- Preparação das últimas comissões técnicas, uma argentina e outra húngara.
- Redação dos relatórios de acordo com os avanços parciais.
- Análise dos resultados comparando ambos os países.
- Difusão dos resultados finais no sítio web.
- Elaboração de propostas para programar as *Faces de Chernoff* nos estabelecimentos escolares argentinos e húngaros.
- Elaboração e exibição de trabalhos com os resultados do projeto tanto em eventos nacionais quanto internacionais.

Questionário argentino

Na República Argentina, as *Faces de Chernoff* instrumentaram-se efetivamente no primeiro ano do segundo grau (correspondente ao nono ano no Brasil), e participaram 818 alunos de oito instituições da cidade de Buenos Aires. Os colégios que participaram foram: Colégio Dom Bosco; Instituto Athenágoras I; Colégio São Rafael; Colégio Otto Krause; Instituto Amanhecer; Instituto Nossa Senhora do Horto; Escola de Comércio nº 4 e o Colégio Dámaso Centeno.

Dos alunos que participaram, 61% eram do sexo masculino, 36% do sexo feminino e o restante não informaram. Sobre a idade, 66% dos alunos participantes, no tempo da experiência, tinham 13 anos.

Considerando os conteúdos obrigatórios dos programas de ensino de ambos os países, a equipe argentina de trabalho selecionou temas importantes não só do ponto de vista do interesse dos docentes no ensino, mas também de interesse dos alunos na aprendizagem. Fora especificadas no questionário as seguintes variáveis: áreas verdes, serviços públicos, deposição do lixo e acesso da população à educação.

O questionário argentino foi dividido em quatro exercícios ou itens principais:

Exercício 1: "Áreas verdes da cidade de Buenos Aires"
Esse exercício tem por objetivo interpretar o índice ambiental e da qualidade de vida "área verde" e a sua quantidade em cada unidade territorial considerada: Centro de Gestão e Participação Comunal (CGPC)[1] de nºˢ 1, 2, 3, 4 e 14. Assim mesmo devem-se diferenciar as áreas verdes de acordo com a sua dimensão ecológica: parque, praça ou pequena praça. O uso do método de Chernoff consiste na visualização dos dados mediante a figura da árvore, e da variação do tamanho e quantidade dos elementos que a compõem.

Exercício 2: "Serviços públicos de nove distritos da Grande Buenos Aires"
O seu objetivo é interpretar o índice ambiental da qualidade de vida "lares sem acesso aos serviços públicos", identificando quantos são em referência às redes de água, de esgoto, coleta de lixo e gás encanado. O método de Chernoff aplica-se pela visualização da quantidade de lares vinculada ao tamanho da face e os tipos de serviço com a variação dos traços faciais.

Exercício 3: "Deposição do lixo na cidade autônoma de Buenos Aires e em mais quatro municípios da bacia Matanza-Riachuelo"
Esse exercício tem como objetivo interpretar o índice ambiental e da qualidade de vida *"deposição em aterros sanitários"* em função da superfície ocupada, população e residências afetadas. O método se aplica pela visualização da superfície abrangida pelos aterros vinculada ao tamanho da face e pela variação dos traços faciais: a população e as residências atingidas.

Exercício 4: "Acesso da população à educação em algumas províncias argentinas"
Nesse último exercício procuramos interpretar o indicador sócio-demográfico e ambiental *"acesso à educação formal"* pela apreciação em porcentagem dos que assistem à escola, assistiram ou jamais o fizeram. O método se aplica visualizando a assistência da população às instituições educativas pela identificação e desenho por parte dos alunos dos traços faciais que representam os dados das províncias envolvidas na tabela e no mapa.

Questionário húngaro

Na Hungria, as *Faces de Chernoff* foram instrumentalizadas na prática com alunos do 7º ciclo das escolas do Primeiro Grau, nível equivalente ao 1º ano das escolas de Segundo Grau na Argentina (corresponde à 8ª série no Brasil). Participaram 1.078 alunos de 13 instituições húngaras distribuídas nas cidades de Székesfehérvár, Budapest, Pécs, Dunaújváros e Pusztaszabolcs. As instituições participantes foram: Escola de Primeiro Grau Németh László; Escola de Primeiro e Segundo Grau Teleki Blanka; Escola de Segundo Grau e de Artes Gráficas Tóparti; Escola de Primeiro Grau Vasvári Pál; Escola de Segundo Grau, Economia e Transportes Bethlen Gábor; Escola de Primeiro e Segundo Grau Fazekas Mihály; Escola de Primeiro e Segundo Grau ELTE Radnóti Miklós; Escola de Segundo Grau ELTE Apáczai Csere János; Escola de Primeiro Grau de Remetekertváros; Escola de Primeiro e Segundo Grau da Universidade de Pécs. Derák Ferenc; Escola de Segundo Grau Széchenyi István e Escola de Primeiro Grau József Attila.

Dos alunos que participaram, 48% eram do sexo feminino, 51% do sexo masculino e o restante não especificou esse dado; 42% dos participantes tinham 14 anos na época da experiência e 34%, 13 anos.

Em ambos os países, os conteúdos escolhidos para a elaboração do questionário eram obrigatórios no currículo escolar vigente na época da experiência. Contudo, a equipe de trabalho húngara selecionou temas vinculados à qualidade de vida, aspectos culturais e econômicos de diversos países europeus e particularmente da Hungria. As variáveis analisadas no questionário foram as seguintes: esperança de vida, produção agrícola e religião da população.

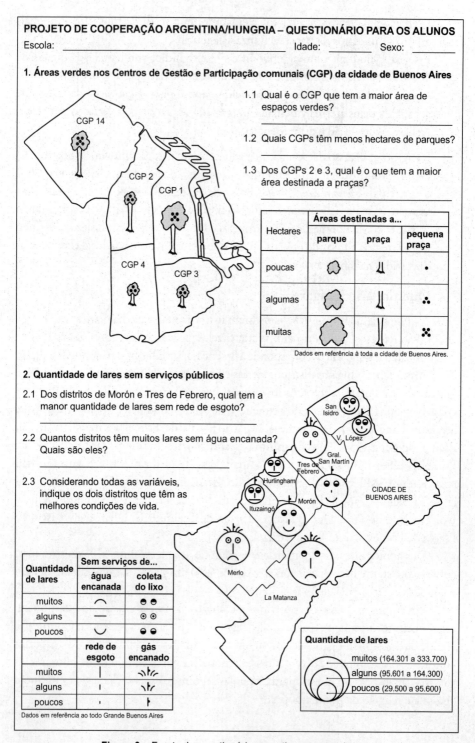

Figura 3 – Frente do questionário argentino para os alunos.

3. Localização dos aterros sanitários no setor da bacia Matanza-Riachuelo

3.1 Qual é a lixeira de maior superfície? _____

3.2 Qual é a lixeira que prejudica o maior número de pessoas? _____

3.3 Considerando todas as variáveis, qual é a lixeira menos nociva? _____

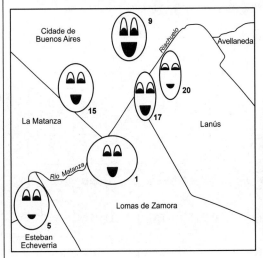

4. Condições educacionais da população argentina de três anos ou mais

4.1 Complete as faces correspondentes às diversas províncias, considerando os dados da tabela e os detalhes da legenda.

4.2 A face de qual província foi mais difícil de representar?
_____

Província	População de 3 anos ou mais	Assiste	Assistiram	Jamais assistiram
		%		
Buenos Aires	38	38	39	30
Córdoba	8	8	9	7
Entre Ríos	3	3	3	3
La Pampa	1	1	1	1
San Luis	1	1	1	1
Santa Fe	8	8	9	7

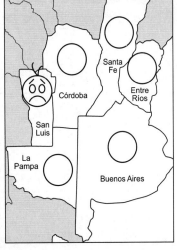

Dados em referência ao total do país

Figura 4 – Verso do questionário argentino para os alunos.

Idade: _____ Sexo: _____ Escola: _____

Analise com cuidado as tabelas adjuntas aos mapas antes de responder as perguntas.

1. Ordene em forma decrescente os países segundo a esperança de vida da população. Se mais de um país tiver similares esperanças de vida, pode atribuir-lhe o mesmo número...

1 .... (A) Croácia
2 .... (B) Bósnia Herzegovina
2 .... (C) Sérvia
3 .... (D) Romênia
1 .... (E) Bulgária

	Esperança de vida	Quantidade de médicos	Quantidade de dentistas	Quantidade de farmacêuticos
Grande	◯	● ●	‿	◯
Média	◯	○ ○	—	○
Pequena	◯	• •	⌒	⊂⊃

1.1 Onde é menor o número de farmacêuticos? _____

2. **Responda as seguintes perguntas apoiando-se nos dados representados no mapa:**

2.1 Qual é o país onde se cultivam mais maçãs: na República Checa ou na Áustria?
_____

2.2 Qual é o país que produz mais trigo?
_____

(A) Áustria
(B) Hungria
(C) República Checa
(D) Eslováquia
(E) Polônia

	Plantações de maçã	Plantações de trigo	Plantações de milho	Plantações de batata	Quantidade da produção agrícola
Grande	◯	●	● ●	○	‿
Média	◯	◯	○ ○	○	—
Pequeno	◯	◯	• •	⊂⊃	⌒

Figura 5 – Frente do questionário húngaro para os alunos.

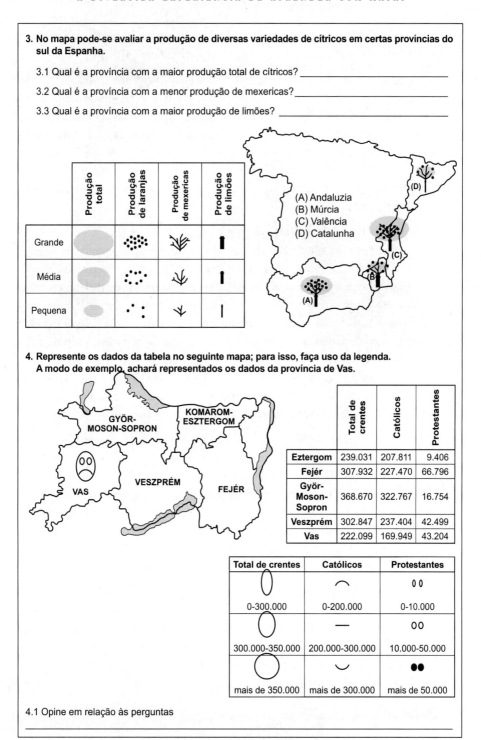

Figura 6 – Verso do questionário húngaro para os alunos.

De modo similar ao questionário argentino, a equipe húngara elaborou um questionário dividido em quatro exercícios com as temáticas principais:

Exercício 1: "Esperança de vida na população da Europa do Leste"
Esse exercício tem por objetivo interpretar e estabelecer uma ordenação da esperança de vida na Croácia, Bósnia-Herzegovina, Sérvia, Romênia e Bulgária de acordo a quantidade de médicos, dentistas e farmacêuticos existentes nesses países. Ao mesmo tempo, observando os dados da tabela, deve-se determinar qual país tem a menor quantidade de farmacêuticos. A aplicação do método de Chernoff deu-se pela visualização e interpretação da forma dos rostos e dos seus traços componentes (olhos, boca e nariz).

Exercício 2: "Produção agrícola nos países da Europa do Leste"
O seu objetivo é interpretar e analisar os dados da produção agrícola na Áustria, Hungria, República Checa, Eslováquia e Polônia. Mediante a observação e relação dos traços da face representados na tabela e no mapa, deve-se estabelecer o país de maior cultivo de maçás (entre República Checa e Áustria) e a região de maior produção de trigo de todos os países anteriormente mencionados. As *Faces de Chernoff* aplicam-se pela visualização e interpretação na variação do tamanho dos rostos e dos seus traços componentes (olhos, boca e nariz). Comparativamente ao exercício anterior, incorpora-se uma variável nova para a interpretação da informação, porquanto a partir da variação das cores das faces na escala dos tons de cinza, deve-se deduzir a maior, intermediária ou menor colheita de trigo entre os países representados.

Exercício 3: "Produção de cítricos nas províncias do sul da Espanha"
Esse exercício tem como objetivo interpretar e analisar os dados da produção de cítricos nas províncias de: Andaluzia, Múrcia, Valência e Catalunha. Considerando apenas essas províncias, deve-se determinar qual é a que tem a maior produção total de cítricos em geral e de mexericas e limões em particular. O método é aplicado pela visualização dos dados por meio da figura de uma árvore, considerando a variação do tamanho da sua copa, do seu caule e galhos, e também pela quantidade dos elementos que a compõem.

Exercício 4: "População de acordo com sua religião em cinco províncias húngaras"
Nesse caso, persegue-se como objetivo interpretar o total de crentes de acordo com a religião (católica ou protestante) nas províncias húngaras de Györ-Moson-Sopron, Komárom-Esztergom, Vas, Veszprém e Fejér. Aplica-se o método pela identificação e desenho – por parte dos alunos – dos traços faciais das províncias incluídas na tabela e no mapa.

Resultados obtidos

Os resultados obtidos foram analisados por meio da comparação das perguntas de ambos os questionários de acordo com a técnica que os alunos deviam aplicar para resolver os exercícios. Somente o quarto exercício coincidiu em ambos os questionários.

Comparação do exercício 1 (questionário argentino) e exercício 3 (questionário húngaro):

Tal como observamos na tabela da Figura 7, somente 36% dos alunos argentinos responderam a totalidade das perguntas sem erros, ao passo que no caso húngaro 87% dos alunos resolveram o exercício de forma satisfatória. Portanto, a menor percentagem de respostas erradas registrou-se na experiência húngara. Deve-se salientar que, em ambos os casos, a percentagem de perguntas sem resposta tem sido baixa, possibilitando concluir que poucos alunos não lograram interpretar os objetivos do primeiro exercício.

Respostas	Argentina		Hungria	
	Alunos	%	Alunos	%
Não responderam	4	0,5	7	1
Corretas	294	36	908	87
Incorretas	520	63,5	123	12

Figura 7 – Comparação do exercício 1 e do exercício 3.

Para o caso argentino, o exercício 1, item 1.2, foi o de maior dificuldade para ser interpretado e respondido, registrando a maior quantidade de erros. No questionário húngaro, o exercício que apresentou a maior dificuldade para ser resolvido foi o 3, item 3.2 (*em qual província a produção de mexericas era menor*).

Comparação do exercício 2 (questionários argentino e húngaro):

Comparando esses exercícios (ver Figura 8), tiramos algumas conclusões: da totalidade dos alunos argentinos, apenas 35% conseguiram resolver corretamente o exercício 2, ao passo que no caso húngaro a percentagem foi maior (64%). De igual modo, a maior percentagem de respostas incorretas registrou-se na experiência argentina. A percentagem de perguntas não respondidas tem sido igual em ambos os países (1%), o que representa um baixo número de alunos que não conseguiram interpretar e resolver os objetivos desse exercício.

Respostas	Argentina		Hungria	
	Alunos	%	Alunos	%
Não responderam	6	1	6	1
Corretas	285	35	665	64
Incorretas	527	64	367	35

Figura 8 – Comparação do exercício 2.

No questionário argentino, o exercício 2, item 2.3, foi o mais difícil de se interpretar e responder pelos alunos, registrando o maior número de respostas incorretas.

No questionário húngaro, o exercício 2, item 2.1 *(onde se cultivam mais maçãs: na República Checa ou na Áustria?)*, foi o que apresentou maior dificuldade para ser resolvido.

Comparação do exercício 3 (questionário argentino) e do exercício 1 (questionário húngaro):

A tabela da Figura 9 mostra os resultados obtidos na comparação dos mencionados exercícios e permite destacar que tanto na Argentina quanto na Hungria houve alta percentagem de respostas resolvidas corretamente. No entanto, no caso argentino, 60% lograram resolver o exercício, no caso húngaro 80% o conseguiram. A maior percentagem de respostas incorretas registrou-se no questionário argentino e, para ambos os países, o número de alunos que não lograram responder corretamente esses exercícios foi baixo.

	Argentina		Hungria	
Respostas	**Alunos**	**%**	**Alunos**	**%**
Não responderam	12	2	3	0,5
Corretas	493	60	828	80
Incorretas	313	38	207	19,5

Figura 9 – Comparação do exercício 3 e do exercício 1.

Das três perguntas apresentadas no exercício 3 do questionário argentino, as de número 3.1 e 3.3 foram as mais difíceis de interpretar e resolver pelos alunos, obtendo-se semelhante percentagem de respostas incorretas, próximo aos 30%. No caso húngaro, da questão apresentada no exercício 1 *(ordenar de modo decrescente os países, em concordância com a esperança de vida da população)*, foi aquela que registrou mais respostas incorretas.

Comparação do exercício 4 (questionários argentino e húngaro):

Comparando-se as respostas do exercício 4 de ambos os questionários, notamos que apresentam valores muito semelhantes. Enquanto 77% dos alunos húngaros lograram resolver corretamente o exercício, 11% menos dos alunos argentinos o conseguiu. Mesmo assim, a percentagem de respostas incorretas foi baixa para ambos os países, ainda que maior no caso argentino. Também foi baixa a percentagem de exercícios não resolvidos ou não respondidos, atingindo só 3% do total de alunos em ambos os países.

	Argentina		Hungria	
Respostas	**Alunos**	**%**	**Alunos**	**%**
Não responderam	21	3	29	3
Corretas	540	66	798	77
Incorretas	257	31	211	20

Figura 10 – Comparação do exercício 4.

De acordo com os resultados obtidos e comparados nesse exercício, pode-se dizer que não foi difícil aplicar o método de Chernoff para a representação gráfica das diferentes temáticas tratadas em ambos os questionários. No caso argentino, na opinião dos próprios alunos, a província que apresentou maiores dificuldades para ser representada foi a de Buenos Aires. Notou-se que as maiores dificuldades estiveram: a) na interpretação da percentagem pela população que nunca frequentou um estabelecimento educativo e b) na sua representação gráfica pelo traço da sobrancelha. No caso húngaro, a maior dificuldade se apresentou na representação da religião protestante.

Conclusões gerais dos resultados

Os especialistas da Hungria e da Argentina realizaram exaustiva análise dos resultados tanto parciais quanto gerais dos questionários realizados nos diferentes colégios.

Em referência à experiência argentina, os melhores resultados foram obtidos no quarto exercício do questionário, o que corresponde à aplicação do método pela visualização de informação e desenho por parte dos alunos, dos traços faciais que representam os dados das províncias envolvidas na tabela e no mapa do exercício. Na experiência húngara, os melhores resultados foram atingidos no terceiro exercício do questionário, em referência à aplicação do princípio de Chernoff em representações gráficas. Cabe esclarecer que este tipo de atividade resolvida pelos alunos argentinos no exercício 1 do questionário foi uma das que obtiveram maior margem de erro, apresentando maior dificuldade para ser resolvida pelos alunos. Isso nos leva a observar experiências contraditórias nos resultados de ambos os países em referência à pergunta com menor margem de erro.

Foi coincidente em ambos os questionários a dificuldade que se apresentou ao responder parte das propostas do exercício 2. Nesse exercício, os alunos deviam visualizar e interpretar as variações no tamanho dos rostos e dos seus traços correspondentes.

Desde outro ponto de vista, deve-se destacar que, ainda que na experiência argentina se obtivesse um número maior de respostas incorretas que corretas nos exercícios 1 e 2, nesses exercícios predominou a percentagem de alunos que responderam de forma parcial ao menos dois objetivos de trabalho perante aqueles que não lograram resolver nenhuma ou no mínimo uma.

No geral, pode se concluir que na Hungria se obteve melhor resultado que na Argentina, ainda que se deva ressaltar que as temáticas tratadas em ambos os questionários não foram equivalentes. De qualquer maneira, dada a natureza das temáticas tratadas e pelo fato de ser uma metodologia nova para os alunos argentinos, considera-se que foram alcançados ótimos resultados nas oito escolas argentinas, embora tenham ocorrido baixas percentagens de alunos que não responderam corretamente alguma pergunta.

|105|

Outro exemplo internacional: as *Faces de Chernoff* nas regiões brasileiras

Como já foi exemplificado anteriormente, o método de Chernoff pode ser aplicado nas distintas escalas geográficas, incluindo diferentes temáticas e indicadores. A Figura 11 a seguir apresenta um aplicativo do método considerando as regiões do Brasil pela quantidade de distritos que disponham de abastecimento de água, segundo a fonte de captação.

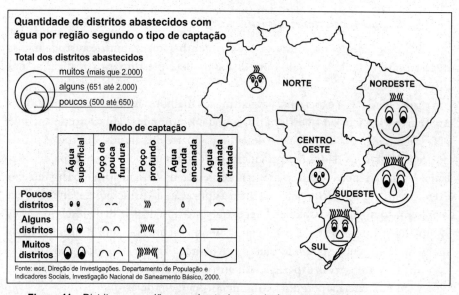

Figura 11 – Distritos por região com abastecimento de água segundo o tipo de captação.

Pelo recurso da visualização e interpretação da informação contida na tabela e representada no mapa, os alunos poderão realizar atividades apresentadas a seguir:

1. Quais são as regiões que dispõem de mais distritos abastecidos com água? Quais têm a menor quantidade de distritos abastecidos com água?
2. Mencionar quais são as duas regiões que têm mais distritos abastecidos com água superficial. Quantos distritos da Região Sul são abastecidos com água superficial?
3. Qual é o nome da região que tem poucos distritos abastecidos com água de poço pouco profundo? E de poço profundo?
4. Qual é a região com maior abastecimento com água de poço profundo, a Região Nordeste ou a Sudeste?
5. Agrupar as regiões de acordo com a quantidade de distritos que são abastecidos com água encanada:
   a) poucos distritos:..
   b) alguns distritos:..
   c) muitos distritos:..

6. Considerando que o abastecimento com água encanada tratada garante melhor qualidade da água, quais são as regiões beneficiadas com esse tipo de distribuição?

Neste exercício, o método de Chernoff também pode ser aplicado pela visualização da informação e desenho por parte dos alunos dos traços faciais que representam os dados que correspondem às regiões. Para isso, é necessário trabalhar não só com os traços dos rostos, mas também com os dados. Desse modo, os alunos poderão completar as faces que correspondem a cada região, considerando os dados contidos na tabela e os detalhes da legenda. Como exemplo, encontram-se representados na Figura 12 os dados da Região Nordeste.

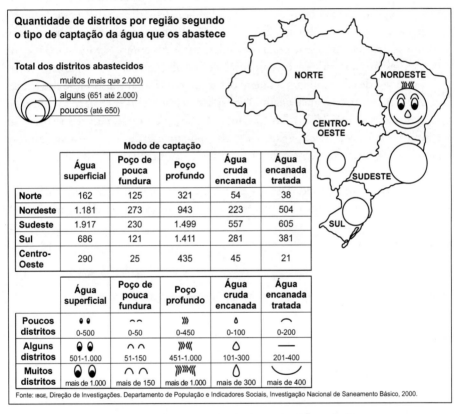

Figura 12 – Quantidade de distritos por região segundo o tipo da captação da água que os abastece.

Considerações finais

A compreensão do entorno pela educação formal possibilita que as pessoas construam a percepção do espaço onde habitam, por meio do ensino da cartografia como um saber transversal. Cada vez é mais necessário desenvolver nas pessoas habilidades cartográficas que tornem mais fácil o entendimento das problemáticas sociais, econômicas e ambientais de distintas regiões do planeta, de modo que possam individualizar variáveis, comparar situações, elaborar diagnósticos e planejar possíveis soluções, assim como participar e se comprometer com a melhoria da qualidade de vida para todos.

Durante dois anos, a aplicação das *Faces de Chernoff* a universos de população escolar de diferentes características geográficas, históricas e culturais permitiu avaliar a viabilidade da sua aplicação na cartografia como estratégia no currículo húngaro e no argentino de forma comparada. Não só chegou-se a concluir sobre *a versatilidade do método para variáveis díspares*, como, por exemplo: áreas verdes, serviços públicos, contaminação pelos resíduos sólidos urbanos e condições educacionais no caso argentino; e esperança de vida, produção agrícola e diversidade de religiões na União Europeia, no caso húngaro. A multiplicidade temática a representar facilita a sua aplicação como metodologia de ensino, seja como *ponto de início* ou motivação para a investigação das mencionadas problemáticas ou como *ponto de chegada*, na qual a representação Chernoff é a conclusão do trabalho anteriormente desenvolvido.

A técnica de Chernoff também tem conseguido melhorar a disposição dos alunos para a aprendizagem de maneira natural, *aprende-se naturalmente na prática*, ao construir um conhecimento que "diverte" o educando, a partir de suas habilidades visuais e de sua intuição. *Fácil de lecionar e de aprender,* essa aproximação de Chernoff às instituições educacionais almeja difundir e agilizar o ensino da cartografia em todas as disciplinas possíveis. Assimilar não só imagens, mas também valiosos conteúdos é o resultado das *Faces de Chernoff* que, partindo de uma renovada cartografia temática, plasma de modo claro e simples conhecimentos complexos de serem entendidos na cartografia tradicional.

Nota

[1] Os Centros de Gestão e Participação Comunais (CGPC) são unidades de desconcentração administrativa nos quais está dividida a cidade autônoma de Buenos Aires. São 15 no total e ali se efetuam trâmites administrativos, existem delegações dos serviços sociais e se oferecem atividades culturais e de capacitação simples.

Bibliografia

CHERNOFF, H. The use of faces to represent points in k-dimensional space graphically. *Journal Of The American Statistical Association*, v. 68, n. 342, 1973, pp. 361-8.

JULIARENA, C; REY, C.; GARRA, A. M. "La cartografía en el tercer ciclo de la Enseñanza General Básica". In: *Contribuciones Científicas*, Centro Argentino de Cartografia – CAC, Instituto Geográfico Militar – IGM. Buenos Aires, 2000, pp. 367-77.

_____; _____; _____. "La percepción espacial y la cartografía como tema transversal en la educación". In: *Contribuciones Científicas*, Centro Argentino de Cartografia – CAC, Instituto Geográfico Militar – IGM. Buenos Aires, 1997, pp. 226-32.

_____; _____; _____; ALVES DE CASTRO, M. V; DIBIASE, A. Diagnóstico del uso y de la interpretación de la cartografía en los sistemas educativos de Hungría y Argentina. *Consejo nacional de investigaciones científicas y técnicas. Departamento de investigaciones geográficas.* Geodemos, n. 7/8. Buenos Aires, 2004.

NUÑEZ REYES, J. Ideas for the use of Chernoff faces in school cartography. 24º *Congreso Internacional De Cartografía*. ICA. Santiago de Chile, 2009.

_____ et al. Posibles usos de las Faces de Chernoff para la visualización de datos en la cartografía escolar. *Boletín Del Centro Argentino de Cartografía*, n. 45. Buenos Aires, 2009.

MAQUETES TÁTEIS, DISPOSITIVOS SONOROS E AULAS INCLUSIVAS COM MAPAVOX

Maria Isabel de Freitas
Sílvia Elena Ventorini
José Antonio Borges

Nossa experiência com o desenvolvimento de maquetes táteis em práticas inclusivas para alunos com deficiência visual teve início em 2000 nas Escolas Municipais Integradas de Educação Especial "Maria Aparecida Muniz Michelin – José Benedito Carneiro – Deficientes Auditivos e Deficientes Visuais – DA/DV", localizada no município de Araras, interior do estado de São Paulo.

Nos três primeiros anos de convívio com o público da escola, observamos que os cegos exploravam, percebiam e organizavam os objetos no espaço, assim como se comunicavam por meio do tato, da audição, do olfato e do paladar, e que o canal visual não deveria ser supervalorizado. Nessa convivência, percebemos a importância de gerar material didático que estimulasse o uso do tato e da audição pelo aluno cego e do tato, da audição e do resíduo visual pelo aluno com baixa visão.

O material gerado por nós era composto por maquetes e mapas táteis, geralmente pintados com cores fortes e munidos com informações em escrita convencional e Braille (Figura 1). Nas atividades buscávamos sempre valorizar a utilização do tato pelos cegos e do tato e da visão pelos educandos com baixa visão. A estimulação da audição era realizada por meio de nossas explicações verbais e, às vezes, por recursos como brinquedos pedagógicos sonoros e o sintetizador de voz Dosvox, disponibilizados pela escola. O Dosvox é um software de síntese de voz que transmite em voz alta comandos e textos e que permite ao usuário cego operar computadores.

|109|

Figura 1 – Exemplo dos primeiros mapas táteis elaborados no projeto Planisfério Tátil com legenda em Braille sem sistema de som.

Nessa época, as publicações internacionais já divulgavam a utilização de sintetizador de voz para a inserção de informações sonoras em mapas táteis. Países como Canadá, Estados Unidos e Japão utilizavam tecnologia para melhorar a qualidade dos documentos cartográficos táteis e para estimular o uso do tato, do resíduo visual e da audição na manipulação de mapas.

O custo elevado e a não disponibilização dessa tecnologia no idioma português nos indicavam a necessidade de desenvolver um sistema de baixo custo que possibilitasse a melhora da qualidade das maquetes e dos mapas táteis por nós gerados. Desenvolvemos, então, a partir do Dosvox, o Sistema Tátil Mapavox,[1] composto por uma trama de microchaves para material didático e o software Mapavox, compatível com o Windows 95 ou superior e que permite inserir e disponibilizar informações sonoras em conjuntos didáticos, táteis ou não.

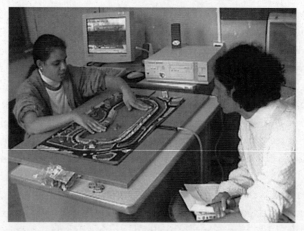

Figura 2 – Exemplo do sistema de maquete tátil e Mapavox – Lago de Araras, sendo explorado por aluna da escola especial.

As diversas maquetes e mapas táteis construídos, assim como as aulas teóricas e práticas realizadas nos três primeiros anos de vivência na escola especial, foram fundamentais para compreendermos as reais habilidades e dificuldades dos alunos com deficiência visual, bem como para definir os componentes e funções do atual Sistema Tátil Mapavox (Figura 2).

Ser cego e viver num mundo visual

A terminologia "deficiência visual" engloba pessoas cegas e pessoas com baixa visão. O termo baixa visão é utilizado para designar os sujeitos que possuem significativa alteração da capacidade funcional do canal visual, que não pode ser corrigida por tratamentos clínicos e/ou correções ópticas convencionais (Ventorini, 2007, 2009). Para Freire (2004), podemos perceber a amplitude da terminologia "deficiência visual" quando identificamos em um grupo de indivíduos aqueles com baixa visão, os que perderam a visão na idade adulta ou na infância, os que nunca enxergaram e outros, ainda, que distinguem apenas a claridade.

Ao pensarmos ou falarmos em cegos, na maioria das vezes, imaginamos um sujeito que vive em completa escuridão. Isso ocorre porque, no senso comum, a cegueira é igualada à ausência total de luz que ocasiona limitações físicas, motoras, cognitivas e emocionais (Amiralian, 1997). A maioria dos sujeitos cegos possui algum grau de visão funcional[2] que, nos casos graves, limitam-se à visão de vultos dos dedos, luzes, sombras ou movimentos de objetos. Entre o grau de visão funcional e a cegueira total existe uma linha contínua de visão que possibilita ao indivíduo ter:

- Percepção luminosa: distinção entre a luz e o escuro;
- Projeção luminosa: distinção da luz e do lugar donde emana;
- Percepção de vultos: visão de dedos.

Estimativas indicam que mais de 80% de todos os indivíduos diagnosticados como cegos possuem visão útil para fins funcionais. No entanto, nos atendimentos prestados a essa população, há poucas orientações sobre programas de estimulação e aprendizagem do uso da visão residual (Salomon, 2000).

Em nossa experiência na escola especial, observamos as dificuldades das professoras em trabalhar com uma aluna que possuía visão funcional e que foi perdendo-a gradativamente. Observamos, ainda, a não aceitação da cegueira por parte da aluna. Ela nasceu com problemas visuais ocasionados por doença degenerativa. Sua perda visual foi gradativa e, aos 10 anos de idade, ficou cega.

Por ter perdido a visão gradativamente e pela precocidade com que adquiriu a deficiência, possuía pouca memória visual e tátil. Antes de ficar cega, seu resíduo visual não era suficiente para observar formas, tamanhos e localização de objetos grandes no espaço, bem como para visualização do formato das letras do alfabeto convencional. Além disso, confundia as cores, por exemplo, o azul e o vermelho com preto e também o verde com o vermelho (Ventorini, 2007, 2009).

Aos 8 anos de idade possuía um campo visual do tamanho aproximado de um grão de arroz. Por esse motivo, não foi possível realizar sua alfabetização por meio do alfabeto convencional, embora recebesse estímulo para o resíduo visual. Em 2001, a aluna perdeu totalmente a visão e passou a ser estimulada a desenvolver sua percepção tátil.

A perda gradativa da visão gerou na aluna uma não aceitação de sua cegueira, consequentemente, recusava-se a ser alfabetizada pelo sistema Braille, a participar de atividades de estimulação tátil e de orientação e mobilidade com a utilização de bengala. Em atividades de estimulação tátil, ela aproximava o material do olho e buscava, inutilmente, indicar por meio da visão sua forma, textura e cor.

O trabalho pedagógico e psicológico realizado na escola especial foi redirecionado a atividades cujo objetivo era a aceitação da aluna de utilizar o tato e não a visão para ser alfabetizada, bem como o uso da bengala para se locomover. A partir disso, a aluna foi alfabetizada pelo método Braille, demonstrando não possuir déficit intelectual. Destaca-se que há diversas variáveis que envolvem a ausência total ou parcial da visão, em especial as relacionadas aos aspectos neurológicos e psicológicos.

O ato de ver não se resume simplesmente em olhar algo, mas atribuir significados ao que se vê. Sacks (1995), ao relatar o caso de Virgil, indica que é necessária experiência para ver. Virgil era um homem que ficou cego na infância por causa da catarata e teve a visão recuperada aos 50 anos de idade, depois de uma cirurgia. A trajetória de Virgil após a cirurgia mostra que o ato de enxergar não acontece somente com o bom funcionamento do canal visual. A eficiência visual depende de duas condições:

1. Amadurecimento ou desenvolvimento dos fatores anatômicos e fisiológicos do olho, vias óticas e córtex cerebral;
2. Uso dessas funções junto aos processos psíquicos superiores (Dias de Sá et al., 2007).

Para entender e/ou reconhecer um objeto, observá-lo por meio do canal visual não é suficiente. Faz-se necessário recorrer às informações armazenadas na memória (Rosa, 1993). Virgil não possuía experiência visual suficiente para reconhecer os objetos, por isso não tinha memória visual para apoiar sua percepção. Sua retina e seu nervo óptico estavam ativos, transmitindo impulsos, mas seu cérebro não atribuía sentido às informações (Sacks, 1995).

> Todos, incluindo Virgil, esperavam algo mais simples. Um homem abre os olhos, a luz entra e bate na retina: ele vê. Como num piscar de olhos, nós imaginamos. E a própria experiência do cirurgião, como da maioria dos oftalmologistas, era com a remoção de cataratas de pacientes que quase sempre haviam perdido a visão tarde na vida – e tais pacientes têm, de fato, se a cirurgia é bem-sucedida, uma recuperação praticamente imediata da visão normal, já que não perderam de forma alguma a capacidade de ver. Assim sendo, embora tenha havido uma cuidadosa consideração cirúrgica da operação e de possíveis complicações pós-operatórias, houve pouca discussão ou preparação para as dificuldades neurológicas e psicológicas que Virgil poderia encontrar. (Sacks, 1995: 129)

As consequências de uma cegueira congênita podem ser muito diferentes de uma cegueira adquirida. No primeiro caso, os processos psicológicos e as etapas dos desenvolvimentos motor e cognitivo ocorrem sem o auxílio do canal visual. No segundo caso, processos psicológicos e etapas dos desenvolvimentos motor e cognitivo já se desenvolveram e/ou estão em desenvolvimento e o problema consiste em o sujeito aprender a viver sem o canal visual. Essa aprendizagem não é fácil, pois envolve aspectos orgânicos, psicológicos, sociais e culturais.

Em nossa trajetória de pesquisa, muitas vezes, questionaram-nos sobre qual grupo de indivíduos julgávamos mais fácil trabalhar: com os cegos congênitos ou com os com cegueira adquirida, que possuem memória visual. Nossa experiência na área indica que esses grupos não podem ser comparados, ambos possuem habilidades e dificuldades e, mesmo dentro de cada grupo, há uma gama de aspectos que diferenciam os indivíduos uns dos outros. Em ambos os casos, faz-se necessário conhecer as causas que geraram a deficiência, idade em que a adquiriu, há quanto tempo o indivíduo está cego, além de compreender a importância dos sentidos do tato, da audição, do olfato e do paladar para esses sujeitos ampliarem seus conhecimentos sobre o espaço geográfico.

As bases do Sistema Tátil Mapavox

Em 2000, a direção da escola especial do município de Araras-SP expressou dificuldades para adquirir e/ou desenvolver mapas temáticos táteis para ensinar conceitos cartográficos e geográficos para um aluno cego que, na época, cursava o primeiro ano do ensino médio do Telecurso 2000.

Com o intuito de minimizar as dificuldades expressadas pela direção, iniciamos a busca por procedimentos metodológicos de construção de mapas e maquetes táteis, não só para o referido aluno, mas para todo o grupo de educandos com deficiência visual que frequentava aulas na unidade especial em um período do dia e aulas em escolas regulares em outro período. No Quadro 1, apresentamos as características do grupo, assim como o período em que participou das atividades desenvolvidas por nós até a construção e as primeiras aplicações do Sistema Tátil Mapavox.

O fato de os alunos frequentarem aulas em escolas regulares reforçava a importância de gerarmos um material que pudesse ser utilizado em aulas integradas. Para construir maquetes e mapas táteis pesquisamos materiais de baixo custo (sucata) que apresentassem diferentes texturas, não agredissem a sensibilidade tátil dos alunos e tivessem ou pudessem ser pintados com cores que atendessem às necessidades educacionais dos alunos com baixa visão.

As publicações de Vasconcellos (1993) e Meneguette e Eugênio (1997), assim como as informações sobre a sensibilidade tátil, as cores e os tamanhos adequados de letras obtidos com as professoras, os alunos cegos e os de baixa visão, contribuíram para a adoção do material adequado.

Nomes fictícios dos alunos	Sexo	Grau de perda		Idade com que adquiriu a deficiência	Idade com que participou das atividades	
		C*	BV**		Início	Final
João	M	X		3 anos	10	15
Laura	F	X		Gradual (desde o nascimento), perda total aos 10 anos de idade	9	14
Léo	M	X		20 anos	32	34
Ivan	M	X		12 anos	14	16
Júlio	M	X		20 anos	21	22
Pedro	M		X	Nascença	7	10
Horácio	M		X	Nascença	8	11
Fabiana	F		X	Nascença	13	16
Camila	F		X	Nascença	14	17
Paulo	M		X	Nascença	11	14

* Alunos Cegos ** Alunos com Baixa Visão

Quadro 1 – Características dos alunos cegos e de baixa visão.

Outro fato considerado por nós foram dificuldades salientadas pelos alunos cegos em usaram materiais somente com informações em escrita em Braille durante as atividades nas escolas regulares. Para os educandos, isso dificultava a interação e a troca de informações com seus colegas normovisuais,[3] pois embora eles demonstrassem interesse pelo material tátil, não conseguiam ler as informações em Braille, o que dificultava a integração durante as atividades.

Para a elaboração dos conjuntos didáticos, seguimos os seguintes critérios:

a) Utilização de materiais que fossem agradáveis ao toque, como isopor, plástico bagun, embalagem plástica, cola colorida etc.;

b) Adoção de exageros verticais e horizontais das feições planimétricas (rios, estradas, construções, objetos, dentre outras) das maquetes conforme as necessidades da percepção tátil dos alunos cegos;

c) Definição do tamanho aproximado de cada conjunto de 50 cm x 50 cm. Escolhemos esse tamanho com o objetivo de respeitar as distâncias consi-

Nível escolar em que adquiriu a deficiência	Nível escolar em que participou da pesquisa		Alfabetização
	Início	Final	
Pré-escolar	3º ano E.F. 2000	6º ano E.F. 2004	Braille
Maternal	Pré-escolar 2000	3º ano E.F. 2004	Braille
9º ano E.F.	9º ano E.F. 2000	4º ano E.M. 2003	Escrita convencional e lê e escreve em Braille
7º ano E.F	6º ano E.F. 2002	8º ano E.F. 2004	Escrita convencional e em processo de aprendizagem de Braille
E. SI.	E.SI. 2000	E.SI. 2004	Escrita convencional e em processo de aprendizagem de Braille
Maternal	2º ano E.F. 2000	4º ano E.F. 2002	Escrita convencional
Maternal	3º ano E.F. 2001	5º ano E.F. 2004	Escrita convencional
Maternal	6º ano E.F. 2002	8º ano E.F. 2004	Escrita convencional
Maternal	6º ano E.F. 2002	8º ano E.F. 2004	Escrita convencional
Maternal	5º ano E.F. 2002	7º ano E.F. 2004	Escrita convencional

Fonte: Ventorini, 2007: 76.

deradas adequadas entre as duas mãos para a exploração das representações, permitindo aos educandos utilizarem pontos de referências que possibilitem codificar e relacionar as localizações dos objetos nos conjuntos (Rowell e Ungar, 2003a e 2003b);

d) Pintura dos conjuntos em cores fortes, podendo, assim, ser utilizados por alunos com baixa visão e normovisuais;

e) Inclusão das informações textuais em escrita convencional e escrita Braille;

f) Não utilização de barbante para a elaboração de mapas táteis. Ao analisarmos um mapa tátil do Brasil e outro da África feitos com barbantes, constatamos muitas distorções nos detalhes do contorno dos mapas, o que poderia levar os alunos cegos a criarem imagens mentais muito distantes da realidade (Ventorini e Freitas, 2003).

Esses critérios foram utilizados na construção de maquetes e mapas táteis como maquete do relevo do município de Araras, maquete das salas de aulas da escola especial, mapa da divisão política do Brasil, Planisfério Físico etc. A qualidade do material didático gerado foi avaliada pelos alunos com deficiência visual por meio de aulas práticas. Essas vivências foram fundamentais para a proposta de construção do Sistema Tátil Mapavox. Dentre as muitas experiências que nos motivaram a desenvolver o referido Sistema, citamos as limitações encontradas pelas formas de disponibilizar informações no material didático gerado anteriormente.

A disponibilização de informações nas maquetes e mapas táteis era realizada de duas maneiras:

1. Escrevíamos em Braille e em escrita convencional o nome do objeto em um pedaço de papel, que era colado próximo ao objeto;

2. Utilizamos convenções cartográficas, ou seja, colocamos nos objetos símbolos em relevo e com cores fortes ou números em Braille e em escrita convencional e elaboramos uma legenda com o significado de cada símbolo ou número.

Em nossas práticas constatamos que a primeira forma limitava em muito a quantidade de informações inserida em cada maquete ou mapa tátil em razão da escrita Braille, cujo tamanho é padrão. Não foi possível diminuir ou aumentar as letras em Braille, como ocorria com o alfabeto convencional. Constatamos que cada três letras escrita em Braille possuíam aproximadamente 2 cm. O nome de um objeto representado na maquete ou mapa tátil, muitas vezes, ocupava mais de 10 cm, usando ou sobrepondo o espaço destinado à representação de outros objetos.

Outra dificuldade por nós encontrada no uso da primeira maneira de disponibilizar informações no material didático tátil consistia em escolher um tamanho de letra que atendesse às necessidades visuais de todos os alunos com baixa visão da escola especial. O campo de visão dos alunos não era igual, por isso os tamanhos de letras que atendiam às suas necessidades eram distintos. A inviabilidade de colocar vários pedaços de papéis com escritas de diversos tamanhos ao lado dos objetos representados obrigava-nos a escolher um tamanho, que atendia parcialmente às necessidades dos educandos com baixa visão.

A segunda forma de inclusão possibilitava a inserção de um número maior de informações, mas também apresentava desvantagens. Os alunos cegos manuseavam o material didático com as duas mãos e também liam os textos e legendas utilizando as duas mãos. Ao localizar um símbolo ou um número em um conjunto didático, o aluno tirava as duas mãos do conjunto e as levava à legenda com o objetivo de decifrar a informação. Esse movimento das mãos fazia com que o aluno perdesse a orientação no conjunto e, ao retornar as mãos na maquete, tinha que localizar, novamente, a posição do objeto que estava tateando. Só a partir daí, prosseguia com sua exploração. Constatamos que, nos mapas e maquetes, a representação de muitos objetos tornava a exploração cansativa e desestimulante.

Fatos semelhantes foram identificados com os alunos de baixa visão devido à variação das necessidades educacionais especiais. Cada um dos cinco alunos com baixa visão apresentava características e necessidades de visão diferente dos demais.

Uma aluna possuía nistagmo pendular: tinha grandes dificuldades para fixar os olhos em atividades de leitura, escrita, observação de figuras, imagens etc. Outra tinha 10% de visão para enxergar objetos em relação a uma pessoa com 100% de visão: para manter a distância de um objeto visto por uma pessoa com visão normal, o objeto deveria ser ampliado 10 vezes. Dois alunos possuíam significativas limitações para enxergar de longe e de perto, mesmo com o uso de correções ópticas especiais. Necessitavam, assim, de atividades escolares apresentadas com letras ampliadas e reforçadas com cores fortes. E o outro adquiriu baixa visão por toxoplasmose congênita, caracterizada pela perda de visão central, que gera, por sua vez, dificuldades para ver detalhes de objetos e visualizações de figuras e cansaço dos olhos em tarefas de leitura.

Constatamos que, embora a adoção de convenções cartográficas possibilitasse a inserção de um número maior de informações nas maquetes e mapas táteis, o fato de os alunos com baixa visão terem que deslocar o foco visual do objeto para a legenda fazia com que perdessem a orientação no conjunto. Ao retornar o foco visual na maquete tinham que localizar novamente a posição do objeto que estavam observando e, a partir daí, prosseguirem com sua exploração. Embora os sentidos utilizados pelos alunos cegos e pelos alunos com baixa visão fossem diferentes, os problemas pela forma de inserção de informações eram semelhantes. Em nossa concepção, a solução consistia em desenvolver um método que permitisse ao aluno obter a informação sobre o objeto representado ao mesmo tempo em que o explorava pelo tato ou pela visão. As publicações internacionais indicavam a inserção de recursos sonoros como soluções para as dificuldades apresentadas.

O Mapavox dando voz ao material didático tátil

No desenvolvimento do trabalho sempre consideramos a experiência prática vivenciada na Escola Especial nos anos anteriores, assim como a experiência didática dos professores que atuam com os cegos e alunos de baixa visão. No início de cada ano, realizamos reuniões de trabalho com a direção da escola, a secretária de Educação do Município e com os professores envolvidos no projeto, para o planejamento e adequação das atividades visando ao bom andamento das atividades cotidianas de professores e alunos.

As tarefas foram divididas de forma a permitir que a equipe trabalhasse em frentes diferentes, buscando o constante acompanhamento dos avanços e das dificuldades através de encontros semanais, videoconferências e workshops. Uma parte da equipe dedicou-se ao desenvolvimento do programa Mapavox, aprimorando-o e elaborando alternativas para torná-lo mais funcional e amigável. Os demais participantes dedicaram-se especificamente ao estudo e à criação de mapas táteis e jogos voltados para alunos cegos e de baixa visão, por meio de testes realizados na escola especial com a participação de duplas de estagiários a cada 15 dias.

Consideramos importante apresentar uma síntese dos procedimentos para o desenvolvimento das atividades, visando a compartilhar com o leitor as etapas de construção de um novo material didático numa escola especial:

1. Pesquisa bibliográfica e metodológica visando ao desenvolvimento dos dispositivos do Sistema Tátil Mapavox;

2. Pesquisa bibliográfica e metodológica visando à produção de maquetes, mapas e jogos táteis que posteriormente seriam conectados ao computador para o uso do Mapavox;

3. Elaboração e aplicação de aulas práticas de construção de material e programação computacional visando ao aprimoramento das interfaces de jogos, mapas e maquetes com o Mapavox, suas ferramentas de visualização e integração com dispositivos computacionais;

4. Elaboração e aplicação de práticas na escola especial, visando ao aperfeiçoamento de dispositivos, jogos e mapas gerados;

5. Organização de grupo de discussão em reunião semanal para avaliar os avanços e as dificuldades na produção do material didático tátil e seu aprimoramento, bem como os testes realizados na escola especial;

6. Reuniões e workshops entre as equipes de pesquisadores da Unesp e UFRJ;

7. Elaboração da versão final do material didático tátil e do Mapavox com os aprimoramentos baseados nas necessidades dos alunos e na realidade da escola, constatadas quando da execução das atividades práticas;

8. Oferecimento de curso de extensão para professores da rede pública de ensino visando à disseminação das experiências desenvolvidas em sala de aula com o material didático tátil.

No caso das maquetes e mapas táteis, estes foram elaborados em escala, respeitando as técnicas tradicionais de cartografia. Os diferenciais dos documentos cartográficos tradicionais são os materiais empregados na elaboração de sua base e a implementação de microchaves, que são conectadas através de um cabo para impressora (porta paralela) a um computador munido do programa Mapavox.

Esse programa, desenvolvido pelo grupo de pesquisadores do NCE/UFRJ, em parceria com o Grupo de Cartografia Tátil da Unesp, é compatível com o Windows 95 ou superior, e possibilita a inserção e emissão de sons em material didático como maquetes, mapas e jogos táteis.

Para a implementação dos circuitos sonoros nas maquetes adotamos, na sua primeira versão, microchaves 075 para o circuito de voz, fios "*wire wrap*", cabo para impressora, ferro de soldar, pinça, pistola de cola quente, kit de solda, bastões de cola quente, formões para entalhador. No caso de mapas táteis e jogos, novos tipos de microchaves foram desenvolvidos pela equipe de pesquisadores, fazendo uso de placas de papel-alumínio em dobradura, fios *"wire wrap"* e caneta de metal, diminuindo ao máximo a etapa da solda com o objetivo de evitar acidentes e facilitar o trabalho de construção por parte do usuário professor. As dificuldades de construção do sistema no que concerne à elaboração da trama de circuitos e microchaves ainda necessitam ser superadas para que se garanta sua disseminação nas escolas do Brasil.

As bases de maquetes, mapas e jogos táteis usualmente são placas de isopor, cortiça, papelão, compensados de madeira, EVA etc. Os elementos decorativos podem ser obtidos fazendo uso de diferentes materiais, como feltro, material emborrachado, cortiça, EVA, papel tipo *contact*, massa de *biscuit*, papel Paraná, flores e folhas de plástico, cola em relevo, entre outros.

Para que maquetes, mapas e jogos emitissem informações sonoras sobre a área tocada, foi desenvolvido o programa Mapavox. Ao instalar o programa no computador, cria-se um atalho na tela que encaminha o usuário para a janela de abertura que possui uma imagem de apresentação e botões que permitem acesso às funções desenvolvidas no programa. Deve-se ressaltar que a quantidade máxima de circuitos sonoros em cada material didático do Sistema Tátil Mapavox corresponde a 32 microchaves, cada uma podendo abrigar um som diferente. As informações sonoras podem ser gravadas através do gravador de som do Windows, com o auxílio de um microfone. Esse recurso permite que o usuário grave as informações no idioma que deseje, bem como realize mixagens de sons diversos disponibilizados em meio digital da internet ou de CD Rom, como, por exemplo, rugidos de animais, barulho de carros, chuvas, entre outros. O programa Mapavox também possui um editor de texto, em português, no qual o usuário pode digitar as informações que deseja.

Considerações finais

As vivências de elaboração de material didático tátil, e seu teste na escola especial por meio do acompanhamento das aulas práticas nos fizeram compreender a importância do convívio afetivo entre professor e aluno cego, normovisual e de baixa visão. O conhecimento das causas que geraram a deficiência permite o melhor entendimento de suas características pessoais, facilidades e dificuldades no aprendizado e necessidades educativas. A confiança mútua na relação professor-aluno, a valorização do conhecimento adquirido na vida cotidiana e o bom convívio com os colegas abrem os caminhos para o aprendizado e para as novas descobertas sobre o espaço geográfico, por meio de manipulação de maquetes, mapas e jogos táteis.

As experiências com cartografia tátil no desenvolvimento de material didático, o Sistema Tátil Mapavox e os procedimentos metodológicos para seu uso em sala de aula com alunos cegos, de baixa visão e normovisuais indicam que tais dispositivos contribuem significativamente para a ampliação dos conceitos geográficos dos alunos. O material didático gerado e os procedimentos metodológicos desenvolvidos também auxiliaram no desenvolvimento de suas habilidades.

A inovação do Sistema Tátil Mapavox consiste, principalmente, nos métodos de inserção das informações sonoras, na facilidade de operação do programa, nos métodos eficientes de construção e inserção dos circuitos sonoros nas maquetes e no baixo custo da tecnologia empregada. Nas aulas práticas realizadas com alunos cegos, com baixa acuidade visual e com normovisuais, constatamos que os recursos sonoros estimulam os alunos a explorarem os conjuntos, bem como a trocarem informações entre si sobre os elementos representados, criando um ambiente de aprendizado cercado de desafios e descobertas. O ato de descobrir junto aos colegas de classe a orientação espacial por meio do material didático, selecionar e inserir no sistema os sons gravados e/ou escolhidos na internet ou em CD, estimula o uso dos sentidos e traz o lúdico para o ambiente escolar.

Notas

[1] Este sistema foi desenvolvido através de uma parceria entre pesquisadores do Instituto de Geociências e Ciências Exatas – IGCE – Unesp-Rio Claro e do Núcleo de Computação Eletrônica (NCE) da UFRJ, Rio de Janeiro. O software Mapavox foi criado pelo Prof. Dr. José Antonio dos Santos Borges, a trama de microchaves pelo Prof. Diogo Fugio Takano e o material didático (maquetes, jogos e mapas táteis) pelo Grupo de Cartografia Tátil da Unesp-Rio Claro, sob a coordenação da Profa. Dra. Maria Isabel Castreghini de Freitas.

[2] A visão funcional é denominada também de cegueira legal.

[3] O termo *normovisual* é utilizado para designar as pessoas sem dificuldades visuais significativas.

Bibliografia

AMIRALIAN, M. L. T. M. *Compreendendo o cego*: uma visão psicanalítica da cegueira por meio de desenhos-estórias. São Paulo: Casa do Psicólogo, 1997.

BATISTA, C. G. "Formação de conceitos em crianças cegas: questões teóricas e implicações educacionais." *Psicologia: Teoria e Pesquisa*, Brasília, v. 21. n. 1, 2005, pp. 7-15.

DIAS DE SÁ, E.; et al. *Atendimento educacional especializado*: deficiência visual. Brasília: SEESP/SEED/MEC, 2007.

Disponível em: <http://portal.mec.gov.br/seesp/arquivos/pdf/aee_dv.pdf>. Acesso em: 28 jan. 2010.

HUERTA; J. A.; OCHAÍTA, E.; ESPINOSAM. A. Mobilidade y Conocimiento Espacial en Ausência de la Vision. In: ROSA, A.; OCHAÍTA, E. (org.). *Psicologia de la Cegueira*. Madrid: Alianza, 1993.

MENEGUETE, A. A. C; EUGÉNIO, A. S. Construção de Material Didático Tátil. *Revista geográfica e ensino*, v. 6, n. 1, pp. 58-60 Belo Horizonte, 1997.

ROSA, A. Caracterización de la Cegueira y las deficiencias visuales. In: ROSA, A.; OCHAÍTA, E. (org.). *Psicologia de la Cegueira*. Madrid: Alianza, 1993.

ROWELL, J.; UNGAR, S. El mundo del tacto: estudio internacional sobre mapas en relieve. Parte 2: diseño. *Entre Dos Mundos*, n. 25, pp.15-24, 2004b. Disponível em: <http://www.psy.surrey.ac.uk>. Acesso em: 1º jul. 2006.

_____. El mundo del tacto: estudio internacional sobre mapas en relieve. Parte 1: produccion. *Entre Dos Mundos* (25), pp. 3-14, 2004a. Disponível em: <http://www.psy.surrey.ac.uk>. Acesso em: 1º jul. 2006.

SACKS, O. *Um antropólogo em Marte*: sete histórias paradoxais. Trad. Bernardo Carvalho. São Paulo: Companhia das Letras, 1995.

SALOMON, S. M. *Deficiente visual*: um novo sentido de vida: proposta psicopedagógica para a ampliação da visão reduzida. São Paulo: LTr, 2000.

VENTORINI, S. E. *A experiência como fator determinante na representação espacial do deficiente visual*. Rio Claro, 2007. Dissertação (Mestrado em Geografia) – Instituto de Geociências e Ciências Exatas. Universidade Estadual Paulista, v. 2.

_____. *A experiência como fator determinante na representação espacial de pessoas com deficiência visual*. São Paulo: Ed. Unesp, 2009.

_____; FREITAS, M. I. C. Cartografia Tátil: Pesquisa e Perspectiva no Desenvolvimento de Material Didático Tátil. *XXI Congresso Brasileiro de Cartografia. Cartografia, Instrumento de Renovação Política e Inovação Tecnológica*, Minas Centro, Belo Horizonte, 2003.

_____; _____. Programa Mapavox: Uma Alternativa para a Inserção de Informações Sonoras em Material Didático Tátil. *V Seminário de Pós-Graduação em Geografia* da Unesp. Unesp, Rio Claro, 2005, pp. 366-75.

A CARTOGRAFIA E A CONSTRUÇÃO DO CONHECIMENTO EM CONTEXTO ESCOLAR

Sonia Vanzella Castellar

Há algum tempo temos optado por considerar os procedimentos como parte inseparável dos conteúdos. Isso significa que entendemos a metodologia de ensino de Geografia como contributo à compreensão conceitual. Contudo, assumimos que não há uma única forma de ensinar e nem a sala de aula é suficiente para desenvolver uma ação educativa. Quando tratamos do processo de ensino e aprendizagem é interessante considerar a crescente complexidade que tem hoje esse tema. Nesse sentido, o trabalho em sala de aula poderia se basear, entre outros aspectos fundamentais para o processo de ensino e aprendizagem, no conhecimento prévio do aluno e na diversidade cultural que o caracteriza. Ao apresentarmos a ideia de metodologia inovadora, não entendemos como sendo a salvação da escola e nem como algo que acabou de ser descoberto. Entendemos, sim, como ações educativas que considerem o repertório dos alunos e que articulam a teoria com a prática para que seja possível potencializar as atividades didáticas. Propostas didáticas que suscitem novos interesses e que a escola estabeleça outra dimensão para a relação professor e aluno, passando pelo afetivo, cultural, social, mas compreendendo que para um projeto educativo inovador a sala de aula não basta.

Portanto, pensar o uso da linguagem cartográfica como uma metodologia inovadora é torná-la parte essencial para a educação geográfica, para a construção da cidadania do aluno, na medida em que permitirá a ele compreender os conteúdos e conceitos geográficos por meio de uma linguagem que traduzirá as observações abstratas em representações da realidade mais concretas. Os estudantes observam o mundo por meio de outras linguagens, estão interconectados, possuem certas percepções da superfície terrestre, mas os currículos escolares oferecem poucas possibilidades de conhecer a realidade estabelecendo relações entre os diferentes lugares e meio físico. Entendemos que se o discurso escolar fosse mais articulado e a linguagem cartográfica fosse de fato utilizada em sala de aula, a aprendizagem seria mais significativa e os alunos trariam problemas do cotidiano para resolver em sala de aula, estabelecendo relações entre os conteúdos e a representação cartográfica. Isso seria inovar do ponto de vista metodológico. Nessa perspectiva, um procedimento que considere a construção do conceito de localização, por exemplo, desde as séries iniciais, é fundamental para que o aluno entenda a distribuição, a distância e a extensão dos fenômenos na superfície terrestre, além dos conceitos cartográficos.

Quando assumimos que a linguagem cartográfica é uma estratégia de ensino ou um procedimento, não estamos desconsiderando que ela seja também técnica, mas que, para o ensino, ela é uma linguagem importante. Entendemos que a cartografia, como afirma Cardona (2002), é um sistema-código de comunicação imprescindível para o processo de aprendizagem em Geografia. A linguagem cartográfica torna-se uma metodologia inovadora na medida em que permite relacionar conteúdos, conceitos e fatos; permite a compreensão, pelos alunos, da parte e da totalidade do território, e está vinculada a valores de quem elabora ou lê o mapa. A dimensão procedimental da cartografia, que pode ser histórico-geográfica, permite ao aluno interpretar e ana-lisar fontes primárias, possibilitando o entendimento espaçotemporal da organização e produção de um determinado território.

No entanto, para que a cartografia tenha a relevância que merece no currículo es-colar, não adianta ser mais um conteúdo; é preciso que os professores compreendam os fundamentos teóricos da discussão cartográfica. É preciso saber ler um mapa, calcular escala e entender por que os mapas são construídos a partir de uma projeção. Porém, esses conteúdos precisam ser tratados na formação inicial dos professores na medida em que, para ensiná-los, é necessário se apropriar deles. Além disso, notamos que há outra dificuldade em trabalhar com as noções cartográficas no ensino fundamental que está relacionada com a dificuldade de organização do raciocínio lógico matemático.

Em vários momentos ou situações de ensino e aprendizagem, como cursos de formação inicial e/ou continuada, notamos que há defasagens básicas em relação aos conceitos cartográficos e dificuldade de compreensão conceitual quando solicitávamos alguma atividade que necessitasse de habilidades do raciocínio lógico. Ainda, em um contexto de pesquisa recente, pudemos estruturar análises significativas em relação ao processo de aprendizagem das noções básicas em cartografia com os alunos do ensino fundamental e notamos que havia dificuldade de compreensão quando solicitamos algum tipo de atividade que aplicava o raciocínio lógico para resolvê-lo.

Para iniciar as discussões que se seguem, tomaremos a concepção de "letramen-to cartográfico", ainda que em alguns momentos possamos falar em "alfabetização cartográfica", por ter o primeiro uma dimensão maior, conforme afirma Soares:

> É esse, pois, o sentido que tem letramento, palavra que criamos traduzindo "ao pé da letra" o inglês literacy: letra – do latim littera, e o sufixo – mento, que denota o resultado de uma ação (como, por exemplo, em ferimento, resultado

da ação de ferir). Letramento é, pois, o resultado da ação de ensinar ou de aprender a ler e escrever: o estado ou a condição que adquire um grupo social ou um indivíduo como consequência de ter-se apropriado da escrita. Nesse sentido já existem lugares, como em Portugal, que quando se analisa os índices de analfabetismo, diferencia-se o índice de alfabetização do índice de letramento, pois este último tem relação com as práticas sociais, ou seja, o uso que se faz da leitura e da escrita no cotidiano. (2002: 18-22)

Alfabetizar, segundo o dicionário Aurélio, é ensinar a ler. Alguns autores da área de linguística têm considerado a alfabetização como a apropriação da técnica de ler e escrever. Ensinar a ler em Geografia significa criar condições para que a criança leia o espaço vivido, utilizando-se da cartografia como linguagem, efetivando-se o letramento geográfico. Ensinar a ler o mundo possui uma dimensão espaçotemporal, na medida em que o aluno necessita estruturar as redes conceituais, por exemplo, quando tem de reconhecer a localização do lugar, os símbolos utilizados e a distância entre lugares, conseguindo identificar as paisagens e fenômenos cartografados e atribuindo sentido ao que está escrito.

Assumimos que o conhecimento cartográfico não é apenas uma técnica, mas pode utilizar-se dela com o objetivo de dar ao aluno condições de ler e escrever o fenômeno observado. Ao apropriar-se da leitura, o aluno compreende a realidade vivida, consegue interpretar os conceitos implícitos no mapa relacionando com o real. Na perspectiva da didática da Geografia, propomos, então, ações que estimulem o desenho, a grafia de formas geométricas, a criação de signos e símbolos, na educação básica, incluindo a educação infantil, desenvolvendo no aluno a capacidade cognitiva para interpretar os lugares a partir da descrição, comparação, relação e síntese de mapas e croquis.

No processo de apropriação da leitura e escrita, a maioria das crianças faz distinção entre um texto e um desenho indicando que este serve "para olhar" e aquele "para ler". Da mesma maneira que o aluno lê através das figuras ou desenhos, na Geografia o aluno lê e registra (escrita/representação) o que observa das paisagens do espaço vivido e, a partir dessas atividades, começa a perceber as relações sociais nele existentes.

Em Geografia, a leitura que se faz do entorno dos mapas e das imagens tem a mesma finalidade – olhar e ler –, mas a possibilidade de utilizar diferentes linguagens proporciona aos alunos meios para comparar o que é do nível de sua imaginação com os fenômenos reais que organizam o espaço geográfico.

A leitura e a descrição que o aluno faz da paisagem estão, sem dúvida, carregadas de fatores culturais, psicológicos e ideológicos. Por isso entendemos que ler e escrever sobre o lugar de vivência é mais que uma técnica de leitura: é compreender as relações entre os fenômenos analisados, caracterizando o letramento geográfico, com base nas noções cartográficas, por se tratar de uma linguagem e ser compreendida, ainda, como um procedimento metodológico.

Ao fazer os traçados dos percursos, os alunos partem da informação da memória, imagens mentais do espaço em que vivem, e marcam limites, organizam os lugares, estabelecem pontos de referência, percebem as distâncias – portanto, leem a realidade por meio de uma representação, e essa compreensão nos permite afirmar que a cartografia pode ser uma metodologia.

O estudo dos fenômenos, no âmbito da Geografia escolar, pode ser mais interessante para o aluno alfabetizado a partir da linguagem cartográfica. A apropriação conceitual ocorre no momento em que o aluno não só identifica o fenômeno no mapa, mas consegue interpretá-lo e utilizá-lo no cotidiano, por exemplo, lendo uma planta cartográfica e conseguindo deslocar-se em direção a um lugar desconhecido, ou reconhecendo lugares e fenômenos por meio dos símbolos utilizados.

Os mapas desenhados pelos alunos mostram como eles concebem as referências dos lugares onde vivem, revelam valores e representações simbólicas, reforçando a importância do processo de alfabetização geográfica por meio da linguagem cartográfica nas séries iniciais. Esses procedimentos cumprem uma função estratégica na formação dos conceitos científicos. Assim, o aluno poderá, em outros momentos do ensino fundamental, fazer leituras de mapas, ou seja, será educado para a visão cartográfica, como afirma Simielli (1996).

Para educar o aluno para a compreensão das noções cartográficas, consideramos que seus desenhos são o ponto de partida para explorar seu conhecimento da realidade e dos fenômenos que querem representar. Esses desenhos são representações gráficas ou mapas mentais elaborados a partir da memória, não havendo necessidade de utilizar as convenções cartográficas. Durante muitos séculos a cartografia esteve relacionada ao mapeamento dos lugares descobertos, os quais passavam a ser registrados pelos viajantes. Esses registros transformaram-se em mapas, com a finalidade de mostrar todos os fenômenos distribuídos territorialmente.

Não podemos esquecer que os mapas são representações planas e reduzidas da superfície terrestre ou de parte dela, com uma síntese de informações apresentadas por meio de um conjunto de símbolos. Com as informações obtidas, é possível conhecer e conceber os vários lugares da Terra e territorializá-los, ou seja, o mapa territorializa os registros dos documentos.

É verdade que a cartografia tem uma técnica de representar os lugares, e também é verdade que é importante trabalhar todos os conteúdos, como fuso horário, coordenadas geográficas, legenda, escala e projeção cartográfica. Mas isso não basta, porque os alunos precisam compreender a relevância desses conteúdos no cotidiano. Vamos pensar sobre a cidade, além das discussões teórico-metodológicas sobre os conceitos da Geografia que explicam o problema da ocupação em áreas de mananciais (Ross, 2004; Rodrigues, 2004): se nos apropriarmos dos fundamentos teóricos, não só compreenderemos a relação entre sociedade e natureza, como podemos, a partir da representação do lugar em um mapa ou carta topográfica, perceber a declividade do terreno, onde estão as nascentes e os lagos, qual a área de inundação e do espigão. Nesse sentido, a cartografia é linguagem e, também, técnica. É um procedimento (metodologia), mas também uma técnica que auxilia um método de análise quando analisamos um fenômeno geográfico.

A cartografia passou a ser compreendida como meio de comunicação a partir das décadas de 1970 e 1980. Nesse período, preocupou-se com o usuário do mapa, com a mensagem que seria transmitida e a eficácia do mapa. Segundo Simielli (2007: 73), a comunicação cartográfica é analisada basicamente pelo tripé cartógrafo, mapas e usuário – daí a referência à Teoria Geral da Comunicação.

Os estudos de Jacques Bertin (1967), Antonin Kolacny (1977) e Salichtchev (1988), entre outros, trouxeram novas perspectivas à cartografia, como a teoria da informação e da comunicação. Em 1967, Bertin escreveu em seu livro *Semiologia gráfica*:

> Formula uma sintaxe da imagem gráfica a partir de variáveis visuais, mas propõe que tais representações sejam fundamentalmente imagens que requeiram somente um momento de percepção, sendo, portanto, imagens para ver e não para ler. Sistematiza, assim, uma gramática dos elementos gráficos. (Girardi, 1997: 30)

Perceber, ver, ler são condições importantes para os alunos, na medida em que eles devem aprender os códigos para a leitura de mapas, entendendo que os elementos gráficos estruturam a gramática da cartografia. Isso é entender as variáveis visuais (símbolos e signos presentes no mapa) como o texto do mapa, o que permite afirmar a existência de um processo de letramento em Geografia, pois os alunos passam pela compreensão dos conceitos geográficos por meio da linguagem cartográfica.

A partir de meados da década de 1970 surgiram no Brasil alguns estudos, com as pesquisas das professoras Lívia de Oliveira (1978), Tomoko Paganelli (1985), Rosângela Doin de Almeida (2002, 2007) e Maria Elena Simielli (1986, 1996). Com base nesses estudos e nas pesquisas internacionais, a cartografia passa então a ser entendida não apenas como técnica de representação do mundo, mas como meio de comunicação e linguagem.

Somente a partir da década de 1980 é que se intensifica a divulgação dos modelos do processo de comunicação cartográfica. A preocupação dos cartógrafos e geógrafos é organizar esquemas que expressem a relação entre o cartógrafo e o usuário, a partir dos dados obtidos da realidade. A síntese das informações é apresentada por meio de símbolos e, para isso, é necessário haver uma boa compreensão deles. Dessa maneira, os símbolos precisam ser apreendidos como se fossem palavras, daí a denominação "linguagem cartográfica".

Segundo Simielli (2007: 74), Kolacny (1977) enfatiza justamente o fato de que, até aquele momento, a teoria cartográfica preocupou-se com a criação e produção de mapas, dando pouca ou nenhuma importância ao uso dos mapas enquanto leitura e meio de retorno à realidade.

A linguagem cartográfica estrutura-se em símbolos e signos, e é compreendida como um produto da comunicação visual que dissemina informação espacial. Portanto, a capacidade de usar as informações representadas é muito importante. Essa representação se dá por meio de um alfabeto cartográfico, constituído por ponto, linha e área, pois aparecem em todos os tipos de representação. Para realizar a leitura, é preciso que o leitor entenda a relação entre significante e significado, dominando os códigos.

A simbologia cartográfica encontrada nos mapas em diferentes tempos históricos baseou-se, durante muito tempo, em recursos associativos – as cidades, por exemplo, costumavam ser identificadas por meio do desenho de um conjunto de casas; atualmente, elas são representadas, em geral, por um pequeno círculo ou retângulo de cor vermelha. Hoje é bastante difundido o uso de símbolos puramente geométricos ou do alfabeto cartográfico (ponto, linha e área) para localizar, estabelecer fronteiras e extensão territorial dos lugares, além de identificar características do fenômeno cartografado. Isso significa que os mapas atuais ainda guardam certa identidade com os de um passado distante: podemos fazer associações e ao mesmo tempo agregar outros elementos, em função da realidade do aluno.

O que a cartografia trouxe para refletirmos, a partir da Teoria da Comunicação, é que, entre outros aspectos importantes, a semiologia gráfica constitui-se em um método diferente daqueles utilizados tradicionalmente, ampliando a informação e a formação científica do aluno. Ao mesmo tempo, a semiologia gráfica contribui para um debate provocado por Gimeno (1980: 11), ao afirmar que ela obriga a adotar uma atitude científica frente ao conhecimento: os problemas devem ser colocados de modo preciso e bem delimitados. Professores e alunos tomam consciência de que não existe conhecimento sem pergunta e sem questionamento: o saber estático e fechado é substituído por um conhecimento dinâmico e aberto.

A ideia de Gimeno (1980) vem ao encontro de nossa discussão sobre a possibilidade, a partir da linguagem cartográfica, de a Geografia ter mais significado para o aluno. Além disso, contribui para o raciocínio espacial e reafirma que os conceitos não estão isolados, mas pertencem a uma rede conceitual, reforçando a ideia de que é preciso pensar nos fundamentos teóricos e na didática para ensinar.

Estabelecer a relação entre a cartografia e os conteúdos geográficos é fundamental para que os alunos compreendam os conceitos a serem trabalhados ao longo de sua escolaridade. As atividades que exploram a visão vertical e oblíqua, por exemplo, auxiliam os alunos a observar melhor o lugar onde vivem, a entender o processo de construção e modificação das paisagens, e a levantar hipóteses sobre os processos geológicos ligados a essa modificação. O trabalho com orientação, como a localização do norte geográfico e a identificação dos lugares a partir da rosa dos ventos, auxilia-os a compreender pontos fixos e não fixos da ordenação de um território, e também no entendimento da variação de critérios de regionalização.

O processo de alfabetização cartográfica

Por isso é fundamental iniciar o processo de letramento em educação geográfica a partir das noções cartográficas, com destaque para o alfabeto cartográfico e a legenda, desde as séries iniciais do ensino fundamental I, como afirmamos no início deste item, utilizando como metodologia para o ensino da Geografia. No processo de alfabetização, a linguagem cartográfica estabelece um novo referencial no tratamento dos mapas em sala de aula, que passam a ser lidos e compreendidos pelo aluno, e relacionados à realidade vivida e concebida por ele. A apropriação dos códigos necessários para ler um mapa equivale à apropriação dos códigos de linguagem – gramática – necessários para aprender a ler e escrever. No caso dos mapas, há uma semelhança entre as variáveis visuais e os símbolos e sinais utilizados para a elaboração dos mapas.

Assim, para entender plenamente a linguagem cartográfica, é preciso destacar a importância da semiótica, ciência geral de todas as linguagens, sobretudo dos signos. O signo é algo que representa seu próprio objeto. Ele só é signo se tiver o poder de representar esse objeto, colocar-se em seu lugar – então, ele só pode representar esse objeto de certo modo e com certa capacidade, como afirma Simielli (2007: 78).

Se desde a educação infantil a criança tiver acesso aos procedimentos e códigos da linguagem cartográfica, não temos dúvida de que ampliará sua capacidade cognitiva de leitor de mapas e, dessa maneira, o mapa fará parte das análises cotidianas. Assim, o rigor na utilização dos códigos (signos e símbolos) reforça a ideia de que a cartografia é uma ciência de transmissão gráfica da informação espacial e de que os mapas não são apenas representações, mas também meios de transmitir informações.

A didática a ser desenvolvida em sala de aula deve considerar ações que estimulem o desenho, a grafia de formas geométricas, a criação de signos e sinais, da educação infantil até o ensino médio, na perspectiva de desenvolver no aluno a capacidade cognitiva e de interpretação dos lugares a partir da descrição, comparação, relação e síntese de mapas e croquis.

Desenvolvendo atividades que visam à construção do conceito e à representação cognitiva, os alunos descobrem, aos poucos, que os signos são distintos das coisas, ou seja, descobrem a relação entre significante e significado. Essa compreensão é fundamental para entender a noção de legenda, que está presente quando os alunos leem uma imagem, a paisagem de um lugar ou quando elaboram um mapa mental. Ao dissociar o nome do objeto, os alunos estão superando o realismo nominal e concebendo o pensamento simbólico.

Na superação do realismo nominal, o significante comum a toda representação é constituído pela acomodação (imagens). O significado é fornecido pela assimilação que, incorporando o objeto a esquemas,[1] fornece-lhes, por isso mesmo, uma significação. O realismo nominal é superado quando não há mais confusão entre o significante e o significado, e então a legenda será compreendida, porque traduz os signos utilizados para designar os fenômenos, lugares e objetos da realidade. No caso da cartografia, o significante é o que a criança desenha; o significado, o que ela pensa. Assim, ela vai aos poucos representando e criando seu próprio sistema de representação, iniciando o letramento cartográfico.

No processo de letramento geográfico, é importante que o professor desenvolva atividades que estimulem noções básicas de legenda e do alfabeto cartográfico, a partir de formas, símbolos, figuras geométricas, signos, cores, linhas, áreas, possibilitando a leitura e a interpretação de mapas mentais e cartográficos. É assim que as crianças vão construindo um quadro de variáveis visuais, e chegarão a relacioná-las com aquelas existentes nos mapas – estando então aptas a lê-los e compreendê-los.

Pode-se, assim, traçar um paralelo entre o processo de alfabetização em Língua Portuguesa e em Geografia. No caso da Geografia, observamos que muitas vezes a criança consegue descrever o espaço onde vive, porém não consegue perceber as relações sociais nele existentes. Da mesma maneira que lê através das figuras ou desenhos, na Geografia a criança também "pode ler" as paisagens do espaço vivido e, a partir dessa leitura, começar a perceber as relações sociais nele existentes. A leitura que ela faz da paisagem está, sem dúvida, carregada de fatores culturais, psicológicos e ideológicos.

Para a Língua Portuguesa, ler não significa decifrar, assim como escrever não significa copiar. Para a Geografia, descrever o espaço não significa que a criança entenda toda a dinâmica que o constitui, e percebê-lo não significa que está apta a representá-lo.

A imagem percebida pela criança, o caminho que ela faz de casa até a praça, supermercado ou escola, deve ter um valor para a orientação do espaço vivido, permitindo-lhe operar no ambiente em que vive. Todavia, ao desenhar, a criança está interiorizando a imagem do lugar para, em seguida, reconstituí-lo no nível da representação. Para pensar a criança como elaboradora e leitora de mapas, é preciso dar-lhe condições para isso no processo de aprendizagem.

A percepção da criança em relação ao significado das palavras e sua relação com os objetos são de fundamental importância para que ela possa compreender o sentido e os símbolos que as palavras representam.

Percebemos que o processo de alfabetização em Língua Portuguesa e em Geografia é o mesmo. As questões relativas às habilidades de pensamento da criança norteiam-se através dos mesmos princípios. Quando ela faz a representação de seu corpo, por exemplo, ou de algum objeto, pode dar ao desenho um significado que nem sempre ele tem. Isso poderá ocorrer também na escrita. Muitas vezes um rabisco representa uma palavra ou um nome.

Para a criança, os nomes estão nos seres. Quando ela ainda está no estágio em que confunde o nome e o objeto, dizemos que ainda não superou o realismo nominal. Essa não superação deverá ser considerada no processo da aprendizagem, pois o nível do desafio proposto deverá estar adequado ao desenvolvimento cognitivo da criança, contribuindo para que haja continuidade na superação do artificialismo e do animismo – fases do realismo infantil: no primeiro, a criança dá vida aos fenômenos da natureza, por exemplo, quanto à origem dos astros; no segundo, atribui pensamento aos animais, por exemplo, nas histórias infantis como Branca de Neve, os animais pensam e falam, o cachorro pensa e fala. Essas fases fazem parte do mundo do faz de conta, das brincadeiras de heróis e de casinha. Assim como o realismo nominal é superado, essas fases também são.

|128|

Na fase chamada de realismo nominal, trabalhamos com a criança o significante e o significado dos objetos analisados. Vejamos por que essas questões são importantes para a Geografia ou para a leitura de mapas. Se a criança confunde o significante e o significado, como ela poderá entender a representação cartográfica através das legendas nas quais são utilizados símbolos para designar coisas, fenômenos, lugares, ou como perceberá o nível de detalhamento das cartas, mapas e plantas a serem analisados?

É importante que esse aspecto do processo de aprendizagem na Geografia escolar seja bem entendido pelos professores – a função da superação do realismo nominal –, pois isso permite que as ações didáticas sejam definidas a partir do pensamento das crianças e de sua capacidade de discernir se o nome é a essência das coisas e condiciona sua existência ou não. Analisando o processo de formação simbólica, vemos se o aluno tem condição de compreender os símbolos e signos de um mapa.

Para poder compreender a relação entre nome e objeto, a criança, ao ler, deve conhecer o significado dos signos e das palavras. Isso significa "saber ler" não só o que existe no lugar, mas os símbolos representados e identificados na leitura da legenda. Ao elaborar uma representação gráfica ou cartográfica, como um croqui ou planta, a criança dá sentido aos signos e seleciona-os para organizar uma legenda, agrupá-los por semelhanças e estabelecer uma hierarquia.

A escrita alfabética é a representação da linguagem falada, e pressupõe atividades cognitivas no processo de aquisição de conhecimento, a partir das quais a criança constrói ativamente o objeto e suas propriedades. A representação implica duplo jogo de assimilação e acomodação,[2] que ocupa toda a primeira infância. A relação entre a assimilação e acomodação constitui dois polos da equilibração do pensamento da criança formando um dos aspectos centrais da Psicologia genética.

A Geografia escolar, ao utilizar a linguagem cartográfica como metodologia para a construção do conhecimento geográfico, lança mão desses fundamentos – como dominar as noções de conservação de quantidade, volume e peso, superar o realismo nominal e compreender as relações espaciais topológicas, projetivas e euclidianas – para estruturar esquema de ação, ajudando a criança na construção progressiva das relações espaciais, tanto no plano perceptivo quanto no representativo. Quando alcança o plano representativo, a criança já adquiriu a linguagem e a representação figurada, isto é, a função simbólica em geral. Esse trabalho contribuirá para que ela leia e elabore mapas cognitivos ou qualquer outro tipo de mapa.

A cartografia escolar como opção metodológica

A cartografia é considerada uma linguagem, um sistema de código de comunicação imprescindível em todas as esferas da aprendizagem em Geografia, articulando fatos, conceitos e sistemas conceituais que permitem ler e escrever as características do território.

Nesse contexto, a cartografia escolar é uma opção metodológica, podendo ser utilizada em todos os conteúdos da Geografia, não somente para identificar a localização dos países, mas também para entender as relações entre eles, os conflitos e a ocupação do espaço, a partir da interpretação e leitura de códigos específicos da cartografia.

Para compreender um mapa como reprodução do real, é preciso entender sua realidade e sua linguagem. O mapa mental é o início desse percurso metodológico, permitindo o estudo do lugar de vivência e auxiliando na leitura de um mapa. Ele inclui categorias abstratas de elementos que fazem parte da paisagem e do ambiente, como os trajetos, os pontos de referência, elementos que possuem uma relação hierárquica de inclusão de classes. Essas categorias estão relacionadas com o conhecimento do lugar, ou seja, o reconhecimento do lugar dos objetos e fenômenos representados.

O pensamento simbólico representacional acontecerá passo a passo, por exemplo, quando a criança, colocada em situações de aprendizagens mediadas pelo professor, compreende a função dos símbolos e signos criados socialmente, como a linguagem ou, no caso da Geografia, a linguagem dos mapas. A cartografia escolar tem esse papel, ao trabalhar com as formas geométricas, cores e outros signos, criando condições para identificar símbolos que representam fenômenos geográficos e organizar legenda.

O mapa mental contribui para a criança entender o lugar onde vive, a distância entre os lugares, a direção que deve tomar. A distância entre os lugares faz parte do processo de relação espacial que o mapa representa e do processo de comparar distâncias no mapa e na realidade.

Outra possibilidade de incorporar a dimensão cognitiva nas atividades pedagógicas é a representação de um trajeto (mapa cognitivo ou mental) ou a leitura de um mapa temático. Essas são ações em que a criança interage com os conceitos de área, tamanho, distância, organizando o pensamento na perspectiva da construção do conceito de escala e da noção de proporção. Para a elaboração desses trajetos mentais, ela se utiliza da noção de proporção, fazendo uso de pés ou passos como referência de medida, com o objetivo de encontrar um determinado objeto ou mensagem. Faz parte da elaboração de mapas escolher e hierarquizar os fenômenos representados, e para isso terá de selecionar, agrupar e classificar os símbolos a serem utilizados na legenda.

A legenda é um sistema de símbolos e signos utilizados para representar os fenômenos de um lugar. Mapas temáticos – de clima, desmatamento, uso do solo, população, fluxo migratório, recursos hídricos, entre outros – podem conter legendas, a fim de hierarquizar os fenômenos pelas tonalidades de cores estabelecidas pelo cartógrafo.

Analisamos o papel da cartografia no processo de aprendizagem, no âmbito do ensino de Geografia. Para compreender as relações no lugar de vivência, é imprescindível que a criança desenvolva a capacidade de ler o mundo e o raciocínio geográfico, podendo, também, ler e elaborar mapas.

Nesse sentido, espera-se que o aluno, ao chegar ao ensino fundamental II, já consiga identificar algumas noções cartográficas, como visão vertical e oblíqua (observação de um objeto de cima para o lado ou de cima para baixo), proporção e noções de escala, legenda e orientação. Dessa forma, ele conseguirá compreender o conhecimento geográfico lendo mapas, comparando os fenômenos representados com aqueles presentes no cotidiano e reconhecendo caminhos e trajetos que o auxiliarão a ampliar seus conhecimentos, como identificar e localizar o lugar de vivência por meio de desenhos da rua, escola, moradia e outros não tão próximos. Para isso é necessário que ele desenvolva habilidade de ler o mapa e que saiba elaborá-lo. Mas isso só será possível a partir de ações didáticas que o motivem a pensar as noções e conceitos, relacionando os da vida cotidiana aos científicos.

Desse modo, a cartografia é considerada uma linguagem, um sistema de código de comunicação imprescindível a todas as esferas da aprendizagem na educação geográfica, articulando fatos, conceitos e sistemas conceituais que permitem ler e escrever as características do território. É a linguagem dos mapas.

A cartografia escolar, ao trabalhar com formas geométricas, cores e outros signos, cria condições para a identificação de símbolos que representam fenômenos geográficos e para a organização da legenda. Quanto à escala, não deve restringir-se apenas a avaliar a relação entre o tamanho do desenho – a representação – e o real. Deve-se verificar nos desenhos a continuidade ou descontinuidade da área representada; a separação dos lugares, que podem estar isolados, mesmo fazendo parte de um conjunto, dando a impressão de que a criança está na fase da incapacidade sintética quanto às relações topológicas. Essas formas de representar os lugares materializam-se quando se solicita às crianças a elaboração da planta da escola, de casa ou do trajeto entre elas: nesse tipo de desenho, há uma nítida separação entre os espaços, faltando à criança capacidade para sistematizar o lugar vivenciado, como se, na memória, esse lugar aparecesse em fragmentos, apesar de, em sua imagem perceptiva, haver uma visão de continuidade espacial.

Para que a criança inicie o processo de construção do conceito de escala, é necessário estimulá-la a perceber, no espaço vivido, as relações topológicas elementares, como separação, ordem e sucessão, proximidade e continuidade das linhas e superfícies. Nesse processo, tanto os aspectos cognitivos como a aprendizagem desempenham um papel importante.

Pela comparação que a criança faz entre objetos ou pessoas do mesmo tamanho e de tamanhos diferentes, utilizando a memória, na representação do trajeto ou nas plantas – em que existe uma relação entre o espaço físico e a imagem –, pode-se perceber se ela possui uma noção de proporcionalidade, assim como uma noção de continuidade, de área e de linha. À medida que ela representa um trajeto apresentando essas noções, temos condição de avaliar as evoluções conceituais que ocorreram e pode ser colocada em situações que a levem a atingir níveis cada vez mais elaborados dessas noções, como proporção e área, além das habilidades operatórias de comparar tamanhos e áreas diferentes, quantificar fenômenos, classificá-los e hierarquizá-los, situações que contribuirão para a construção do conceito de escala. A construção das noções consideradas elementares para a alfabetização cartográfica, como a de proporção, deve ser explorada desde a pré-escola.

Observa-se, então, que o trabalho do professor não é apenas elaborar uma proposta didática que garanta a construção de conceitos e a relação entre conceitos que estruturam o raciocínio geográfico. Sua tarefa maior é organizar o material didático, selecionando imagens, filmes, organizando trabalhos de campo e estruturando o número de aulas com os respectivos temas. Isso significa elaborar um plano de aula ou um projeto educativo que consiga mobilizar o aluno. Essa não é uma tarefa simples, porque queremos que o conjunto das atividades permita o avanço do aluno em sua aprendizagem. As atividades passam a ser de aprendizagem e não apenas de memorização, na medida em que o objetivo principal da sequência didática é a construção de conceitos.

Portanto, preparar procedimentos para organizar o trabalho não é uma ação linear, requer reflexões sobre a prática docente e sobre como as atividades anteriores obtiveram sucesso. Além disso, provocar os alunos com perguntas e confrontar problemas faz parte desse cenário, procurando focar os temas ou conteúdos escolhidos para a série. O sucesso das atividades não está no acúmulo de tarefas ou documentos a ser analisados, mas nas escolhas realizadas, na definição dos objetivos, na adequação dos problemas à faixa etária e, ainda, no cuidado das instruções e questões relativas ao material e ao tema que será estudado.

O uso dessa linguagem, presente em todos os currículos prescritos no país como instrumento importante, à medida que contribui para a compreensão do mundo, é também um instrumento valioso para o professor de Geografia. Moreira (2007: 16) afirma que, a partir da década de 1950, tem-se um rápido desenvolvimento dos meios de transferência (transporte, comunicações e transmissão de energia), constituindo-se um quadro de realidade no qual já não basta à teoria geográfica localizar, demarcar e mapear o espaço. É preciso saber ler e entender as mudanças, o que possibilita dar novos significados aos fenômenos e objetos cartografáveis, como os lugares e as formações naturais, implicando que o geógrafo, nas palavras de Moreira, tome para si a elaboração dessa cartografia.

Mas para tomar para si a elaboração dos lugares de vivência é importante que se saiba ler o mapa, reconhecendo os símbolos, compreendendo a hierarquização dos fenômenos representados, comparando as distâncias entre a realidade e a representação, identificando a escala e percebendo a localização dos elementos representados. Há necessidade, portanto, de o aluno ser alfabetizado geograficamente por meio dos conceitos cartográficos. Saber ler um mapa é fundamental, mas para isso o professor precisa compreender a distribuição dos objetos no espaço geográfico e, ainda, conhecer a linguagem dos mapas.

Ao se apropriar dos conceitos cartográficos para fazer a leitura e a representação dos lugares onde vive, o aluno pode, ainda, fazer descrições e análises da paisagem que estão carregadas de fatores culturais, psicológicos e ideológicos. Ao ler paisagens ou representá-las, o aluno utiliza mais que técnicas de leitura: ele estabelece relações entre os fenômenos analisados com base nas noções cartográficas, caracterizando-se o letramento geográfico, pois ao reconhecer a linguagem faz relações com outras paisagens e lugares, estimulando o raciocínio espacial. Essa é uma dimensão importante em nosso entendimento de educação em Geografia, que deveria ser tratada no currículo desde a educação infantil.

A educação geográfica contribui para que os alunos reconheçam a ação social e cultural de diferentes lugares, as interações entre as sociedades e a dinâmica da natureza em diferentes momentos históricos. A vida em sociedade é dinâmica, e o espaço geográfico absorve as contradições em relação aos ritmos estabelecidos pelas inovações no campo da informação e da técnica, o que implica, de certa maneira, alterações no comportamento e na cultura da população dos diferentes lugares.

Ao se apropriar, por exemplo, do conceito de *localização*, a criança desenhará nos trajetos os locais mais familiares, utilizando símbolos, cores ou sinais. Assim, ao ler uma planta cartográfica, ela poderá relacionar e compreender os conceitos de localização e *pontos de referência*, compreendendo a função social de uma representação cartográfica. Por isso, o uso da linguagem cartográfica é mais do que simples técnica, uma vez que envolve ações do cotidiano.

O letramento geográfico é, portanto, o ponto de partida para estimular o raciocínio espacial do aluno, articulando a realidade com os objetos e fenômenos que representam. A concepção que desenvolvemos em relação ao processo de letramento geográfico tem como base as noções cartográficas: *área, ponto* e *linha; escala* e *proporção; legenda; visão vertical* e *oblíqua; imagem bidimensional* e *tridimensional*. A ideia é que a Geografia faça parte do processo inicial da alfabetização de um aluno, a partir do reconhecimento, por exemplo, das *direções*, tendo como pontos de referência o corpo ou o lugar de vivência do aluno.

A cartografia é uma linguagem a partir da qual se comunicam fatos, conceitos e sistemas conceituais; é uma linguagem iconográfica de comunicação que permite ler e escrever características do território. O domínio da leitura e escrita sem dúvida nenhuma é importante para essa apropriação. Cardona (2002) entende, assim como nós, que, de maneira semelhante ao processo de leitura e escrita, a cartografia exige práticas no sistema comunicativo e, nesse sentido, a capacidade de leitura e de elaborar mapas e planos faz parte do processo. Isso implica uma importante dimensão metodológica disciplinar e de conteúdos procedimentais no ensino.

No processo de aprendizagem, os mapas mentais ou os desenhos, por exemplo, são representações em que não há preocupação com as convenções cartográficas. O aluno pode, então, usar sua criatividade ou estabelecer critérios para a organização da legenda, considerando os fenômenos que representará no mapa, junto à classe, pois as representações são elaboradas a partir da memória. Além de possibilitar o desenvolvimento do raciocínio lógico em relação às funções de selecionar, agrupar, classificar entre outras. Reconhecer o local de vivência, localizar objetos, saber deslocar-se e identificar as direções são conteúdos elementares que devem ser desenvolvidos com os alunos desde a educação infantil. Ou seja, os mapas mentais são representações que revelam como os indivíduos valoram os lugares, ao atribuir significado ou sentido ao espaço vivido.

Considerações finais

A discussão do ensino de Geografia suscita questões relativas à organização curricular escolar dos ensinos fundamental e médio: trata-se de propor questões relativas aos conteúdos para que, a partir das concepções de aprendizagem, possamos repensar esses conteúdos não como listas de tópicos a serem ensinados, mas de modo articulado com outras áreas do conhecimento e com o cotidiano. Para isso, o professor de Geografia necessita ter um referencial teórico sólido para transformar os conteúdos em formas de atuação eficazes no processo de aprendizagem.

Nessa perspectiva, a educação geográfica contribui para a compreensão da realidade espacial, expressa de diferentes formas: na consciência de que somos sujeitos da história; nas relações com lugares vividos (incluindo as relações de produção); nos costumes que resgatam nossa memória social; na identificação e comparação entre valores e períodos que explicam nossa identidade cultural; na compreensão perceptiva da paisagem, que ganha significados à medida que se notam as vivências dos indivíduos.

O estudo de um lugar a partir da linguagem cartográfica mudaria a maneira de pensar a organização dos conteúdos e de ensinar. Para isso, o aluno deve compreender as noções que estruturam essa linguagem, como escala, legenda, visão vertical e oblíqua, entre outras. Isso significa ler o mapa, lê-lo graficamente, a partir de diversos contextos sociais. Perguntas como "Por que essa estrada passa em lugares de grandes altitudes?" ou "Onde estão as nascentes da bacia hidrográfica deste lugar?" podem contribuir para o início de uma aula e provocar questionamentos, com o fim de levantar o conhecimento prévio dos estudantes, ou mesmo serem desencadeadores das discussões de conteúdo, estabelecendo correlações importantes para entender o fenômeno tratado.

O fundamental para a Geografia escolar é possibilitar ao aluno uma aprendizagem no sentido da consciência geográfica, entendendo a localização dos lugares e fenômenos e, a partir disso, podendo raciocinar geograficamente, compreendendo a ordenação territorial, a espacialidade e/ou a territorialidade dos fenômenos, a escala social de análise. Os conceitos geográficos devem ser considerados permeados pela dinâmica da sociedade, porque quaisquer que sejam as opções metodológicas, elas devem proporcionar ao aluno condições para ler o mundo.

Notas

[1] "O esquema, verdadeiro quadro assimilador que permite compreender a realidade à qual se aplica atribuindo-lhe significações, é a unidade básica do funcionamento cognitivo e, simultaneamente, o ingrediente elementar das formas de pensamento, desde as mais simples às mais complexas e elaboradas." (Piaget, 1926: 34).

[2] Podemos dizer que assimilação é criar o objeto pela interpretação; pela ação nós criamos coisas; e a acomodação nos lembra que as coisas devem ser descobertas. É necessário criar (assimilação) para haver acomodação: descobre-se à medida que se inventa, e inventa-se à medida que se descobre. O conteúdo explorado pede acomodação. Segundo Coll e Gilleèron (1992: 36), "[...] a assimilação dos objetos ao conjunto organizado de ações encontra resistências e provoca desajustes. Estes desajustes vão ser compensados por uma reorganização das ações, por uma acomodação do esquema".

Bibliografia

ALMEIDA, R. D. de. *Do desenho ao mapa*: iniciação cartográfica na escola. São Paulo: Contexto, 2002.

_____. Uma proposta metodológica para a compreensão de mapas geográficos. In: ALMEIDA, R. D. de. (org.). *Cartografia escolar*. São Paulo: Contexto, 2007.

BERTIN, J. *Semiologie graphique*. Paris-La Haye: Mouton Gauthiers-Villars, 1967.

CARDONA, F. X. H. *Didáctica de las ciencias socieales, geografia e historia*. Barcelona: Graó, 2002, v. 169.

COLL, C.; GILLEÈRON C. Jean Piaget: o desenvolvimento da inteligência e a construção do pensamento racional. In: LEITE, Luci Banks (org.). *Piaget e a Escola de Genebra*. São Paulo: Cortez, 1992, pp. 34-42.

GIMENO, R. *Apprendre à l'école par la graphique*. Paris: Retz, 1980.

KOLACNY, A. Cartographic information: a fundamental concept and term in modern cartography. *Cartographica: the nature of cartographic communication*. Toronto, 1997, v. 14, pp. 39-45.

MOREIRA, R. *Pensar e ser em Geografia*. São Paulo: Contexto, 2007.

PAGANELLI, T. A noção de espaço e tempo – O mapa e o gráfico. *Revista Orientação*. São Paulo, n. 6, pp. 21-38, 1985.

_____. *As primeiras noções espaciais na criança*. FGV/IESAE. 1973.

_____. Para construção do espaço geográfico na criança. In: ALMEIDA, R. D. de. (org.). *Cartografia escolar*. São Paulo: Contexto, 2007, pp. 45-70.

SIMIELLI, M. E. R. *O mapa como meio de comunicação*: implicações no ensino de Geografia do 1º grau. São Paulo, 1986. Tese (Doutorado) – Faculdade de Filosofia, Letras e Ciências Humanas, Universidade de São Paulo.

_____. *Cartografia e ensino*: proposta e contraponto de uma obra didática. São Paulo, 1996. Tese (Livre-Docência) – Faculdade de Filosofia, Letras e Ciências Humanas, Universidade de São Paulo.

_____. O mapa como meio de Comunicação e a alfabetização cartográfica. In: ALMEIDA, R. D. de.(org.). *Cartografia escolar*. São Paulo: Contexto, 2007, pp. 71-94.

SOARES, M. *Letramento*: um tema em três gêneros. Belo Horizonte: Autêntica, 2002.

REVELANDO SEGREDOS ATRAVÉS DE MAPEAMENTO DE AMBIENTES SUBMARINOS

Mark Rodrigue
Cristhiane da Silva Ramos

Este capítulo discute o projeto do Parque Marinho Nacional de Victoria, na Austrália, que foi criado para proteger áreas subaquáticas, do mesmo modo que os parques nacionais protegem as áreas terrestres. O Parque Victoria desenvolveu um material educativo para escolas, centrado no mapeamento de hábitats marinhos, o qual está acessível na internet. Professores e alunos podem explorar as profundezas dos oceanos com essas ferramentas on-line e compreender melhor esse mundo.

O estabelecimento da rede de parques e santuários marinhos em Victoria, Austrália

Em novembro de 2002, o governo de Victoria estabeleceu uma rede de parques marinhos ao longo da costa do Estado. A rede compreende 13 parques nacionais marinhos e 11 santuários marinhos, que ao todo correspondem a 5,3% da costa do Estado. O propósito desta rede de parques é proteger importantes ecossistemas subaquáticos, feições geomorfológicas, valores históricos (existem vários navios naufragados ao longo da costa) e cênicos.

Parks Victoria é o órgão do governo estadual encarregado do manejo e da administração de todos os parques do Estado, sejam eles de âmbito federal ou estadual. Uma parte fundamental da filosofia de manejo adotada pelo Parks Victoria é o engajamento da comunidade. Ele incentiva a criação de grupos "amigos" de parques, cria um calendário de atividades e lança várias campanhas para que os "victorianos" usufruam de sua rede de parques.

Uma das atividades que o Parks Victoria mais incentiva é o engajamento de estudantes com os parques. Muito trabalho tem sido feito para que os professores incorporem tais atividades no currículo escolar. Visitas de grupos de estudantes são bastante comuns e muitas vezes os grupos fazem longas caminhadas que podem durar vários dias. Nesses casos acampam em áreas especialmente designadas para isso e podem encontrar também acomodação em uma rede de cabanas que o Parks Victoria mantém em alguns de seus parques.

A longa caminhada de grupos de escolares em alguns dos parques mais tradicionais, como o Wilsons Promontory National Park, é vista quase que como um rito de passagem entre a infância e a adolescência.

A comunidade de Victoria está, portanto, acostumada a desfrutar intensamente de sua rede de parques. Entretanto, a criação da rede de parques e santuários marinhos em novembro de 2002 criou um desafio para o Parks Victoria: como incentivar a comunidade, particularmente a comunidade escolar, a explorar ambientes subaquáticos?

Educação ambiental em ambientes marinhos

Após a criação da rede de parques marinhos na costa de Victoria, o maior desafio enfrentado pelo Parks Victoria foi o de mapear os ambientes marinhos a serem protegidos de modo a disponibilizar os mapas para os estudantes. Para atingir tal objetivo, o órgão empregou, e continua a utilizar, tecnologias como SONAR (Sound Navigation and Ranging), vídeo submarino, fotografias aéreas e imagens de satélite, LiDAR (Light Detection and Ranging) etc.

Embora fosse fundamental para o manejo e a proteção dos delicados ecossistemas costeiros, o mapeamento realizado com essas tecnologias foi considerado muito complexo para a utilização em sala de aula. Optou-se por criar um kit educacional interativo que combinasse a emergente tecnologia multimídia da época com os resultados do mapeamento submarino.

O Parks Victoria produziu um CD chamado Marine Mapping Education Resource Kit. Esse kit também está disponível na internet para quem acessar o site do Parks Victoria. Dessa forma, todas as escolas têm acesso ao material.

O kit compreende uma série de atividades interativas que tem como objetivo educar a comunidade estudantil para os valores ambientais escondidos nos parques marinhos. Inclui também um DVD que demonstra a tecnologia utilizada para realizar o mapeamento marinho, apresentando um grupo de estudantes secundários acompanhados por guardaparques, por um cientista marinho e pelo ministro do Meio Ambiente em visita a um parque marinho, utilizando a tecnologia empregada no programa de mapeamento.

O Marine Mapping Education Resource Kit compreende sete atividades interativas a serem utilizadas em sala de aula. O público-alvo são estudantes da rede secundária e o conteúdo foi desenvolvido conjuntamente pelos Departamentos de Pesquisa e de Educação do Parks Victoria. As atividades foram desenvolvidas de acordo com os guias curriculares nas áreas de Geografia, Biologia e Ciência Ambiental. Além das atividades interativas, fornece ao professor um guia de atividades (para imprimir). Nesse guia o professor encontra todas as respostas para as atividades propostas.

Primeira atividade: localização

O objetivo dessa atividade é assegurar que os estudantes entendam como funciona um sistema de coordenadas em um mapa. Uma lista de pontos é dada ao estudante (em latitude e longitude) e cabe a ele localizar os pontos em um mapa interativo. Quando o estudante localiza os pontos de interesse (movimentando o mouse sobre o ponto), uma foto aparece na tela revelando mais informações sobre a área (Figura 1).

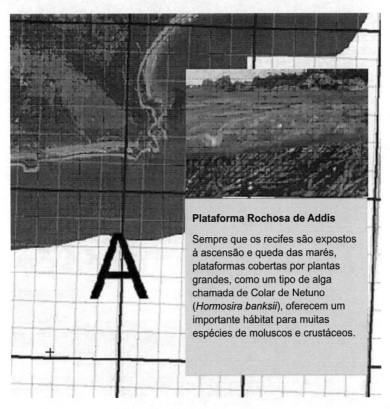

Figura 1 – Atividade 1: localização.

Segunda atividade: mapeamento do assoalho marinho (batimétrico)

O objetivo da segunda atividade é ensinar o estudante a ler mapas batimétricos; ela é introduzida com uma explicação sobre a importância do mapeamento batimétrico para a identificação de ambientes marinhos.

Esse mapeamento é utilizado não apenas para a identificação de áreas a serem preservadas, mas também para áreas de valor turístico. Como mencionado anteriormente, o Parks Victoria estimula a visitação e, no caso dos parques marinhos, o mapeamento batimétrico é uma importante ferramenta na identificação de áreas apropriadas para o mergulho.

A atividade propõe que o estudante observe um mapa batimétrico (Figura 2) e trace um perfil batimétrico. Uma tira de papel deve ser utilizada para que o estudante transfira a elevação ao longo de um perfil para um papel milimetrado.

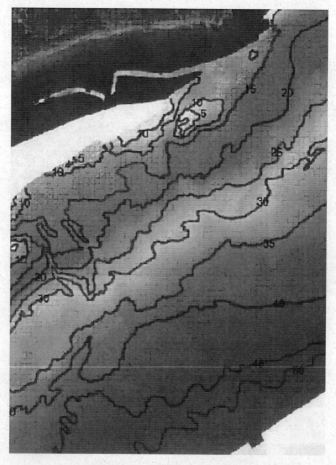

Figura 2 – Atividade 2: mapeamento batimétrico do Parque Nacional Marinho Point Addis.

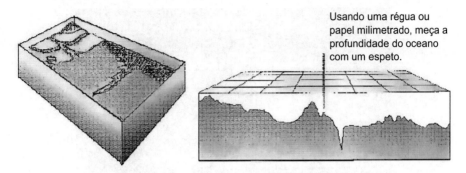

Figura 3 – Atividade 2: os estudantes criam seu próprio mapa batimétrico.

As questões propostas na atividade incitam a investigação do mapa batimétrico (Figura 2). Por exemplo, uma das questões incita o estudante a investigar o padrão dos contornos batimétricos à esquerda no mapa. Esse padrão indica que se trata de um rio do passado cujo estuário foi "afogado" pela elevação do nível do mar.

A segunda parte desta atividade propõe a criação de um mapa batimétrico em sala de aula. Para isso, os estudantes precisam criar um modelo de elevação batimétrica e, a partir dele, criar um mapa. Utilizando uma caixa de sapatos e gesso de secagem rápida, os estudantes são estimulados a criar livremente o modelo de assoalho de um parque marinho. O mapa é criado transferindo-se a elevação para o papel milimetrado com a utilização de espetos de madeira (Figura 3).

O objetivo dessa atividade é ilustrar os princípios do mapeamento batimétrico e da criação de cartas marinhas de navegação.

Terceira atividade: um transecto virtual

A terceira atividade do kit é dedicada ao mapeamento de hábitats marinhos com o uso de transectos.

Transecto é uma técnica de pesquisa submarina por meio da qual todas as espécies visíveis são registradas ao longo de uma linha (ou transecto). Essa pesquisa pode ser realizada de duas formas: com o emprego de mergulhadores ou por meio de câmeras submarinas.

A atividade três propõe que os estudantes observem um dos muitos vídeos criados pelo Parks Victoria (Figura 4) para o mapeamento submarino a fim de identificar, entre outras informações, a quantidade de espécies visíveis, o tipo de assoalho marinho (se rochoso ou arenoso) e a distância percorrida.

Observando o vídeo e respondendo às questões propostas, o estudante conclui que existem mais organismos em ambientes rochosos que arenosos. Isso acontece porque os organismos que formam corais necessitam de uma base sólida para se fixar. Eles naturalmente atraem mais peixes por oferecer proteção contra eventuais predadores.

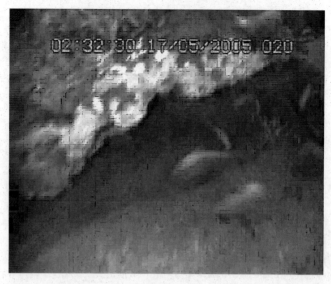

Figura 4 – Atividade 3: mapeamento de hábitats submarinos com a utilização de vídeo.

Quarta atividade: criando um mapa de hábitats marinhos

Essa atividade busca construir conhecimento sobre a criação de mapas de hábitats submarinos a partir do conhecimento adquirido em atividades anteriores. A atividade é ilustrada com exemplos de mapeamento com imagem aérea, imagem de SONAR e transectos.

O mapeamento de hábitats submarinos ocorre de maneira diferente em ambientes rasos e profundos. Em ambientes rasos (com menos de 10 metros de profundidade), o mapeamento é feito por meio de fotografias áreas. Estas devem ser registradas em condições ideais: maré baixa, água cristalina, pouco vento e sol em um ângulo raso – para evitar reflexos sobre a superfície da água.

O mapeamento em ambientes profundos (acima de 10 metros de profundidade) requer a utilização de tecnologias como imagens de SONAR. São imagens tridimensionais que possibilitam a identificação de feições do assoalho marinho. Elas também permitem a identificação de seu tipo de cobertura porque cada um (rocha, areia, vegetação) oferece um retorno diferente que pode ser identificado.

A análise das diferenças de sinais refletidos em combinação com a batimetria permite que pesquisadores do Parks Victoria possam inferir o tipo de hábitat marinho. A combinação dessas informações com os resultados da análise dos transectos possibilita a criação dos mapas de hábitats submarinos.

A atividade compreende a elaboração de um mapa básico por meio de fotografia aérea e também a análise de mapas obtidos por meio de mapeamento com SONAR.

Quinta atividade: biodiversidade marinha

A quinta atividade é dividida em duas partes. A primeira tem como objetivo aumentar a familiaridade dos estudantes com os diversos organismos encontrados nos parques e santuários marinhos do estado de Victoria (Figura 5).

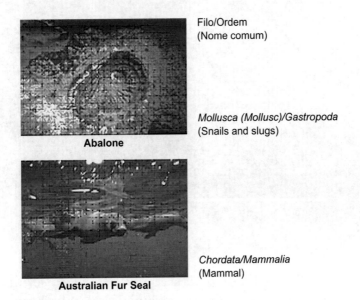

Figura 5 – Exemplo de informação oferecida aos estudantes sobre as espécies encontradas na costa de Victoria.

Além de fotos e dos nomes comum e científico, a atividade oferece informações gerais sobre cada espécie. O estudante é convidado a visitar sites externos para coletar outras informações sobre estas espécies. Essas informações devem ser registradas em uma tabela oferecida no corpo da atividade.

A segunda parte da atividade desafia o estudante a identificar espécies em uma lista de fotografias. Uma longa lista de fotografias representando espécies comuns em parques e santuários marinhos em Victoria é apresentada ao estudante, que é convidado a escolher uma imagem. O sistema apresenta uma série de questões (de resposta sim ou não) que vão se desdobrando de acordo com as respostas oferecidas. Ao final, o sistema informa ao aluno a que grupo o animal pertence, baseando-se nas respostas oferecidas.

Sexta atividade: mapeando o passado

O objetivo dessa atividade é considerar como mudanças no nível do mar influenciaram a ocupação e o uso da terra em áreas hoje submersas.

Estima-se que o povo indígena da Austrália – os aborígenes – habitou a ilha-continente há pelo menos quarenta mil anos. Durante esse tempo, o nível dos mares

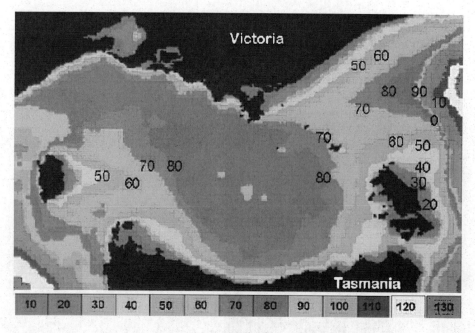

Figura 6 – Atividade 6: mapa batimétrico do Estreito de Bass.

mudou significativamente. Há aproximadamente dezoito mil anos o nível dos oceanos era muito mais baixo que os níveis atuais. Por isso, a Tasmânia (hoje uma ilha ao sul da Austrália) era ligada ao continente por uma estreita faixa de terra.

A análise da carta batimétrica do Estreito de Bass (Figura 6) permite a identificação da área mais rasa do estreito. A área foi, no passado, ocupada por comunidades aborígenes e evidências de sua existência estão, portanto, submersas.

A atividade pede que o aluno copie a carta batimétrica identificando áreas com profundidade inferior a 60 metros – essa seria a faixa de terra que no passado conectou a Tasmânia ao continente. Em seguida, o exercício oferece um mapa interativo para que o estudante observe e identifique áreas que poderiam ter sido utilizadas no passado para caça, pesca, abrigo etc.

Esse exercício termina por levantar questões para a reflexão e sugerir atividades extracurriculares como visita de campo e entrevista com representantes da comunidade aborígene para troca de conhecimentos sobre as plantas e animais costeiros.

Sétima atividade: de bacias hidrográficas a ambientes costeiros – relacionando a terra e o mar

Essa atividade tem como objetivo a identificação de como as consequências das atividades humanas podem afetar os ambientes marinhos. A maior ameaça aos ecossistemas costeiros em Victoria é a baixa qualidade da água em suas bacias hidrográficas. A grande quantidade de nutrientes e sedimentos carregados para os parques e santuários marinhos afeta os ambientes costeiros de duas formas: a elevada quantidade de nutrientes favorece o crescimento acelerado de algas que chegam a cobrir grandes áreas e sufocam a vegetação submersa; o aumento na carga de sedimentos na água diminui a penetração de luz e também pode reduzir drasticamente a vegetação submarina. Com a redução da vegetação submarina, outras espécies que dela dependem para obter alimento e abrigo também desaparecem. Portanto, a proteção dos ecossistemas costeiros depende de investimentos na melhoria da qualidade ambiental das bacias hidrográficas.

Essa atividade oferece um mapa hidrográfico de Victoria e convida o estudante a identificar qual é o rio mais próximo de sua residência. Uma vez identificado o rio, o estudante deve seguir seu percurso até que o desemboque no mar. A seguir, deve identificar qual é o parque ou santuário marinho mais próximo da foz do rio que passa perto de sua casa. O estudante é, então, convidado a discutir quais materiais podem estar sendo carregados por este rio ao parque ou santuário marinho e como ele pode ajudar a mitigar esta situação.

Considerações finais

O Marine Mapping Education Resource Kit foi desenvolvido pelo Parks Victoria em 2005 com o objetivo de educar a comunidade estudantil sobre os ambientes marinhos de Victoria e ainda fazer com que os estudantes compreendessem que eles também podem contribuir para a melhoria dos ecossistemas costeiros. Esse kit foi disponibilizado em CD e também está disponível no site do Parks Victoria, e tem sido utilizado pela rede secundária de ensino (ver http://www.parkweb.vic.gov.au/education/marine-mapping/default.htm).

Quando o kit foi lançado, teve grande repercussão e foi um grande sucesso, pois estava associado à recente criação dos parques e santuários costeiros no estado. A melhor tecnologia disponível na época foi utilizada (principalmente HTML e Flash) na criação das funções interativas do site. Estima-se que o uso do kit tenha sido prejudicado pelo advento de tecnologias espaciais mais interativas na internet como Google Earth e Google Maps. No futuro espera-se que o kit seja atualizado para incluir mais exemplos e utilizar tecnologias espaciais mais modernas.

MAPAS FEITOS POR NÃO CARTÓGRAFOS E A PRÁTICA CARTOGRÁFICA NO CIBERESPAÇO

Tânia Seneme do Canto
Rosângela Doin de Almeida

Apresentamos aqui algumas considerações sobre como a cultura digital tem se apropriado da linguagem cartográfica para construir suas próprias representações espaciais. Em pesquisa[1] realizada por nós, pudemos perceber que o surgimento de programas e serviços na *web* que permitem aos usuários recombinar de diferentes modos mapas com outros conteúdos, linguagens e ferramentas, inaugura práticas de mapeamento e possibilidades de representar o espaço. Desse modo, a seguir, apontamos as principais questões que ajudam a compreender a emergência de, talvez, uma nova cultura cartográfica.

Cada vez mais as novas tecnologias de informação e comunicação têm sido incorporadas às práticas da sociedade contemporânea. Nossas relações sociais e manifestações culturais são, hoje, intensamente mediadas pelos dispositivos digitais, entre os quais podemos citar os celulares, câmeras fotográficas, computadores, internet, blogs, sites de relacionamento e compartilhamento de filmes, imagens, músicas etc. A essa relação diária que estabelecemos com as tecnologias atuais tem-se dado o nome de cibercultura ou cultura digital.

Segundo Lemos (2005), tal relação não deve ser compreendida como resultado de um determinismo tecnológico, em que os meios técnicos em si decidiriam os conteúdos desta nova cultura. Para o autor, as tecnologias alimentam sim nosso imaginário e mundos percebidos; entretanto, adquirem significância a partir das interações que realizamos com elas e através delas. Por isso, podemos dizer que a cibercultura é expressão da apropriação simbólica e social das tecnologias de informação e comunicação digital.

Nos últimos cinco anos, o surgimento de programas voltados ao mapeamento on-line acrescentou mais uma forma de expressão à cibercultura. Através de tecnologias que permitem aos internautas construir seus próprios mapas de diferentes maneiras, a sociedade em rede criou um novo modo de mapear o mundo, inventando, assim, a prática cartográfica da cultura digital.

Google Maps

Tudo isso começou com o desenvolvimento do Google Maps.[2] Lançado em 2005, o programa funcionava primeiramente como uma ferramenta inovadora de visualização gratuita de mapas na web. Assim, por meio de sistemas de busca e de mapas interativos, o Google Maps se consolidou como um serviço de pesquisas de endereços. No início, o banco de dados do aplicativo não abrangia muitas regiões do globo, o que tornava seu uso restrito a certos países. Ao longo do tempo, no entanto, a empresa ampliou os seus serviços nesse segmento e sofisticou a cobertura espacial do programa.

Atualmente, o Google Maps tem um grande acervo de mapas e imagens de satélite que é atualizado periodicamente, podendo também ser utilizado em dispositivos móveis como celulares, e disponibiliza novos recursos de localização e visualização da superfície terrestre. Contudo, foi apenas com a incorporação de uma nova tecnologia de programação e de um novo serviço que o Google Maps possibilitou a emergência da prática cartográfica na cibercultura.

Essa nova tecnologia de que falamos é a *Interface de Programação de Aplicações* (API - Apllication Programming Interface), que permite aos usuários se apropriar de determinado sistema e manipulá-lo, adicionando novos conteúdos, ferramentas e códigos a ele. Desse modo, com o desenvolvimento do Maps API, foi possível construir aplicativos e publicar novos mapas, utilizando todos os recursos do Google Maps, isto é, mapas, imagens, ferramentas de busca, informações georreferenciadas, serviços etc. Apesar de ser necessário conhecer um pouco da linguagem de programação para aplicar essa tecnologia, os internautas não se intimidaram e passaram a criar suas próprias formas de mapeamento.

Tal fenômeno ganhou ainda mais força em 2007 com o lançamento do My Maps, conhecido no Brasil como Meus Mapas. Esse novo serviço do Google Maps oferece ferramentas de mapeamento muito simples de serem utilizadas. Incorporado ao site do aplicativo principal, o Meus Mapas permite que qualquer pessoa com acesso à internet desenhe, escreva, adicione fotos, textos e vídeos sobre as imagens de satélite e mapas veiculados pelo sistema. Desse modo, usuários comuns da web podem construir seus mapas, individualmente ou em colaboração, de maneira muito mais fácil.

Tais iniciativas do Google foram muito importantes para promover a cartografia na rede, pois, em razão do alcance da corporação entre os internautas, uma prática que se restringia a apenas alguns grupos se popularizou na cultura digital. Hoje, instituições de pesquisa, organizações não governamentais, empresas de comunicação, entre outras, têm investido com diferentes propósitos na produção de programas de mapeamento on-line, contribuindo ainda mais com a participação de não cartógrafos no mundo dos mapas.

A exemplo do Google Maps, a maioria desses novos sistemas são gratuitos e disponibilizam ferramentas que permitem congregar aos mapas e imagens de satélite preexistentes informações e conteúdos gerados pelos próprios usuários e publicá-los na internet. Vale ressaltar ainda que muitos desses aplicativos foram desenvolvidos por meio da API do Google Maps, ou de outros serviços de visualização de mapas, como o Bing, da Microsoft, e o Yahoo! Maps.

Ciber-cartografia-remix

Na raiz das práticas cartográficas realizadas através desses novos sistemas está um dos principais processos que têm definido a cultura digital: a *remixagem*. O caráter remix da cibercultura está particularmente ligado a atividades que dependem de uma forma específica de tecnologia que encontramos no ciberespaço, as tecnologias que estimulam o compartilhamento e a apropriação fácil de dados, linguagens e dispositivos digitais, possibilitando, assim, que novos objetos e informações sejam criados a partir de elementos preexistentes.

Desse modo, ao permitir que os internautas construam um novo aplicativo ou mapa a partir dos diversos recursos que disponibilizam previamente, os programas de mapeamento on-line estão promovendo na verdade práticas de recombinação, de remixagem, que são marcadamente traços da cibercultura. Veja os dizeres de Lemos:

> As novas tecnologias de informação e comunicação alteram os processos de comunicação, de produção, de criação e de circulação de bens e serviços nesse início de século XXI trazendo uma nova configuração cultural que chamaremos aqui de "ciber-cultura-*remix*". (2001: 5)

Segundo Manovich (2005), a recombinação de formas, conceitos e ideias já é algo antigo na esfera da cultura. Toda formação cultural é, em seu ponto de vista, uma releitura – um remix – de alguma outra. De modo geral, diz ele, "a maioria das culturas humanas se desenvolvem emprestando e retrabalhando formas e estilos de outras culturas". Assim, da mesma maneira que os blogs e os novos mapeamentos (como veremos) resultam da mistura de conhecimentos, histórias, imagens, dados, produzidos por várias pessoas em tempos e espaços distintos, o Renascimento foi um remix da Antiguidade.

Diante disso, para Manovich, o diferencial que torna a cibercultura, por definição, a cultura da remixagem, deve-se a dois fatores: à facilidade com que hoje a informação é capaz de viajar de um ponto a outro do globo para ser transformada e à possibilidade de todas as pessoas com acesso à internet se tornarem participantes deste processo, eliminado as barreiras que, durante tanto tempo, separou os profissionais dos amadores da cultura, até mesmo da cultura cartográfica. Isso porque agora, por meio das tecnologias de mapeamento on-line, mapas produzidos por cartógrafos profissionais podem ser reelaborados por seus usuários.

Para Cartwright (2008), um importante pesquisador sobre mapas e internet, o surgimento da Web 2.0 foi o principal responsável por tais transformações no campo da cartografia. Segundo ele, o termo que designa o modo como atualmente a World Wide Web tem sido utilizada para o compartilhamento de dados e a produção colaborativa alterou a relação dos usuários com os mapas, provocando uma mudança radical na autoria destes.

Conforme o autor, até pouco tempo os mapas produzidos para a web eram elaborados por cartógrafos e entregues como pacotes completos aos seus usuários. Hoje, no entanto, o desenvolvimento da Web 2.0 permite que os internautas se apropriem da rede de uma nova maneira, participando efetivamente da produção de seus conteúdos, inclusive, dos conteúdos cartográficos. Desse modo, para Cartwright uma grande revolução está ocorrendo no modo como as informações geográficas são recolhidas e mapeadas, afinal, os mapas "estão sendo produzidos por 'novos cartógrafos', assim como por cartógrafos que são novos para a cartografia" (2008: 19).

Diante disso, apresentamos a seguir alguns exemplos de como essas novas tecnologias de mapeamento têm sido utilizadas, ou melhor, apropriadas, recombinadas, pelos "novos cartógrafos". Para tanto, separamos os mapeamentos em três categorias, respeitando suas diferenças no que se refere à forma como são construídos.

Mapeamentos coletores

Essa categoria designa os projetos de mapeamento que são produzidos a partir da combinação de um serviço de mapas com os bancos de dados de outros sites e programas. Desse modo, o objetivo dos mapeamentos coletores é representar espacialmente vários tipos de informações que circulam na web sob outras formas de representação. Para tanto, utiliza-se a API de algum desses sistemas de mapas que citamos anteriormente (Google Maps, Yahoo! Maps, Bing), adicionando a eles novos códigos que cumprem a função de coletar diferentes conteúdos geolocalizáveis disponíveis em outros sites e colocá-los no mapa.

Esse tipo de mapeamento se encaixa perfeitamente num conjunto de aplicações que têm sido criadas no contexto da Web 2.0. Denominadas de *mashups*, tais aplicações são construídas a partir da fusão de dois ou mais programas, de sites já existentes na web ou por meio da incorporação de novos códigos e dados a esses programas. Assim, os *mashups* são resultados de remixagens inovadoras que combinam ferramentas e conteúdos desenvolvidos por terceiros para criar um novo serviço, aplicativo ou site.

Um exemplo de mapeamento que ilustra muito bem esta forma de construção de mapas na web pode ser dado pelo site GeoImpress.[3] Ao acessá-lo nos deparamos com uma visão geral da Terra, provida pelos mapas base do Google Maps. Por meio do mouse ou da ferramenta de busca é possível navegar pelo mapa e centralizá-lo numa cidade ou região específica. Escolhido o lugar que ser quer visualizar, o site passa a mostrar várias imagens que o representa, seja por que expressam sua paisagem ou por que foram produzidas no local.

Tais imagens são classificadas pelo site como "impressões" (*impressions*) e, a partir de uma ferramenta denominada "precisão", essas "impressões" também podem ser pesquisadas por níveis de abrangência. Isso significa que o usuário pode delimitar a área da qual deseja obter as imagens. Assim, quanto maior for a "precisão" que aplicar, mais específicas serão as imagens que visualizará.

Para compreender a forma como esse mapeamento foi criado, é fundamental saber a origem de tais imagens. Elas não estão hospedadas no site do projeto em si, todas essas imagens vêm de outro lugar da rede, do Flickr. Oferecido como um serviço on-line gratuito pela empresa Yahoo, o Flickr permite aos seus usuários publicar e partilhar na rede fotos e outros documentos gráficos, como desenhos e ilustrações. Assim, por meio deste site da web, os internautas podem criar álbuns de fotografias e entrar em contato com fotógrafos profissionais e amadores do mundo todo.

O Flickr possibilita também que todas as fotos publicadas sejam identificadas geograficamente. Através das *geotags*, os usuários adicionam aos documentos marcadores e etiquetas que lhes atribuem uma coordenada geográfica, ou o nome de um lugar. Desse modo, por meio desses atributos, todo o conteúdo do Flickr pode ser mapeado. Foi o que fez o projeto de mapeamento GeoImpress, ao combinar os mapas do Google Maps com as fotografias publicadas pelos usuários do Flickr.

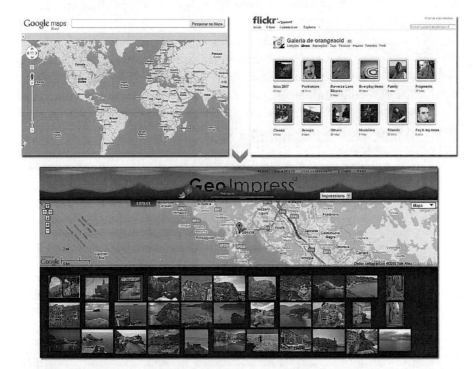

Figura 1 – Quadro de imagens explicativo da combinação do mapeamento GeoImpress: Google Maps + Flickr = GeoImpress.

Figura 2 – Imagem do mapeamento Trendsmap.

Utilizando essa mesma lógica, o GeoImpress ainda vai além. Permite que seus usuários também conheçam o mundo a partir do que as pessoas estão pensando. Ao alterar, no menu do site, o modo *impressions* para *thougths*, várias mensagens que fazem referência ao local centralizado no mapa são mostradas na tela. No entanto, como era de se esperar, tais "pensamentos" também não estão hospedados no site, eles vêm do Twitter, uma rede social on-line que oferece aos usuários a possibilidade de enviar e receber atualizações pessoais dos seus contatos em textos de até 140 caracteres, por meio da web e de dispositivos móveis.

Nessa perspectiva, o GeoImpress é um exemplo de mapeamento que aplica as propriedades do *mashup* para reunir, coletar, espacialmente, informações que veiculam na web através de outros serviços ou sistemas. A variedade dessa prática cartográfica é enorme. Têm-se combinado os mapas com os mais diferentes conteúdos de informação digital disponíveis na rede. Alguns bastante populares visam a mapear a ocorrência de crimes nas cidades, combinando os mapas com dados que advêm de sites da polícia e agências do governo.

Outros aplicativos também interessantes são aqueles que aproveitam a velocidade com que a internet é capaz de transmitir as informações e tentam mapear a forma dinâmica das interações que ocorrem no ciberespaço. Desse modo, os mapas são gerados quase no tempo real com que as mensagens são trocadas e publicadas na rede, o que os tornam representações em constante transformação. O Trendsmap,[4] por exemplo, localiza as conversas que estão acontecendo ao redor do mundo através do Twitter. Assim, em qualquer lugar do mundo onde existam pessoas conectadas a essa rede social, essa experiência pode acontecer, agora, pelas suas trocas virtuais.

Mapeamentos colaborativos

Os mapeamentos destacados nessa categoria são aplicativos que permitem a participação direta dos usuários na produção dos conteúdos dos mapas. Como nos exemplos da categoria anterior, os mapeamentos colaborativos são concebidos, em sua maioria, a partir da API de algum serviço de mapas on-line, constituindo-se, então, como remixes, *mashups*, resultantes da inclusão de novos códigos aos programas de mapas que já circulam na web. Contudo, de modo distinto, esses novos códigos não buscam coletar informações existentes previamente na rede para representá-las espacialmente, sua função nos projetos aqui apresentados é desenvolver ferramentas que possibilitem o envolvimento direto dos usuários com a proposta de mapeamento.

Nesse contexto, o projeto MapMyGlobe[5] nos serve como bom exemplo. Seu criador combinou o Google Maps com novos dispositivos que permitem aos usuários mapear o seu globo a partir do conhecimento que têm do mundo. Assim, os internautas são convidados a construir com ele um guia de viagem interativo de todo o planeta. Textos, fotos, imagens, pontos e polígonos podem ser utilizados pelos usuários para postar informações e relatar histórias sobre os lugares em que vivem ou por quais já passaram.

Para compor esse mapeamento multiautoral, as ferramentas disponibilizadas pelo site possibilitam a inclusão direta de conteúdos sobre a base cartográfica e imagens de satélite fornecidas pelo Google Maps. Por meio da criação e edição de telas, janelas e camadas que se sobrepõem aos mapas de fundo, os usuários podem, então, adicionar informações referentes à história, à geografia e à cultura dos lugares.

Nessa perspectiva, o aplicativo MapMyGlobe é inovador, pois explora a identificação dos usuários com os lugares e o princípio da inteligência coletiva para se construir. As contribuições podem vir de qualquer ponto do globo, a qualquer momento e incidir sobre qualquer pixel do mapa, possibilitando, assim, a construção de uma representação espacial aberta, instável e em constante processo de criação.

Outro projeto de mapeamento que segue a mesma linha do MapMyGlobe é o popular Wikimapia.[6] Como o termo *wiki* já diz, o objetivo do site é mapear todos os lugares e "objetos" do mundo a partir do conhecimento adquirido por uma comunidade de usuários. Diante disso, o conteúdo veiculado no site também é resultado de uma escrita colaborativa, da qual todas as pessoas podem fazer parte, seja desenhando feições geográficas diretamente nas imagens de satélite ou adicionando fotos e mensagens que podem ser editadas por outros colaboradores. Interessante nesse projeto é o seu alcance de público, já que está disponível em 93 línguas. Vale ressaltar, ainda, que a API do Google Maps também é a fonte dos mapas oferecidos.

Muitos *mashups* colaborativos, no entanto, vão mais além, propondo um uso bastante político dos mapas na web. O projeto Ushahidi,[7] por exemplo, tem uma história que ilustra muito bem os objetivos dessa forma de mapeamento que parece estar crescendo cada vez mais em qualidade e em números de aplicações. Ushahidi significa "testemunho" na língua *Swahili* e, por esse motivo, essa palavra foi escolhida para designar um site desenvolvido para mapear as denúncias de atos violentos que aconteciam no Quênia em 2008, durante a pós-eleição presidencial. A iniciativa deu tão certo que acabou por incentivar o surgimento de muitos outros projetos como estes.

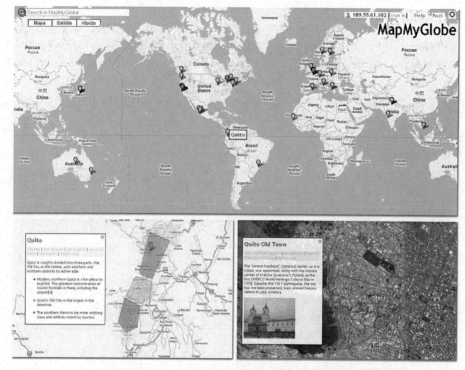

Figura 3 – Quadro de imagens do mapeamento MapMyGlobe.

O aplicativo já foi utilizado pela TV Al Jazeera para mapear os acontecimentos referentes aos conflitos na Faixa de Gaza e por outras instituições e grupos que buscam fortalecer a democracia em países como Congo e África do Sul. Assim, cientes da importância desse tipo de tecnologia às comunidades ao redor do mundo, o Ushahidi se transformou numa organização não governamental que atualmente tem por objetivo desenvolver uma plataforma livre que permita a qualquer pessoa ou organização estabelecer sua própria maneira de coletar e visualizar a informação. Sua versão beta já está disponível na rede.

Outro aspecto interessante que pudemos notar nos mapeamentos colaborativos que encontramos na web refere-se ao modo como alguns sites se utilizam de diferentes linguagens para mapear o planeta. Aproveitando-se do poder das diferentes formas de representação do mundo, esses aplicativos buscam "superar os limites de uma linguagem através do potencial da outra",[8] construindo, assim, representações espaciais multiautorais e também híbridas.

A proposta de mapeamento do site Smalls Street Sounds,[9] por exemplo, visa a construir um mapa sonoro das ruas dos Estados Unidos para que cineastas possam utilizar diferentes trilhas na produção de seus curtas-metragens. Portanto, o aplicativo permite que qualquer morador ou transeunte dos espaços norte-americanos publique as sonoridades que fazem parte de suas vidas e compõem as paisagens do país. Com

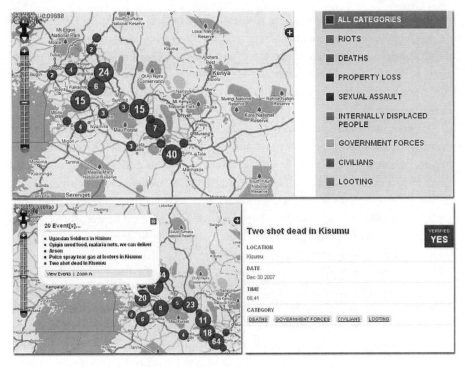

Figura 4 – Imagem do mapeamento Ushahidi.

isso, os visitantes do mapeamento podem conhecer as cidades pelos sons que emitem e inspirar-se artisticamente. Como definem os criadores do projeto na página do site:

> O *The Sound Map* é uma ferramenta interativa para compartilhar e ouvir os sons de todos os cantos dos Estados Unidos. Descubra sons que você nunca ouviu antes, escute o som de lugares que você nunca visitou ou reviva as memórias daqueles com quem você já esteve.

Como vemos, muitas são as possibilidades dessa forma de mapeamento e, apesar da maioria dos sites que apresentamos aqui resultarem do uso de uma API, atualmente existem muitos programas de mapeamento na rede que permitem aos seus usuários criarem gratuitamente diferentes projetos colaborativos sem a necessidade de dominar a linguagem de programação. Como já mencionamos, o próprio Google Maps, por meio do aplicativo Meus Mapas, oferece condições para que várias pessoas, separadas no tempo e no espaço, adicionem conteúdo a um mesmo mapa. E, ainda, há muitos outros como o Map Channels e Platial.[10]

Mapeamentos pessoais

Os mapeamentos pessoais têm uma característica singular que os diferem das representações enquadradas nas categorias anteriores. Eles não são *mashups*. Pelo menos não no sentido técnico da palavra, já que não derivam da recombinação de códigos ou programas preexistentes no ciberespaço. No entanto, continuam sendo resultados da composição entre mapas disponíveis por programas on-line e conteúdos produzidos pelos usuários. Desse modo, de uma forma diferente, esses projetos também conferem sentidos particulares àquilo que já existe, o que os tornam, culturalmente, uma remixagem.

A criação de mapeamentos pessoais foi incentivada, sobretudo, pelo surgimento de programas on-line que oferecem ferramentas para a inclusão direta de conteúdos nos mapas. Por causa da facilidade de uso destas tecnologias, as pessoas se sentiram mais à vontade para construir seus próprios mapas. Portanto, sistemas como o Meus Mapas, do Google, ou o MapChannels são condição de existência deste tipo de mapeamento.

Como vimos, mesmo sendo destinados a usuários comuns da web, muitos desses programas oferecem recursos que possibilitam a construção de mapas colaborativos. Contudo, em razão da acessibilidade de suas interfaces, eles se tornaram, primordialmente, um meio pelo qual os internautas revelam a geografia das histórias, mensagens e conteúdos que publicam na rede. Com isso, os mapeamentos pessoais são compreendidos aqui como criações autorais, isto é, não abertas à participação de pessoas de fora do projeto e produzidas diretamente nos programas de mapeamento on-line.

Como exemplo desse tipo de projeto podemos citar o Invisible Stories.[11] Criado por um grupo de artistas, esse mapeamento foi produzido no aplicativo Meus Mapas com o fim de mostrar a história de vida de algumas pessoas que habitam a cidade de São Paulo. Desse modo, por meio das ferramentas de edição de texto e marcadores de lugar fornecidas pelo programa, trechos de relatos desses habitantes foram localizados no mapa.

Apesar de não ser colaborativo, já que não está aberto à participação direta dos internautas, o mapeamento representa as experiências de vida de várias pessoas na cidade. Marcos Rogério, por exemplo, deixou a Bahia quando era bem criança, com destino a São Paulo. Na metrópole, ele morou durante um ano na Febem, onde foi violentado muitas vezes. Em sua adolescência, passou a viver nas ruas da cidade e acabou por conhecer Gilmara, sua companheira até hoje. Em 2007, os dois ainda eram moradores de rua.

Muitas são as histórias que as pessoas buscam contar através dos mapas. Acontecimentos reais até histórias narradas em obras literárias e filmes estão sendo mapeados pelos usuários. É possível acrescentar não apenas textos e marcadores às imagens de satélite e à base cartográfica disponível pelos programas, mas também vídeos do YouTube e imagens que circulam na web tem expandido cada vez mais a diversidade temática dos mapeamentos pessoais. No entanto, ao navegarmos pela rede, percebemos que a maioria deles é criada especialmente para contar histórias de viagens.

Os internautas mapeiam os lugares que visitaram, as rotas e caminhos que percorreram e, até mesmo, as viagens que planejam fazer um dia. E são muitos os aplicativos voltados especificamente para este fim. O site Symbolya[12] é um bom exemplo. Com um grande apelo aos símbolos utilizados para indicar lugares e ações no mapa, esse serviço gratuito permite que facilmente os usuários mapeiem suas rotas e descrevam suas viagens, editando textos e adicionando fotos hospedadas em outros programas da web como o Flickr.

Um aspecto importante dos mapeamentos pessoais é que os serviços e sistemas que lhes disponibilizam os mapas e ferramentas para tanto possibilitam também a incorporação das representações em outras páginas da web. Por meio de um link fornecido pelos programas, os mapas passam a circular em blogs, sites, redes sociais como Orkut e Facebook e em mensagens de e-mail. Desse modo, todo o conteúdo publicado ou trocado virtualmente torna-se passível de ser contextualizado geograficamente. Isso interfere nos processos de identificação que ocorrem na rede, já que agora os internautas incluem, com maior intensidade e frequência, referências ao espaço em suas práticas sociais e culturais.

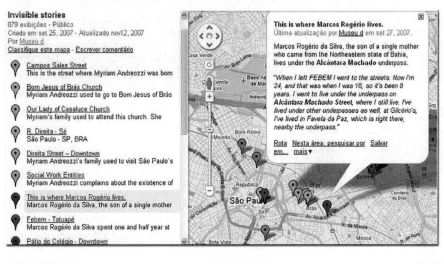

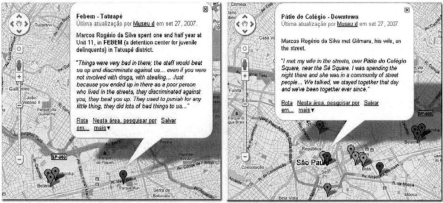

Figura 5 – Quadro de imagem do mapeamento Invisible Stories.

Um outro espaço?

Como pudemos ver, o surgimento de tecnologias de mapeamento num ambiente como o ciberespaço traz para a cartografia novas possibilidades de representação do espaço. O modo de comunicação e interação que a rede inaugura, além de revolucionar a autoria dos mapas, também permite que esses se encontrem continuamente em processo de construção, misturem diferentes linguagens à linguagem cartográfica, sejam produzidos coletivamente e ainda incorporem as relações subjetivas das pessoas com os lugares.

Tais configurações parecem ir de encontro às críticas que já há algum tempo têm sido feitas aos mapas da sociedade ocidental. J. B. Harley (2005), um dos principais estudiosos da história da cartografia, defendia que a vida que anima o espaço e o dota de complexidade e heterogeneidade não era representada pelos mapas. Uma vez, folheando o atlas rodoviário dos Estados Unidos, o autor se perguntou: "¿dónde está la variedad de la naturaleza, dónde está la historia del paisaje y dónde el espacio y el tiempo de la experiencia humana?" (2005: 206).

Para Harley, a cultura científica de mapeamento, por meio de suas regras e modelos matemáticos, ignora a diversidade e multiplicidade da realidade, representando um mundo que parece sempre igual e homogêneo. Desse modo, os mapas transmitem um conhecimento sobre o espaço que é desumanizado e sem sentido social. Nas palavras do autor:

> [...] la falta de diferenciaciones cualitativas en los mapas estructurados por la episteme científica sirve para deshumanizar el paisage. Estos mapas transmiten un conocimento que mantine al sujeto al margen. El espacio adquire una importância mayor que la del lugar: si los lugares se vem parecidos, se les puede tratar de manera parecida. Por lo tanto, con el progreso del mapeo científico el espacio se volvio muy fácilmente un producto socialmente vacío, un paisaje geométrico de hechos fríos, no humanos. (2005: 131)

Outra autora que também tem levantado algumas discussões sobre o espaço que os mapas representam é Doreen Massey (2008). Para ela, a própria ideia de que essa dimensão do mundo é representável já denota o modo que a sociedade ocidental vem pensando o espaço como fechamento, realidade estável e acabada, sem rupturas, aberturas e surpresas. Nesse contexto, a cartografia teria contribuído muito com tal visão espacial.

> Frente a uma necessidade de conhecermos [...], apanhamos um mapa e o abrimos sobre a mesa. "Aqui" o espaço é uma superfície plana, uma superfície contínua. O espaço como produto acabado. Como um sistema fechado coerente. [...] assim, nessa representação *de* espaço nunca perdemos o caminho, não somos, jamais, surpreendidos por um encontro com o inesperado, nunca enfrentamos o desconhecido. [...] Não percebemos as rupturas do espaço, o encontro com a diferença. (Massey, 2008: 159, 165)

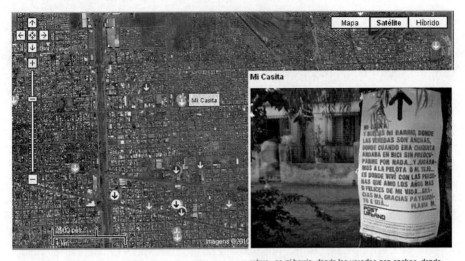

y bue...es mi barrio, donde las veredas son anchas, donde cuando era chiquita andaba en bici sin preocuparme por nada...y jugabamos a la pelota o al tejo...es donde vivi con las personas que amo los años mas felices de mi vida...gracias MA, gracias PA y gracias gordito e izia ...los amoa fla!!!

Flavia mauro

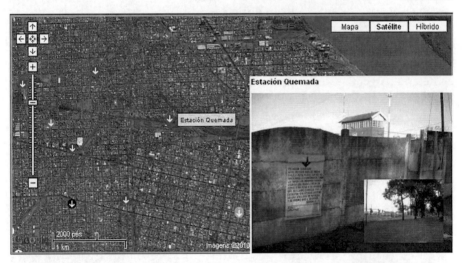

Hace un poco más de medio siglo, a esta plaza, la Del Ferroviario, la llenaban al caer la tarde los obreros ferroviarios que trabajaban en Pérez y volvían a su barrio, que se llamó Ludueña por la estación que estaba cruzando las vías. Era de madera y se quemó años después.

Marcelo T

Figura 6 – Quadro de imagens do mapeamento Post Urbano.

Para Massey, o espaço não é de forma alguma uma superfície e, por isso, sugere que procuremos novas imaginações espaciais para estes tempos. Particularmente, na imaginação da autora, ele "jamais está acabado, nunca está fechado", devendo ser compreendido como produto de inter-relações, esfera de coexistência da multiplicidade e sempre em construção. Assim, segundo ela, o espaço é "uma simultaneidade de histórias-até-agora", de histórias em curso, o que o torna um verdadeiro desafio para a cartografia (2008: 29).

Desafio esse que talvez esteja se transformando numa possibilidade com a inclusão de tecnologias de mapeamento no ciberespaço. Os exemplos apresentados anteriormente nos mostram como os mapas virtuais estão muito mais afeitos a finalizações em aberto do que a fechamentos, já que se encontram num ambiente que lhes permitem ser uma construção constante, permeada de múltiplas relações imprevisíveis.

Diante disso, gostaríamos de apresentar um projeto de mapeamento realizado na rede que, em nossa pesquisa, nos pareceu muito próximo da imaginação espacial de Doreen Massey e J. B. Harley. Nomeado Post Urbano,[13] o site idealizado por Daniel Perosio é resultado da combinação do Google Maps com outras ferramentas voltadas para a produção de um mapeamento colaborativo. Nessa perspectiva, todas as informações que aterrissam nos mapas e imagens de satélite interativas do Google advêm de pessoas, lugares e tempos distintos.

O Post Urbano em si é um projeto de intervenção urbana que, para atingir seus objetivos, utilizou de modo inovador o potencial dos programas de mapeamento on-line. Criado em 2006, a proposta do projeto era mostrar aos habitantes e visitantes de Rosário (Argentina) as histórias, realidades, geografias, muitas vezes ocultas pela planificação e dinâmica da cidade. Para tanto, foi desenvolvido um ambiente virtual colaborativo capaz de gerar mapas das relações dos usuários com esse lugar. Por meio de anotações – *posts* – realizadas nas imagens de satélite e em mapas do aplicativo,

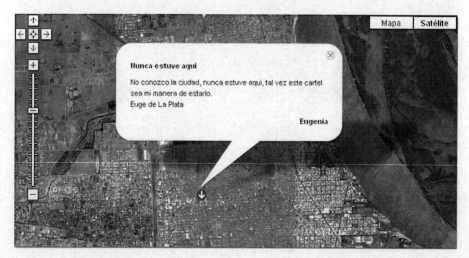

Figura 7 – Imagem do mapeamento Post Urbano.

eles descreviam suas experiências na cidade e depois suas mensagens eram levadas, através de cartazes, até os lugares físicos marcados no site.

Desse modo, o mapeamento apresenta as várias "histórias-até-agora" que os habitantes de Rosário construíram com a cidade. Ao acessar o site e navegar virtualmente pelos mapas e imagens de satélite podemos conhecer diferentes posições, acontecimentos e situações profundamente relacionadas com a vivência das pessoas neste e com esse espaço.

Em verdade, totalmente imerso no ciberespaço, o projeto não só expressa a pluralidade de relações construídas pelos habitantes de Rosário, como também é capaz de produzir e mapear interações imprevisíveis com a cidade constituídas em outras escalas de tempo e espaço. Eugenia, por exemplo, não é de Rosário, mas mesmo assim encontrou o site na internet e, vagando virtualmente por um espaço nunca antes visitado, criou o seu lugar nele.

Apesar de o projeto ter sido criado em 2006 e, hoje, as mensagens não serem mais pregadas nos postes e paredes da cidade, o mapeamento continua acontecendo e transformando-se a cada novo *post*, pois, como nos disse Perosio numa entrevista em 2009, "internet lo que tiene es, primero, que se va documentando, va archivando y generando un archivo y va funcionando como a *destiempo* [...] el proyecto sigue avanzando, por más que vos lo abandones, él sigue avanzando, solo, solo, solo " (apud Canto, 2010: 113-20).

Notas

[1] Pesquisa de mestrado desenvolvida por Tânia Seneme do Canto, sob orientação da Profa. Dra. Rosângela Doin de Almeida. Defendida no Programa de Pós-Graduação em Geografia da Unesp, Rio Claro, em 2010, com o título *A cartografia na era da cibercultura: mapeando outras geografias no ciberespaço*.

[2] Ver site: http://maps.google.com.br/.

[3] Ver site: http://www.geoimpress.com/.

[4] Ver site: http://trendsmap.com/.

[5] Ver site: http://www.mapmyglobe.com/.

[6] Ver site: http://wikimapia.org/.

[7] Ver site: http://legacy.ushahidi.com/.

[8] Pensamento elaborado pelo Prof. Dr. Wenceslao Machado de Oliveira durante oficina que ocorreu no vi Colóquio de Cartografia para Crianças e Escolares em 2009.

[9] Ver site: http://www.thesmalls.com/StreetSounds/.

[10] Ver sites: http://www.mapchannels.com/ e http://platial.com/.

[11] Ver site: http://maps.google.com.br/, pesquisar por *invisible stories* em conteúdo criado pelo usuário.

[12] Ver site: http://symbolya.com/.

[13] Ver site: http://post.wokitoki.org/.

Bibliografia

Canto, T. S. *A cartografia na era da cibercultura*: mapeando outras geografias no ciberespaço. Rio Claro, 2010. Dissertação (Mestrado em Geografia) – Instituto de Geociências e Ciências Exatas, Universidade Estadual Paulista "Julio Mesquita Filho".

CARTWRIGHT, W. Delivering geospatial information with Web 2.0. In: PETERSON, M. P. (ed.) *International Perspectives on Maps and the Internet*, New York: Springer, 2008, pp. 11-30.

HARLEY, J. B. *La nueva naturaleza de los mapas: ensayos sobre la historia de la cartografía.* Edição de P. Laxton. México: Fondo de Cultura Económica, 2005.

LEMOS, A. Ciber-cultura-remix. In: *Seminário Sentidos e Processos*, São Paulo, Itaú Cultural, 2005. Disponível em: <www.facom.ufba.br/ciberpesquisa/andrelemos/remix.pdf>. Acesso em: 20 set. 2009.

_____. *Cibercultura, tecnologia e vida social na cultura contemporânea.* 3. ed. Porto Alegre: Sulina, 2007.

MANOVICH, L. *Remixing and remixability*, 2005. Disponível em: <www.manovich.net/DOCS/Remix_modular. doc>. Acesso em: 1º out. 2009.

MASSEY, D. *Pelo espaço*: uma nova política da espacialidade. Rio de Janeiro: Bertrand Brasil, 2008.

ENTRE USOS E ABUSOS
NOS MAPAS DA INTERNET

Jörn Seemann

Até que ponto a sociedade brasileira mergulha em mapas?[1] No caso da Grã-Bretanha, Hodgkiss (1981) afirma que mapas são uma parte integral da vida cotidiana. Eles aparecem nas páginas dos jornais, na televisão em forma de mapas meteorológicos, nas mãos dos turistas em visita a uma cidade ou nas trilhas de um parque nacional e na internet como animações ou aplicações. Em resumo, "é difícil evitar ser confrontado com pelo menos um ou dois mapas durante a rotina do dia a dia" (Hodgkiss, 1981: 11). No Brasil, muitas pessoas ainda associam mapas com as suas "experiências traumáticas" nas aulas de Geografia, as quais consistiam em decorar os nomes de países, rios e montanhas e indicar as suas posições com o dedo sem compreender os mapas como um recurso fantástico de comunicação e expressão.

Portanto, essa situação mudou nas últimas duas décadas por causa da cartografia escolar, que tem se tornado um dos temas mais populares nos debates sobre o ensino de Geografia no Brasil. Publicações inovadoras como *Alfabetização cartográfica e o livro didático* (Passini, 1990) e *O espaço geográfico: ensino e representação* (Almeida e Passini, 1989) contribuíram consideravelmente às discussões sobre a renovação da Geografia escolar e estimularam a entrada de temas cartográficos na sala de aula.

Em uma retrospectiva sobre o estado da arte da educação cartográfica, Almeida (2007: 9) afirma que "a cartografia escolar vem se estabelecendo na interface entre cartografia, educação e Geografia". Esses três componentes formam os pilares da cartografia escolar através do uso de linguagens, métodos e materiais e dos processos de apreensão da realidade que se apoiam no currículo, na formação docente e nos conceitos cartográficos e socioespaciais. A educação cartográfica se alimenta e retroalimenta dos conceitos derivados da cartografia e da Geografia, bastante abstratos e generalizados, como também das práticas socioculturais que constituem a nossa sociedade.

Contudo, as sobreposições entre mapas e sociedade ainda estão aguardando uma exploração mais aprofundada. Cada sociedade produz (e também reproduz) "geografias" e "cartografias" específicas e formas e maneiras distintas de pensar, perceber e representar espaços, lugares, territórios e regiões. Portanto, esses mapeamentos são tratados apenas como produtos residuais ou efeitos colaterais na educação cartográfica. A cartografia na sala de aula baseia-se, principalmente, no modelo científico-normativo das sociedades ocidentais e não dá a devida atenção às práticas (carto)gráficas da vida cotidiana que não obedecem a regras matemáticas e pensamentos geométricos.

Assim sendo, pode-se levantar uma série de questionamentos: como os mapas são concebidos, tratados e usados na sala de aula? Como seria uma cartografia escolar que vai além dos conteúdos e dos aspectos formais e que não apenas reproduz o bê-á-bá cartográfico da educação formal para a sala de aula? Como aproximar a cartografia da sociedade? Como aproximar mais os mapas da vida cotidiana? Em que consiste a dimensão cultural na cartografia escolar? Como se forma uma sociedade "mergulhada em mapas"?

Em virtude de sua complexidade, cada pergunta poderia ser um tema para uma tese de doutorado. Meu intuito neste capítulo é mais modesto. Quero comentar sobre algumas facetas dessa "aventura cartográfica" (Seemann, 2006a) que poderiam servir como estratégias complementares (não opostas!), reflexões e provocações para a cartografia escolar e ajudar a compreender os mecanismos e ideias que permeiam esse "fazer cartografia".

O que me interessa não é o mapa como produto final, mas os processos de sua concepção e elaboração inseridos nos contextos socioculturais, econômicos e políticos de cada época e lugar. Essa "cultura cartográfica" não diz respeito a artefatos cartográficos materiais, mas se refere "à compreensão das práticas da cartografia que uma sociedade possui, às formas de representação empregadas para experimentar e explorar o mundo e aos meios através dos quais a ordem social permeia essas representações para se re-formar e re-criar" (Edney, 1997: 32, tradução nossa).

Dez vinhetas cartográficas

Nas páginas que seguem apresentarei dez assuntos, aspectos e ângulos que dizem respeito às práticas socioculturais da educação cartográfica. Denomino essas ponderações de "vinhetas" em duplo sentido: como esboços ou narrativas curtas escritas com palavras precisas e delicadas (Harmon e Holman, 2003: 530) e como uma alusão ao seu significado original (literalmente "pequenas vinhas") – pequenos enfeites gráficos em forma de folhas, flores ou seres vivos estampados em folhas de livros que serviram de ornato ou de cercadura e que não são tão diferentes das imagens que discuto neste texto, os mapas.

|164|

Não se devem considerar essas vinhetas como uma contraproposta ao que é atualmente praticado na disciplina, mas como indagações e estratégias complementares para repensar a educação cartográfica. No fim de cada seção, incluí uma "dica para os professores e alunos" para estimular um debate mais amplo.

Primeira vinheta: cartografia não cartesiana

A cartografia ensinada na sala de aula ainda se baseia quase exclusivamente em conceitos e princípios que permitem uma medição de fenômenos em termos numéricos (coordenadas, escala, distâncias etc.). Dá-se ênfase na precisão e na objetividade das informações representadas, enquanto mapas sem orientação (*onde fica o norte?*) ou escala (numérica ou gráfica) são considerados "errados" ou "incompletos". O sistema cartesiano com os seus eixos x e y funciona como uma matriz predefinida (ou até como uma camisa de força) para a projeção de dados geográficos no mapa.

No final dos anos 1970, o geógrafo americano Denis Wood (1978) indicou maneiras diferentes de mapear espaços e lugares e propôs uma "cartografia da realidade" que "não se baseia em abstrações insuspeitas e não suportadas do enésimo grau, mas [que] precisa ser enraizada na experiência cotidiana" (Wood, 1978: 207). Wood mapeou trajetórias de casa para o lugar de trabalho através do tempo de viagem e não pela distância física, argumentando que nos dias com trânsito intenso ou no horário de pico as pessoas percebem as distâncias como mais longas. Por outro lado, uma onda verde nos cruzamentos ou a presença de poucos veículos nas ruas e avenidas fazem "encurtar" o caminho. Com esse mapeamento, Wood mostrou que é possível representar tempo espacialmente e que muitas noções sobre o espaço literalmente são determinadas por escalas de percepção.

Outro exemplo é o *Atlas do mundo real* (Dorling, Newman e Barford, 2008; veja também a coleção de mapas no *site* da Worldmapper[1]), que visualiza mais de 300 mapas temáticos em forma de anamorfoses, isto é, as áreas dos países foram distorcidas de acordo com os valores atribuídos a elas. O exemplo mais comum é o mapa demográfico do mundo no qual países muito populosos têm o seu território inflado. O *Atlas do mundo real* contém outros temas mais peculiares, como o uso de camisinhas, o número de motocicletas, restaurantes da McDonald's, espécies de plantas e animais ameaçadas de extinção e a população encarcerada de cada país. A maioria desses mapas distorcidos destaca a mensagem que procura transmitir e facilita a leitura. A Figura 1 mostra os países do mundo de acordo com o volume de exportação de brinquedos. A China, como produtora dominante no mercado mundial (no mapa original indicado pelo símbolo ■), ocupa mais do que a metade da área terrestre do globo. Devido ao algoritmo matemático usado, a imagem ficou extremamente distorcida e quase irreconhecível como um mapa do mundo. Representações cartográficas "esquisitas" como essa ajudam a treinar o "olhar cartográfico" do leitor e estimulam o pensamento em formas diferentes e alternativas para representar o espaço.

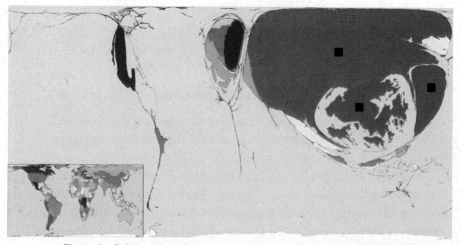

Figura 1 – Países de acordo com o volume de exportação de brinquedos.

DICA PARA OS PROFESSORES E ALUNOS: criem o costume de desenhar. Façam esboços de mapas de municípios, regiões, estados, países e do mundo e discutam os seus resultados com os seus colegas e alunos. Mapas são uma forma poderosa de se comunicar graficamente. Lápis na mão!

Segunda vinheta: a leitura de mapas

Há uma referência constante à importância da leitura de mapas. Portanto, há poucos detalhes concretos sobre *como* realizar essa leitura. Não se trata de um simples processo de fixar o olho na representação cartográfica. A leitura de mapas não é uma analogia à leitura de um livro. Os elementos cartográficos e suas posições relativas no mapa não seguem uma sequência linear (da esquerda para a direita), mas exigem um olhar múltiplo que perambula pela folha de papel para localizar e analisar, correlacionar e sintetizar (Simielli, 1999: 97). Nesse sentido, o mapa torna-se um espaço que representa o espaço. No entanto, essa leitura não deve se restringir ao mapa por si, mas também deve incluir o contexto da sua produção, circulação e significação.

Denis Wood e John Fels (2008) oferecem uma metodologia para ler mapas em todos os seus detalhes. Através de exemplos de mapas da *National Geographic* e do Serviço Geológico dos Estados Unidos (USGS), os quais representam diversas temáticas sobre a Natureza, os autores tratam dos mapas como conversas, discursos, proposições ou argumentos, "aos quais variados graus de aprovação foram dados" (Wood e Fels, 2008: 26). Eles literalmente desdobram mapas que representam parques nacionais, rotas de fuga dos furacões e padrões migratórios de aves e investigam os impactos dos seus conteúdos. Wood e Fels definem o mapa como "para-mapa", que consiste de um "peri-mapa" e um "epi-mapa" (Wood e Fels, 2008: 8-10). O primeiro inclui os elementos visíveis e materiais contidos no mapa como título, gráficos, fotos, desenhos, legenda, escala, rosa dos ventos, citação de fontes, referências e outros detalhes, enquanto o "epi-mapa" diz respeito ao "enredo" do mapa: pesquisas sobre o mapa, cartas de e para o editor, a comparação de diferentes edições e outros processos da sua produção, divulgação, comercialização e recepção.

À primeira vista esses procedimentos parecem demasiadamente detalhistas. No entanto, trata-se de um exercício de treinar nosso olhar cartográfico (e também nossa paciência) para descrever e interpretar representações cartográficas e ler "entre as linhas" dos mapas.

Tanto os professores como os alunos podem ser colecionadores de mapas – não necessariamente de mapas murais ou edições luxuosas de atlas do mundo. Por que não recortar mapas encontrados em jornais e revistas ou baixá-los pela internet? Uma loja de livros usados provavelmente vende exemplares da *National Geographic* que, com frequência, contêm mapas como suplementos que representam continentes e países ou temas variados como vulcanismo, guerra ou aquecimento global. Quanto mais mapas nós lemos, mais ficaremos familiarizados com a linguagem cartográfica e suas armadilhas e nos tornaremos leitores mais críticos de mapas.

> **DICA PARA OS PROFESSORES E ALUNOS:** treinem seu olhar cartográfico. Não considerem apenas os aspectos formais dos mapas, mas também leiam "entre as suas linhas" e reflitam sobre os impactos que um determinado mapa pode ter.

Terceira vinheta: narrativas cartográficas

Os conteúdos cartográficos no currículo da Geografia tratam principalmente de "carto-fatos" como coordenadas geográficas, projeções cartográficas ou fusos horários. No entanto, raramente são acrescentados detalhes sobre como esses fatos se consolidaram. Muitas vezes a aprendizagem nas universidades não passa das informações que foram reproduzidas nos livros didáticos de Geografia. Fusos horários, a quadrícula de coordenadas e as malhas das projeções cartográficas não são ensinados e aprendidos nos seus contextos histórico-culturais. Atrás da divisão do globo terrestre em fusos horários, do estabelecimento do grau zero de longitude, da representação da Terra em uma folha de papel através de projeções cartográficas e da definição de fronteiras e divisas encontram-se histórias ou enredos que, iguais a textos literários, contêm uma trama e personagens que desencadeiam ações.

Dessa maneira, o Primeiro Meridiano de Greenwich não é o simples estabelecimento de uma linha, mas uma decisão arbitrária baseada em interesses econômicos e políticos que foi ratificada e assinada na Conferência Internacional do Meridiano, em outubro de 1884, em Washington. A Grã-Bretanha tornou-se o "centro do mundo" e a referência para todos os outros países. No entanto, a França, uma das maiores rivais dos britânicos, levou mais algumas décadas para transferir o seu primeiro meridiano de Paris para Londres (Seemann, 2006b). A ata final da conferência está disponível na internet[2] e relata as propostas, discussões e os resultados das votações. Poucos geógrafos brasileiros sabem que o Brasil também tinha mandado um representante para Washington.

A subdivisão dos fusos horários segue uma trajetória semelhante. A linha internacional de mudança de data foi fixada no meio do Oceano Pacífico, uma área esparsamente povoada e economicamente irrelevante. Ao analisar o mapa dos fusos horários do presente, podem-se descobrir detalhes que merecem uma maior atenção e que vão além dos exercícios de cálculo. Por que há 14 zonas no hemisfério leste? Por que o Irã, o Afeganistão, a Índia e Mianmar criaram fusos com uma defasagem de meia hora em relação aos outros fusos? Por que a China apenas usa um fuso para seu território que justificaria pelo menos quatro? Essas são apenas algumas perguntas que os professores poderiam levar à sala de aula.

Essas histórias da cartografia não são fatos consumados, mas construções humanas, sendo que "fatos cartográficos apenas são fatos dentro de uma perspectiva cultural específica" (Harley, 2001: 153). Uma exploração desses contextos pode tornar conteúdos áridos da cartografia mais atrativos.

> **DICA PARA OS PROFESSORES E ALUNOS:** não aceitem fatos como naturalmente dados. Perguntem e pesquisem sobre contextos históricos e culturais. Narrativas cartográficas podem tornar as aulas de cartografia mais interessantes.

Quarta vinheta: cibercartografia

A cartografia também está acompanhando os avanços tecnológicos e informáticos. Milhões de mapas podem agora ser visualizados ou baixados gratuitamente pela internet. Um número cada vez maior de softwares e aplicativos cartográficos está sendo disponibilizado no mercado. A internet tornou-se uma fonte inesgotável de mapas digitais e animados que podem ser vistos em megassítios como YouTube e Google Earth. "Mapas não são mais estáticos ou puramente materiais, mas viraram textos que ficam piscando no *display* de uma tela e cujos significados podem ser criados, expandidos, alterados, elaborados e finalmente obliterados através do simples toque de uma tecla" (Daniels e Cosgrove, 1988: 8). Nesse sentido, o Google Earth proporciona uma viagem virtual pelo mundo (Gonçalves et al., 2007). Portanto, os professores e alunos leitores críticos do espaço não lidam com uma mera visualização de paisagens. Google Earth permite um falso olhar do mundo de cima. O leitor sobrevoa o espaço, mas não participa da produção e seleção das imagens. A navegação no Google Earth não é contínua, mas se realiza através de "pulos" entre fotos aéreas com resoluções, datas, conteúdos de proveniências diferentes e gera uma imagem quase perfeita, mas enganadora da realidade.

> **DICA PARA OS PROFESSORES E ALUNOS:** criem o costume de pesquisar mapas e imagens na internet. Verifiquem a qualidade e as origens e fiquem atentos!

Quinta vinheta: realidades virtuais

O acesso a imagens digitais pela internet também pode ter efeitos colaterais. Mapas virtuais, interativos e em formato multimídia aparecem e desaparecem no World Wide Web, muitas vezes sem referências à sua autoria. Existe o perigo de criar cartografias imaginárias que são apresentadas como se fossem reais. Um exemplo desses mapas que "vão e vêm" é o mapa fictício da Amazônia que tem circulado na internet em várias ondas desde 2000. O mapa de um suposto livro didático americano representava a Amazônia não como pertencente ao Brasil, mas como um território internacional administrado pela ONU e pelos Estados Unidos. Divulgado com a maior velocidade e virulência pela internet, o mapa se tornou um símbolo dos interesses imperialistas norte-americanos. As vozes de protesto no Brasil, sobretudo de leitores críticos nas universidades, não silenciaram depois da descoberta de que o mapa tinha sido uma mera invenção de um grupo nacionalista no Brasil. Uma análise mais crítica da origem do material, uma página do suposto livro escrito em inglês errado e em formato digital de baixa resolução, poderia ter deflagrado a farsa imediatamente e eliminado o boato, que circula pela internet como uma lenda urbana. Não basta ver mapas. Também é preciso verificar sua autenticidade, sua proveniência e os detalhes dos seus conteúdos. Mapas podem ter impactos sociais de grande porte.

> **DICA PARA OS PROFESSORES E ALUNOS:** reflitam sobre a ética na cartografia e os impactos das realidades virtuais criadas nos computadores e na internet. Leiam as imagens além de suas aparências.

Sexta vinheta: a arte cartográfica

Muitos livros didáticos continuam apresentando aquela definição simplificada da cartografia que consta em diversos dicionários de língua portuguesa: a arte e ciência de fazer mapas.

Por um lado, pode-se argumentar que, com a informatização do processo de produção, a ciência está eliminando aos poucos os elementos artísticos nos mapas. Por outro lado, há uma tendência recente na direção oposta: cada vez mais artistas estão se apropriando de mapas e de temas cartográficos para expressar as suas emoções, ideias e opiniões, sejam em forma de colagens, pinturas, esculturas ou até performances a serem encenadas, dançadas, projetadas ou filmadas (Harmon, 2009).

Na sala de aula, os professores e alunos não devem se restringir aos mapas no seu sentido estreito. Eles devem aproveitar também os mapas e mapeamentos produzidos por artistas e escritores. Um exemplo interessante é uma coletânea de 55 pinturas, aquarelas, desenhos de grafite e colagens criados pela artista e cientista social Elin O'Hara Slavick (2007). Ela combina as suas técnicas artísticas com fotos aéreas,

Figura 2 – Mapa criado por Elin O'Hara Slavick.

mapas, material da mídia e relatórios governamentais para indicar os lugares que já foram bombardeados pelas forças armadas dos Estados Unidos (Figura 2). Muitos sítios, vítimas dessa cartografia violenta, aparecem como manchas de sangue no meio de uma paisagem cartográfica surreal. Os artistas tendem a desafiar a cartografia no sentido de "subverter mapas existentes e convenções cartográficas e produzir outros mapas e formas subversivas da cartografia" (Pinder, 1996: 406).

Crianças também manifestam suas visões do mundo através de mapas. Por exemplo, no concurso bianual de cartografia para crianças, organizado pela Associação Internacional de Cartografia (ICA), crianças e adolescentes de todos os países do mundo são convidados a desenhar um mapa do mundo de acordo com uma determinada temática ("Salve a Terra" ou "Vivendo num Mundo Globalizado"). Os mapas ganhadores de 1993 a 2009 estão disponíveis na internet[3] e mostram propostas animadoras e criativas para melhorar o mundo, inclusive mapas desenhados em pedras ou feitos de crochê. Em 2003, organizei a seleção do concurso na região do Cariri, no sul do Ceará. Entre os aproximadamente 200 mapas recebidos, encontravam-se soluções assombrosas para salvar o mundo: um globo terrestre em um caixão, um robô jogando o planeta no lixo ou a Terra apontando uma arma na sua própria "cabeça" (Seemann, 2006c). Os mapas não apenas mostraram como os alunos representavam o mundo de uma maneira criativa, mas também incluíram impressões da sua realidade local na representação global: violência, crime, destruição do meio ambiente e falta de esperança.

> **DICA PARA OS PROFESSORES E ALUNOS:** sejam criativos. (Re)inventem a realidade. Explorem os seus talentos artísticos no desenho, na escrita e na música e ajudem os seus alunos e colegas a mostrar as suas ideias através dessas linguagens.

Sétima vinheta: contracartografias e mapeamentos comunitários

A cartografia também pode ser usada para manifestar opiniões, dar apoio político e reivindicar territórios. Os melhores exemplos são os atlas escolares municipais elaborados em projetos com a participação de professores universitários e escolares (por exemplo, Le Sann e Ferreira, 1995; Almeida e Oliveira Jr., 2003). Esses projetos de mapeamentos não apenas estabelecem um diálogo entre o ensino superior, as escolas e as comunidades, mas também servem como uma arma política: um mapa com a localização das escolas de um município, por exemplo, pode revelar carências, falhas de planejamento ou até o uso inadequado de recursos públicos, tornando-se um instrumento de pressão e um exercício de cidadania ao mesmo tempo. Em vez de ser uma refeição de peixe já pronta, o atlas se torna a vara de pescar para os professores e alunos (Le Sann, 1997). Esses mapeamentos também podem ser executados em diferentes escalas (ruas, vizinhança da escola, bairros), com grupos diferentes (etnias, grupos marginalizados) ou através do compartilhamento de recursos mais sofisticados como sistemas de informação geográfica.

> **DICA PARA OS PROFESSORES E ALUNOS:** pensem em projetos cartográficos que envolvam a escola e sua vizinhança. Participem e estimulem a participação. Quando não existem mapas da nossa realidade, precisamos criá-los!

Oitava vinheta: professores-pesquisadores

As programações de alguns eventos acadêmicos recentes (*Encontro Nacional dos Geógrafos*, *"Fala Professor"*, *Encontro Nacional de Prática de Ensino em Geografia*) mostram um número crescente de estudos que escolheram a sala de aula como lugar de pesquisa. Principalmente professores formados ou em formação começaram a investigar como seus alunos concebem o seu espaço vivido. Há uma vasta gama de temas abordados, desde o uso de mapas mentais na educação ambiental e as representações cartográficas nos livros didáticos até estudos de casos sobre os conhecimentos cartográficos em determinadas escolas ou séries, baseados em questionários e exercícios na sala de aula.

Portanto, há uma subutilização de métodos qualitativos no ensino de Geografia. Entrevistas e projetos de história oral (Pezzato et al., 2007) podem ajudar a compreender a visão do espaço dos professores e alunos. Por exemplo, um exercício com mapas mentais do mundo não deve apenas consistir na comparação dos mapas (países representados, localização no planisfério, forma dos contornos), mas deve também incluir a discussão dos resultados na sala de aula e o registro dos depoimentos dos alunos através de perguntas como as seguintes: por que desenharam o mundo dessa maneira? Que mapa foi usado como base mental? Por que denominaram poucos países no continente africano? Uma experiência ainda mais reveladora é a gravação de conversas durante a produção de mapas. O educador inglês Patrick Wiegand (2002), por exemplo, realizou uma análise de discurso das conversas entre alunos (faixa etária entre 11 e 14 anos) que elaboraram e analisaram os seus próprios mapas temáticos na tela do computador.

> **DICA PARA OS PROFESSORES E ALUNOS:** interajam com os seus alunos e colegas para descobrir como eles concebem o espaço geográfico. Registrem e discutam depoimentos, observações e opiniões.

Nona vinheta: repensando o mapa

Nos últimos 25 anos, novas abordagens e metodologias para a concepção, produção e leitura de mapas têm surgido na cartografia que ainda estão aguardando uma apreciação melhor no Brasil. Essas perspectivas não procuram substituir teorias e procedimentos consolidados como, por exemplo, a semiologia gráfica dos cartógrafos estruturalistas franceses (Bertin, 1983) ou os modelos de comunicação (Board, 1967). Pelo contrário, essas abordagens podem ser consideradas contribuições importantes para enriquecer as discussões sobre a cartografia na formação de professores. Entre as várias abordagens emergentes pode-se destacar a geovisualização de MacEachren (1995), que combina a visão e percepção humana com a transmissão e construção de informações e conhecimentos, especialmente no ambiente da cartografia computadorizada com os seus mapas interativos. Aportes mais teóricos (e mais "pesados") são as discussões sobre a desconstrução e o poder dos mapas (Harley, 2001; Wood, 1992) e a concepção da cartografia como uma ciência processual em vez de representacional na qual "mapas nunca ficam totalmente formados e sua geração nunca está completa. Mapas são transitórios e fugazes, sendo contingentes, relacionais e dependentes do contexto" (Kitchin e Dodge, 2007: 331). Essas diferentes abordagens mostram que a cartografia é um projeto com múltiplas vozes: há maneiras diferentes de conceber mapas.

> **DICA PARA OS PROFESSORES E ALUNOS:** levem em consideração que há um número quase infinito de mapas para representar determinados espaços e lugares. A utilização de teorias diferentes provavelmente resulta em mapas diferentes. Não desprezem as teorias e discutam como elas podem ser usadas na sala de aula.

Décima vinheta: educação cartográfica continuada

As disciplinas na grade curricular que tratam de conteúdos cartográficos também são construções socioculturais que refletem as negociações e tensões nas políticas educacionais no Brasil. Nos últimos anos, todos os cursos de Geografia tiveram que revisar as disciplinas da licenciatura para apresentar e implantar novos "projetos político-pedagógicos" mais adequados às mudanças no espaço e na sociedade. Alguns departamentos optaram pela preservação das mesmas três disciplinas da cartografia: cartografia básica e cartografia temática, geralmente rotuladas como Cartografia I e II, e uma disciplina que englobava a interpretação de fotografias aéreas, uma introdução a sistemas de informação geográfica ou noções de sensoriamento remoto. Frequentemente a cartografia é ensinada no início do curso e "esquecida" ou até estigmatizada nos semestres restantes. Portanto, os conhecimentos cartográficos podem ser úteis em qualquer momento da formação de um professor e em qualquer outra matéria ou disciplina. A concentração dos conteúdos em duas ou três disciplinas não consolida o domínio dos conceitos e métodos.

A cartografia na formação dos professores escolares também requer uma atualização dos professores universitários, sobretudo daqueles que alegam que a sua área de atuação não precisa de mapas e abordagens cartográficas. Dessa maneira, as reformas curriculares nos cursos de Geografia não devem ser consideradas conclusivas e acabadas. São pontos de partida para novas propostas e olhares para o fazer Geografia na escola.

> **DICA PARA OS PROFESSORES E ALUNOS:** reflitam sobre os conteúdos cartográficos na formação de professores. As propostas na sua universidade ou na sua escola correspondem às necessidades na sala de aula? Há temas, conceitos e métodos que merecem mais atenção? Para os professores em formação, procurem um diálogo com os seus formadores. Para os professores já formados, não percam o contato com a universidade. Para os alunos, cobrem temas cartográficos dos seus professores.

Considerações finais

A minha lista de observações, provocações e reflexões não é um relato completo. Podem-se acrescentar facilmente outros pontos que não contemplei neste capítulo. Procurei enfatizar aspectos que geralmente não constam nos livros didáticos ou nas grades curriculares, mas que são de suma importância para que os professores escolares e os seus alunos possam se tornar leitores críticos de mapas e mapeadores conscientes (Simielli, 1999). Isso não implica uma mudança drástica nos conteúdos, mas pelo menos levanta diversas questões: como preparar os professores culturalmente para ensinar cartografia nas escolas? Como incluir isso no currículo da educação cartográfica?

Ver a cartografia em um contexto cultural mais amplo com as suas inúmeras estórias, discursos e "carto-fatos" ajuda a aproximar os mapas da nossa realidade para transformar o fazer e saber cartográfico em uma prática com ampla aplicação na nossa sociedade. O grande desafio para a cartografia escolar é o estabelecimento de um diálogo entre a sociedade e o mundo dos mapas:

> [...] uma abordagem científica para o mapeamento é certamente importante, mas ela é apenas uma entre muitas outras maneiras de aumentar nossa compreensão de como e por que mapas são usados. Além de enfocar as relações entre indivíduos e mapas, precisamos estimular investigações sobre as culturas de mapas no seu sentido mais amplo e como interesse central nas pesquisas cartográficas básicas e empregar as ferramentas das ciências sociais e das humanidades para nos ajudar nesse empenho. (Perkins, 2008: 158; tradução do autor)

Nesse sentido, a cartografia escolar pode ser uma aliada forte para nossa apreensão e compreensão do mundo e – relembrando a epígrafe deste texto – converter o Brasil em uma sociedade "mergulhada em mapas".

Notas

[1] Ver <http://www.worldmapper.org/>.

[2] Ver <http://www.ucolick.org/~sla/leapsecs/scans-meridian.html/>.

[3] Ver <http://children.library.carleton.ca/>.

Bibliografia

ALMEIDA, R. D. de. Apresentação. In: ALMEIDA, R. D. de. (org.). *Cartografia escolar*. São Paulo: Contexto, 2007, pp. 9-13.

_____; OLIVEIRA Jr., W. M. de (org.). Formação de professores e atlas municipais escolares.*Cadernos CEDES*, v. 23, n. 60, 2003, pp. 135-245.

_____; PASSINI, E. Y. *O Espaço Geográfico*: ensino e representação. São Paulo: Contexto, 1989.

BERTIN, Jacques. *Semiology of Graphics*. Madison: University of Wisconsin Press, 1983.

BOARD, C. Maps as models. In: CHORLEY, R. J.; HAGGET, P. (org.) *Models in Geography*. London: Methuen, 1967, pp. 671-725.

DANIELS, S.; COSGROVE, D. Introduction: iconography and landscape. In: COSGROVE, Denis; DANIELS, Stephen (org.). *The iconography of landscape*. Cambridge: Cambridge University Press, 1988, pp. 1-10.

DORLING, D.; NEWMAN, M.; BARFORD, A. *The Atlas of the Real World. Mapping the Way We Live*. New York: Thames & Hudson, 2008.

EKDNEY, M. *Mapping an Empire. The Geographical Construction of British India, 1765-1843*. Chicago: University of Chicago Press, 1997.

GONÇALVES, A. R. et al. Analisando o uso de imagens do "Google Earth" e de mapas no ensino de geografia. *Ar@cne: Revista Electrónica de Recursos en Internet*, n. 97 (1 de junho de 2007). Disponível em: <http://www.ub.es/geocrit/aracne/aracne-097.htm>. Acesso em: 11 maio 2009.

HARLEY, J. B. *The New Nature of Maps. Essays in the History of Cartography*. Baltimore: Johns Hopkins University Press, 2001.

HARMON, K. *The map as art. Contemporary artists explore cartography*. New York: Princeton Architectural Press, 2009.

HARMON, W.; HOLMAN, H. *A Handbook to Literature*. 9. ed. Upper Saddle River/NJ: Prentice Hall, 2003.

HODGKISS, A. G. *Understanding maps. A systematic history of their use and development.* Folkestone/UK: Dawson & Son, 1981.

KITCHIN, R.; DODGE, M. Rethinking maps. *Progress in Human Geography*, v. 31, n. 3, jun. 2007, pp. 331-44.

LE SANN, J. G.; FERREIRA, S. A. *Atlas escolar de Contagem.* Belo Horizonte: Perform, 1995.

_____. Dar o peixe ou ensinar a pescar? Do papel do atlas escolar no Ensino Fundamental (II Colóquio Cartografia para Crianças, Belo Horizonte). *Revista Geografia e Ensino*, v. 6, mar. 1997, pp. 31-4.

MAC EACHREN, A. *How Maps Work. Representation, Visualization, and Design.* New York: Guilford Press, 1995.

PASSINI, E. Y. *Alfabetização Cartográfica e o Livro Didático.* Belo Horizonte: Lê, 1989.

PERKINS, C. Cultures of map use. *The Cartographic Journal*, v. 45, n. 2, 2008, pp. 150-8.

PEZZATO, J. P. et al. Memórias de diretores: entre práticas e histórias do cotidiano. *Educação e Filosofia*, v. 21, jan./jun. 2007, pp. 135-54.

PINDER, D. Subverting cartography: the situationists and maps of the city. *Environment and Planning A*, v. 28, n. 3, mar. 1996, pp. 405-27.

SEEMANN, J. (org.). *A aventura cartográfica*: perspectivas, pesquisas e reflexões sobre a Cartografia Humana. Fortaleza: Expressão Gráfica, 2006a.

_____. Linhas imaginárias na Cartografia: a invenção do Primeiro Meridiano. In: SEEMANN, Jörn. (org.). *A Aventura cartográfica: perspectivas, pesquisas e reflexões sobre a cartografia humana.* Fortaleza: Expressão Gráfica, 2006b, pp. 111-29.

_____. Interpretação de mapas infantis em escala mundial: Reflexões sobre percepção, representação e a geografia das crianças. OLAM *Ciência e Tecnologia*, v. 6, n. 1, maio 2006, pp. 107-20, 2006c.

SIMIELLI, M. E. R. Cartografia no ensino fundamental e médio. In: CARLOS, A. F. (org.). *A Geografia na sala de aula.* São Paulo: Contexto, 1999, pp. 92-108.

SLAVICK, E. O'H. *Bomb after Bomb. A Violent Cartography.* Milão: Edizioni Charta, 2007.

WIEGAND, P. Analysis of discourse in collaborative cartographic problem solving. *International Research in Geographic and Environmental Education*, v.11, n. 2, abril 2002, pp. 138-58.

WOOD, D. Introducing the Cartography of Reality. In: LEY, David; SAMUELS, Marwyn S. (org.). *Humanistic Geography: prospects and problems.* Chicago: Maaroufa Press, 1978, pp. 207-19.

_____. *The Power of Maps.* New York: Guilford Press, 1992.

_____; FELS, J. *The Natures of Maps: Cartographic Constructions of the Natural World.* Chicago: University of Chicago Press, 2008.

EDUCAÇÃO VISUAL DO ESPAÇO E O GOOGLE EARTH

Valéria Cazetta

Com o advento das novas tecnologias da informação e comunicação (NTIC) que surgiram na América do Norte a partir da década de 1970, novas linguagens foram e continuam sendo criadas, transformando nossas experiências espaciais e visuais acerca das geografias. Dentre elas, destacamos as imagens orbitais (ou imagens de satélites artificiais), oriundas dos sistemas técnicos orbitais (surgidos na década de 1960) que ampliaram sobremaneira a densidade técnica e informacional do Sensoriamento Remoto. Por sua vez, as NTIC permitem às empresas e aos Estados lançarem mão de "estratégias socioespaciais que inexistiam até então, atingindo a vida quotidiana de todos, sem exceções" (Castilho, 1999: 19). Nesse contexto, empresas como Google e Microsoft Corporation e Nasa (National Aeronautics and Space Administration – Agência Espacial Americana) desenvolveram os visualizadores tridimensionais (3D), conhecidos como Google Earth, World Wind e Virtual Earth, respectivamente.

Nos visualizadores tridimensionais (também chamados de globos virtuais giratórios), linguagens como mapas, imagens de satélite e fotografias aéreas verticais em diversas escalas amalgamaram-se digitalmente. As geografias desdobradas como a palma de nossa mão por meio desses globos virtuais giratórios, nos são assim apresentadas, estilhaçando os sentidos únicos dos mapas monossêmicos. A educação visual do espaço amplia-se para além dos contextos escolar e acadêmico, possibilitando que diferentes grupos sociais lancem mão de imagens oriundas dessas plataformas virtuais. Surgem outros jeitos de *mirar* para as geografias do mundo, outras maneiras de (des)nortear os mapas e imagens. Se outrora nosso imaginário era atravessado por imagens analógicas, no período contemporâneo juntam-se a elas as imagens digitais, participando de maneira mais intensa da nossa educação visual. Um mundo que nos é dado a ver de modo cada vez mais digitalizado torna-se pertinente refletir acerca dessas linguagens outras, pois acreditamos que saber pensar o espaço não constitui atividade exclusiva de geógrafos ou de professores de Geografia.

Neste capítulo é abordada a plataforma Google Earth, com a finalidade de apresentá-la como responsável por ratificar nosso *sentimento de realidade* acerca do espaço geográfico. Para tanto, o capítulo está dividido em três partes, a saber: 1. Procedência das imagens do Google Earth, 2. (Des)Naturalização da ideia de *realidade* nas imagens orbitais e de *tempo real* no Google Earth e, por fim, 3. A *pixelização* da paisagem.

Procedência das imagens do Google Earth

Mistura. Substantivo que me inspirou a conceituar a plataforma Google Earth, constituída por imagens orbitais de alta resolução espacial, fotografias aéreas verticais coloridas e sistemas de informações geográficas (que podem conter mapas de rua, localização de prédios e serviços, entre outros dados). Imagens de lugares (do planeta Terra e fora dele) são apresentadas por meio de um quebra-cabeça descontínuo no tempo e no espaço. Lugares pisados ou não pelos nossos próprios pés são agora passíveis de serem (re)visitados por meio deste globo virtual giratório. As geografias, ali, vistas de cima, são muito verossimilhantes àquelas percorridas diariamente por nós. Ruas, avenidas, construções, becos, praças, rodovias, favelas, rios, morros, cruzamentos. Tempos-espaços adensados.

A plataforma Google Earth tem se constituído, desde o seu lançamento em junho de 2005 (depois da aquisição da companhia Keyhole, que desenvolveu o software Earth Viewer), em uma ampla fornecedora de imagens para a sociedade civil. Outrora era impensável o acesso às imagens oriundas do Sensoriamento Remoto por meio de uma plataforma como esta criada pelo Google, a qual tem remodelado as maneiras como os grupos sociais compreendem espaço e lugar, reverberando em suas práticas territoriais e discursivas. Durante muitas décadas imagens da Terra capturadas de maneira remota foram largamente reconhecidas como uma ferramenta poderosa em contextos tais como bélico-militar, de governabilidade e de gerenciamento ambiental. Dados que antes estiveram sob domínio militar e dos estados-nação, atualmente são rapidamente comercializados por meio dessa plataforma.

Para editar esse globo virtual giratório, a Google estabelece acordos comerciais com várias empresas fornecedoras de serviços vinculados à área cartográfica e do Sensoriamento Remoto. No Quadro 1 esboçamos as principais empresas fornecedoras de imagens comerciais, bem como os produtos oferecidos para o Google Earth, pois a atualização das imagens depende de acordos comerciais, realizados com os fornecedores de imagens orbitais e aerofotografias do mundo.

Empresas	Produtos
AirPhotoUSA	Imagens aéreas das cidades dos Estados Unidos da América.
Digital Globe	Imagens do satélite QuickBird, com resolução de até 0,61 metro de resolução espacial.
E-Spatial	Imagens aéreas ortorretificadas.
GeoEye	Dados de elevação e imagens.
GlobeXplorer	Ferramenta para busca de imagens de várias fontes, incluindo AirPhotoUSA, EarthSat, Digital Globe, i-cubed, GeoEye, entre outras.
i-cubed	Mosaico Millennium, que cobre todo os EUA com imagens coloridas do Landsat 7 com 15 metros de resolução espacial, além de imagens aéreas.
Spot Image	Imagens de satélites pancromáticas e multiespectrais.
TerraServer	Projeto conjunto da Microsoft, Aerial Images, HP, Kodak e Sovinformsputnik, que fornece imagens do satélite russo Spin-2, USGS e outras fontes.

Fonte: InfoGPS, 2007: 51

Quadro 1 – Principais empresas fornecedoras de imagens comerciais para o Google Earth.

(Des)Naturalização da ideia de *realidade* nas imagens orbitais e de *tempo real* no Google Earth

O globo virtual giratório Google Earth é editado a partir de sistemas de informações geográficas (mapas, apresentando a localização de ruas e avenidas, prédios e serviços, entre outros dados), imagens de satélite de alta resolução espacial em composição colorida "natural" e por fotografias aéreas verticais coloridas "naturais", embora essas sejam menos frequentes. Digamos "naturais", porque essas imagens são editadas de modo a parecer verossimilhantes com aquilo que chamamos de *realidade*. Ou seja, "nosso sentimento de realidade está associado ao nosso sentimento de familiarização" (Silva, 2006: 77).

Para melhor exemplificar o parágrafo anterior, observe-se as imagens de satélite das Figuras 1 a 3, que apresentam o município paulista litorâneo de Ubatuba de três maneiras distintas. Para confeccionar a imagem da Figura 1, foram utilizadas imagens orbitais do programa de satélites norte-americano *LANDSAT*, obtidas do sensor multiespectral ETM⁺ (Enhanced Thematic Mapper), de 11/08/1999, nos canais ou bandas (espectrais) 3, 4 e 5. Para dar esse aspecto colorido diferenciado, foram aplicados filtros nas cores azul (canal 3), verde (canal 4) e vermelho (canal 5). Na imagem da Figura 2, foram utilizados os mesmos canais da imagem anterior, mas com uma diferença, isto é, em lugar de aplicar o filtro verde no canal 4, aplicou-se o vermelho, mudando, assim, a composição da imagem. No caso da imagem da Figura 3, os canais utilizados foram os de número 1, 2 e 3, porém com as mesmas cores dos filtros utilizados na imagem 1, resultando em uma composição colorida "natural" (a impressão das figuras em preto e branco não possibilita essa percepção).

|179|

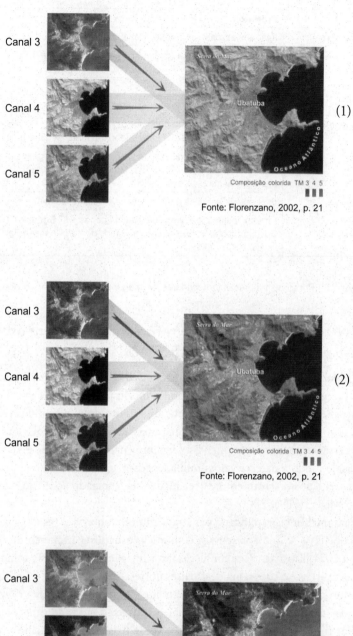

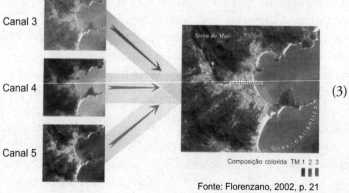

As imagens que originaram as composições coloridas 1, 2 e 3 são pancromáticas. Assim, se um objeto aparecer na cor branca e/ou preta nas três imagens em preto e branco (P&B), na imagem colorida ele também será apresentado como branco (areia da praia) e/ou preto (sombra do relevo, água do oceano). Ao contrário, se um objeto for claro (branco) somente em uma das imagens em P&B, na imagem colorida ele será representado pela do filtro que foi associado a essa imagem em P&B. Por isso que nas imagens das Figuras 1 e 2 a vegetação aparece verde e vermelha, respectivamente.

No caso das imagens constituintes do mosaico da plataforma Google Earth, todas elas são em composição colorida "natural". Isso carrega um senso de realismo pictórico, uma heterogeneidade nos padrões de cores e um senso de naturalismo aparente. Claro, uma falsa impressão sobre o complexo processo cultural que origina as imagens orbitais (Dodge and Perkins, 2009).

As cinco imagens das Figuras 4 a 8 foram extraídas do Google Earth. Observa-se que há diferenças de tonalidades entre elas. Isso frequentemente ocorre porque as resoluções espacial, temporal e espectral dessas imagens não são as mesmas para o conjunto do mosaico. Talvez a grande "mentira" dessa imagem perfeita é que ela é construída com pedaços de diferentes tempos e diferentes resoluções espaciais e espectrais que são juntados como numa espécie de mosaico para criar uma visão totalmente artificial desprovida da cobertura de nuvens (Dodge and Perkins, 2009).

Assim, o entendimento do conceito de resolução é importante para desconstruir a ideia de que as imagens do Google Earth são em *tempo real*. "Por mais recentes que sejam os dados, o sonho de se ter uma 'câmera' filmando tudo do espaço continua sendo isso mesmo, um sonho" (Oliveira, 2007: 49).

A *resolução espacial* diz respeito à capacidade de um sensor distinguir objetos da superfície terrestre. Como exemplo, temos o sensor ETM+, do satélite LANDSAT-7, com resolução espacial de 30 metros. Ou seja, este sensor consegue distinguir objetos que medem, no terreno, 30 metros ou mais, equivalendo dizer que 30 por 30 metros ($900m^2$) constituem a menor área que este sensor consegue "enxergar" (Florenzano, 2002). Existem imagens de satélite de alta, média e baixa resolução espacial. No caso das imagens do Google Earth, a maioria delas é de alta resolução espacial. Ou seja, "para que um muro, por exemplo, apareça em uma imagem, é necessário que a resolução seja em torno de 10 centímetros, o que só é alcançado com o mapeamento com aerofoto-grametria" (Branco, 2006: 51). À medida que ampliamos uma imagem, conforme as das Figuras 4 a 8, sua fonte altera-se.

A resolução temporal "é o período mínimo de tempo (medido em dias ou mesmo em horas) que um satélite precisa para imagear duas vezes um mesmo ponto da superfície da Terra. Quanto maior a resolução temporal, menor é o intervalo de tempo entre duas passagens do satélite sobre o mesmo ponto na superfície" (Castilho, 1999: 82). No caso das imagens das Figuras 4 a 8, observa-se que suas datas variam conforme o nível de visualização desejado. No Quadro 2 apresentamos as datas das imagens das Figuras 4 a 8, bem como o nível de resolução espacial de cada uma delas.

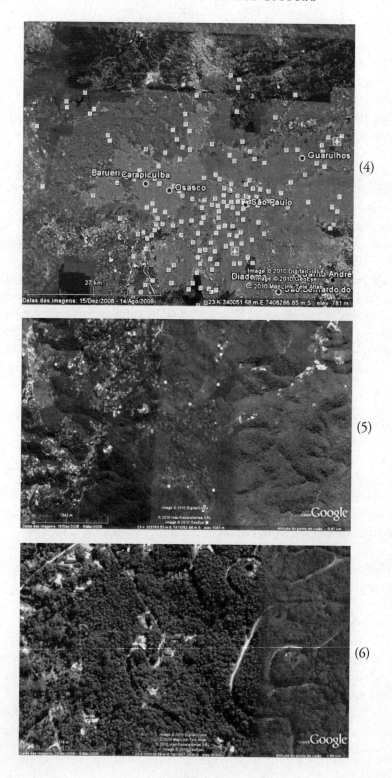

(4)

(5)

(6)

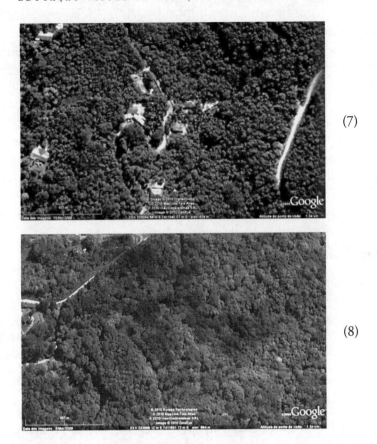

(7)

(8)

Imagens	Data das imagens	Empresas fornecedoras das imagens	Resolução espacial das imagens
4	15/dez/2008 – 14/ago/2009	2010 Digital Globe 2010 GeoEye 2010 Map Link/TeleAtlas	Variável
5	15/dez/2008 – 05/mar/2009	2010 Digital Globe 2010 Inav/Geosistemas SRL 2010 GeoEye	
6	13/abr/2008 – 05/mar/2009	2010 Digital Globe 2010 Map Link/TeleAtlas 2010 Inav/Geosistemas SRL 2010 GeoEye	
7	13/abr/2008	2010 Europa Technologies 2010 Map Link/TeleAtlas 2010 Inav/Geosistemas SRL 2010 GeoEye	
8	05/mar/2009	2010 Europa Technologies 2010 Map Link/TeleAtlas 2010 Inav/Geosistemas SRL 2010 GeoEye	

Quadro 2 – Data, empresas fornecedoras e resolução espacial das imagens de número 4 a 8.

Finalmente, a resolução espectral refere-se às faixas do espectro eletromagnético que o sensor consegue detectar. Assim, podemos ter imagens pancromáticas (correspondentes à banda do visível), multiespectral (bandas distintas visualizadas separadamente e/ou combinadas em computador no tratamento da imagem) e hiperespectrais (dezenas ou centenas de bandas espectrais) (Castilho, 1999).

Podemos afirmar com o filósofo italiano Gianni Vattimo (1992) e Boris Kossoy (2002 e 2007) que a produção de imagens no contexto contemporâneo estilhaçou a ideia de *uma* realidade em si. A visualidade da(s) realidade(s) ocorre por meio da edição/escolha de imagens, sejam elas do Google Earth, sejam de outras plataformas e/ou sites, circulando *um* entendimento estabilizado acerca do espaço, o qual está em consonância com os desejos e sentidos do(s) grupo(s) que o produziu(iram).

A *pixelização* da paisagem

O engenheiro eletrônico Gilberto Câmara diz que

> [...] num mundo digital, o conceito de mapeamento sistemático precisa ser completamente revisto. O ideal seria adotar o conceito de resolução. Assim, teríamos de definir algumas resoluções nas quais precisaríamos cobrir o Brasil inteiro [...]. Descartado o conceito de escala, poderíamos usar novas tecnologias para coleta de dados [...]. Como mapear o Brasil na era das tecnologias de geoinformação? (Câmara, 2006: 26)

O excerto anterior levou-nos a pensar no fato de que não se faz necessário "descartar" o conceito de escala, mas, sim, integrá-lo a outros, como, por exemplo, o de resolução espacial, dada a especificidade da produção das imagens de satélite. A criação de linguagens sempre ocorre na convivência com aquelas já existentes e vão amalgamando-se, misturando-se na composição do mundo e na materialização dos nossos desejos.

A diferença das imagens orbitais/digitais para com os mapas dos atlas em papel é que as primeiras são dinâmicas, possuindo o caráter de um *digital peep-box* (Kingsbury and Jones, 2009), isto é, uma "caixa digital" por meio da qual é possível olhar, espionar, gerenciar, controlar o "território" alheio. Às imagens do Google Earth é possível sobrepor elementos cartográficos (nome de ruas e avenidas, praças, postos de gasolina, farmácias, museus, entre outros), bem como criar e codificar elementos outros, importantes de serem apresentados por um determinado grupo social.

Os mapas em papel (estáticos) são fruto de escolhas político-estéticas sob quais escalas as geografias serão apresentadas. Até pouco tempo atrás, os lugares não passavam de pontos pretos nos mapas. A escala de mapeamento era restrita, predominando mapas em pequena escala, ou seja, com poucos detalhes. Em meados da década de 1990, começou no Brasil um movimento liderado por pesquisadores da área de cartografia escolar, comprometidos com a produção de atlas municipais para serem utilizados em contexto escolar.

O fato é que, com o advento do Google Earth, é possível espraiar nossas memórias visuais para além do que seriam os lugares-pontos-pretos nos atlas em papel. Se antes a documentação geográfica e a produção de nossas memórias visuais estavam restritas aos lugares mais importantes do ponto de vista daquele que seria o vencedor (Benjamin, 1994), atualmente tais possibilidades estão nas mãos de grupos não especializados em cartografia e/ou sensoriamento remoto. As grades dos mapas foram estilhaçadas. As imagens de satélite de alta resolução do Google Earth parecem-nos que estão descomplicando a produção da memória de um dado território e suas gentes. Mapas antigos e atuais, fotografias digitais comuns, entre outras possibilidades, são passíveis de serem incluídas neste visualizador 3D.

É preciso lembrar que a *pixelização* de conjuntos de imagens do Google Earth torna a visualização de alguns lugares opacos ou manchados. À medida que usamos o recurso do *zoom*, o nível de detalhamento das imagens de satélite dependerá da resolução espacial, ou seja, o tamanho da mínima unidade de informação no terreno possível de ser identificada na imagem, conforme já explicado no item "(Des)Naturalização da ideia de realidade nas imagens orbitais e de tempo real no Google Earth". Quanto mais pixels a imagem digital tiver, ou seja, quanto maior a resolução espacial, mais detalhes do objeto poderão ser observados na imagem à medida que damos zoom. O pixel, "como ponto ou célula que compõe a imagem, é resultante de uma amostra das radiações provenientes da área que lhe corresponde no terreno, colhida pelo sensor, numa dada banda espectral" (Castilho, 1999: 80). São duas as características do pixel: sua posição na imagem e a intensidade da grandeza medida – dada pela quantidade de bits por pixel, conforme o Quadro 3.

Bits/pixel	Níveis de intensidade	
1	2	Preto & branco ou monocromático
8	256	Gradação de cinza (preto: menor intensidade; branco: maior intensidade)
24	16 milhões	

Fonte: Castilho, 1999: 80.

Quadro 3 – Relação entre quantidade de informações por pixel e níveis de intensidade.

O conceito de escala aplica-se mais às imagens analógicas, aí também incluídos os mapas. A produção de imagens oriundas de satélites artificiais ao redor do planeta Terra segue uma lógica distinta, por exemplo, dos mapas. Por isso que, quando se abordam as imagens de satélite, fala-se em resolução espacial ao invés de escala. Ao lidarmos com linguagens analógicas e/ou digitais, sempre será necessário contextualizarmos sua abordagem, de modo a privilegiar quais os ganhos e perdas que se tem com cada uma delas.

Considerações finais

No contexto contemporâneo, penso que as imagens orbitais de alta resolução disponibilizadas pelo Google Earth radicalizaram o panoptismo. Talvez seja verdadeiro fazer um paralelo dessa plataforma para com as ideias do procurador/imperador, encontradas em uma das publicações do filósofo francês Michel Foucault (2003, p. 107).

> O procurador não deve ter como função apenas perseguir os indivíduos que cometeram infrações; sua função principal e primeira deve ser a de vigiar os indivíduos antes mesmo que a infração seja cometida. O procurador não é apenas o agente da lei que age quando esta é violada; o procurador é antes de tudo um olhar, um olho perpetuamente aberto sobre a população. O olho do procurador deve transmitir as informações ao olho do Procurador-Geral que, por sua vez, as transmite ao grande olho da vigilância que era, na época, o Ministro da Polícia. Este último transmite as informações ao olho daquele que se encontra no ponto mais alto da sociedade, o imperador, que, precisamente na época, era simbolizado por um olho. O imperador é o olho universal voltado sobre a sociedade em toda a sua extensão. Olho auxiliado por uma série de olhares, dispostos em forma de pirâmide a partir do olho imperial e que vigiam toda a sociedade. (Foucault, 2003: 107)

Habitualmente, o *mass media*, para fazer menção ao sensoriamento remoto, utiliza-se da imagem-metáfora de um grande olho vigiando a Terra em associação às imagens orbitais. Isso é importante na medida em que a produção de *informações em imagens* acerca dos lugares do mundo começa a se dar de um ponto de vista aéreo, do alto, de cima, de "lugar nenhum". As possibilidades que passarão a ser dadas de gerenciar/controlar os territórios (alheios ou não) serão inúmeras.

Bibliografia

BENJAMIN, W. *Magia e técnica, arte e política*: ensaios sobre literatura e história da cultura. 7. ed. São Paulo: Brasiliense, 1994. (Obras escolhidas, v. i)

BRANCO, A. Viaje sem sair de casa. *InfoGPS*. Curitiba, n.1, jan./abr. 2006, pp.46-9.

CÂMARA, G. Entrevista: Gilberto Câmara. *InfoGEO*. Curitiba, n. 42, mar./abr. 2006, pp. 24-7.

CASTILHO, R. *Sistemas orbitais e uso do território*: integração eletrônica e conhecimento digital do território brasileiro. São Paulo, 1999. Tese (Doutorado em Geografia Humana) – Faculdade de Filosofia, Letras e Ciências Humanas, Universidade de São Paulo.

DODGE, M.; PERKINS, C. The 'view from nowhere'? Spatial politics and cultural significance of high-resolution satellite imagery. *Geoforum*, n. 40, 2009, pp. 497-501.

FLORENZANO, T. G. *Imagens de satélite para estudos ambientais*. São Paulo: Oficina de Textos, 2002.

FOUCAULT, M. *A verdade e as formas jurídicas*. 3. ed. Trad. Roberto Cabral de Melo Machado e Eduardo Jardim Morais. Rio de Janeiro: NAU, 2003.

KINGSBURY, P.; JONES, J. P. Walter Benjamin's Dionysian adventures on Google Earth. *Geoforum*, n. 40, 2009, pp. 502-13.

KOSSOY, B. *Realidades e ficções na trama fotográfica*. 3. ed. Cotia: Ateliê, 2002.

_____. *Os tempos da fotografia*: o efêmero e o perpétuo. Cotia: Ateliê, 2007.

OLIVEIRA, E. F. Por trás das imagens. *InfoGPS*, Curitiba, n. 3, nov./dez. 2007, pp. 49-51.

SILVA, H. C. da. Lendo imagens na educação científica: construção e realidade. *Pro-Posições*, Campinas, v.17, n.1 (49), pp.71-83, 2006.

VATTIMO, G. *A sociedade transparente*. Lisboa: Relógio D´água, 1992.

OS AUTORES

A Coordenadora

Rosângela Doin de Almeida

Graduada e licenciada em Geografia pela Universidade de São Paulo. Mestre e doutora pela Faculdade de Educação da Universidade de São Paulo. É livre-docente em Prática de Ensino de Geografia pela Universidade Estadual Paulista Júlio de Mesquita Filho (Unesp). Lecionou Prática de Ensino de Geografia na Unesp, onde aposentou-se. Membro correspondente nacional da Comissão de Cartografia para Crianças (CCC) da Associação Cartográfica Internacional (ICA/ACI). Publicou artigos em revistas científicas nacionais e estrangeiras, sendo coautora do livro *O espaço geográfico: ensino e representação* e da coleção "Atividades Cartográficas". É autora de *Do desenho ao mapa: iniciação cartográfica na escola* e organizadora do livro *Cartografia Escolar*, ambos publicados pela Editora Contexto. Coordenou a publicação de diversos atlas municipais escolares. Atualmente é docente voluntária do Programa de Pós-Graduação em Geografia da Unesp, campus Rio Claro, e líder do grupo de pesquisa Geografia e Cartografia Escolar no CNPq. Atua como assessora em Geografia e Cartografia para escolares, produção de atlas municipais escolares e formação de professores.

Os Autores

Anabella Soledad Dibiase

Professora de Geografia e Educação Ambiental. Guia Educativa Ambiental em Ecologia. Desenvolve a atividade profissional no Indec, Departamento de Cartografia e Sistemas de Informação Geográfica (SIG). É colaboradora da publicação de documentos concernentes às temáticas cartográficas na Argentina e na Hungria. Foi conferencista na Universidade de Eötvös Loránd, Budapeste (Hungria).

Ana María Garra
Licenciada em Geografia. Técnica Geógrafa Matemática. Docente de Cartografia, Sensoriamento Remoto e SIG nos níveis universitário, técnico e de capacitação docente. Investigadora em projetos nacionais (Argentina) e internacionais. Membro fundador e correspondente nacional da Comissão de Cartografia para Crianças (CCC) da Associação Cartográfica Internacional (ICA/ACI). Coordenadora da Comissão Técnica "Cartografia e Educação", do Centro Argentino de Cartografia. Autora de artigos publicados na Argentina e no estrangeiro.

Anita Rohonczi
Graduada em Cartografia pela Universidade de Eötvös Loránd, Budapeste (Hungria). Na atualidade cursa nessa instituição o doutorado em investigações vinculadas à redação de mapas e atlas para deficientes visuais. Desenvolve atividade profissional na empresa Cartographia. Na atualidade, trabalha com a produção de atlas para não videntes e a aplicação dos efeitos digitais em mapas para usuários com necessidades especiais.

Carmen Rey
Professora de Geografia. Presidente da Associação Centro Argentino de Cartografia. Durante muitos anos desenvolve atividade profissional no Instituto D'Água como responsável por Cartografia Temática. Participou de numerosos congressos e reuniões técnicas sobre cartografia digital. Colaborou na publicação de diversos documentos cartográficos.

Cristina Esther Juliarena
Licenciada em Geografia. Docente de Geografia Humana, Política e Econômica, Etologia, Ecologia Urbana, Planejamento Urbano e Ordenamento Urbano nos níveis universitário e técnico do curso de Gestão Ambiental e Turística. Diretora dos cursos de Geografia e História do Consudec "Septimio Walsh". Secretária de Meio Ambiente da Associação Civil "Vizinhos por um Brandsen Ecológico", membro ativo da Associação Centro Argentino de Cartografia e do Conselho de Estudos Históricos de Brandsen. Investiga e publica temáticas vinculadas à toponímia, problemáticas e proteção ambiental.

Cristhiane da Silva Ramos
Geógrafa formada na Universidade Estadual Paulista, campus Rio Claro, onde realizou mestrado em Análise Espacial. É doutora pelo Royal Melbourne Institute of Technology em Cartografia Multimídia (Austrália). Atuou como professora de Geografia e História

na rede pública e particular de ensino em São Paulo. Lecionou no ensino superior, nas áreas de Geografia e Sistemas de Informação Geográfica, tanto no Brasil quanto no exterior. É autora de inúmeros artigos científicos e capítulos de livros. Atualmente trabalha no *Parks Victoria* (AU) como gerente de informação espacial.

José Jesús Reyes

Doutor pela Universidade de Eötvös Loránd, Budapeste (Hungria), onde é professor associado desde 2007. Dedica-se ao ensino e investigação de temas vinculados à cartografia para crianças, cartografia digital e cartografia pré-colombiana. Presidente associado da Comissão de Cartografia para crianças da ACI. Jurado internacional do Concurso Infantil de Mapas "Barbara Petchenik". Redator do livro "Children Map the World 2" (ESRI, 2009).

José Antonio Borges

Graduado em Matemática na modalidade Informática pela UFRJ (1980). É mestre (1988) e doutor em Engenharia de Sistemas e Computação pela Coppe/ UFRJ (2009). Atualmente é analista de sistemas no Núcleo de Computação Eletrônica da UFRJ, onde chefia o grupo de Projetos de Sistemas para Acessibilidade de Pessoas com Deficiência. É autor de muitos sistemas computacionais destinados à melhoria da qualidade de vida das pessoas com deficiência, gerando oportunidades no estudo, trabalho e lazer. Entre estes sistemas destacam-se o Dosvox, o Motrix, o Microfênix, o Braille Fácil, o Musibraille e o Mapavox. Atuou também em computação gráfica, CAD para microeletrônica e síntese de voz.

Jörn Seemann

Professor adjunto na Universidade Regional do Cariri no Ceará. Graduado em Geografia na Universidade de Hamburgo na Alemanha, realiza doutorado sobre "cartografias culturais no nordeste brasileiro" na Louisiana State University (EUA).

Levon Boligian

Mestre e doutor em Geografia pela Universidade Estadual Paulista (Unesp), campus Rio Claro. Atua como professor de Prática e de Metodologia do Ensino de Geografia no Instituto de Estudos Avançados e Pós-Graduação (Esap) da Universidade do Vale do Ivaí, no Paraná. É professor dos ensinos fundamental e médio. Editor e autor de materiais didáticos para o ensino básico. Participa do Grupo de Pesquisa em Ensino de Geografia e Cartografia Escolar, da Universidade Estadual Paulista, em Rio Claro.

Marcello Martinelli

Professor associado do Departamento de Geografia da FFLCH da Universidade de São Paulo, doutor em Geografia Humana e livre-docente em Cartografia Temática. Esteve na França e na Itália, em duas ocasiões, para realizar pós-doutorado em representações gráficas, cartografia temática, cartografia de atlas, cartografia para escolares e cartografia ambiental. Voltou à Europa para participar de várias pesquisas interdisciplinares junto à Universidade de Camerino, Itália, realizando a cartografia ambiental de parques nacionais e regiões de planejamento. É autor de atlas geográficos e livros sobre cartografia temática. Atualmente desenvolve pesquisas de cunho metodológico e orienta graduandos, pós-graduandos em mestrado e doutorado, com especial atenção à cartografia temática, ambiental, do turismo e para atlas geográficos para escolares.

Maria Isabel de Freitas

Professora Doutora vinculada ao Departamento de Planejamento Territorial e Geoprocessamento do IGCE, da Universidade Estadual Paulista Júlio de Mesquita Filho (Unesp). É graduada em Engenharia Cartográfica pela FCT/Unesp (1983) e mestre em Ciências Geodésicas pela Universidade Federal do Paraná (1989). É doutora em Engenharia de Transportes pela Universidade de São Paulo (1995). Coordena o Projeto Cartografia Tátil e Mapavox: Alternativas metodológicas para a inclusão do deficiente visual na escola desde 2000, tendo contado com o financiamento da Fundunesp, Fapesp e Proex/Unesp. Tem desenvolvido atividades de pesquisa e orientação nos seguintes temas: cartografia e SIG aplicados em Estudos Geográficos, Cartografia Tátil e Formação Continuada de Professores em Cartografia.

Mariana Alesia Campos

Licenciada em Geografia e mestre em Tecnologias da Informação Geográfica (Universidade de Alcalá, Bolsa da Fundação Carolina). Docente auxiliar na Cátedra de Cartografia do curso de Geografia na Universidade de Buenos Aires. Atua na área da Cartografia, SIG y Sensoriamento Remoto, desde 1996, em diversos organismos públicos como: Indec, Administração de Parques Nacionais e o Inta.

Mark Rodrigue

Trabalha no Parks Victoria, Austrália. Ele atualmente trabalha no grupo de manejo de Parques Nacionais Marinhos e Santuários Marinhos. Foi presidente da Sociedade de Educação Marinha da Australásia. É professor de ensino médio nas áreas de Biologia e Ciências e sempre procura criar oportunidades para estudantes se envolverem com o ambiente marinho e sua conservação. Publicou o livro *Exploring the Oceans*.

Silvia Elena Ventorini

Graduada em Licenciatura em Geografia (2004), mestre em Geografia (2005) e doutora (2010) pelo Instituto de Geociências e Ciências Exatas (Unesp), campus Rio Claro. É professora assistente I do Departamento de Geografia da Universidade Federal de São João del Rei (UFSJ). Desenvolve pesquisa na área da Cartografia Escolar e Educação Especial (com ênfase na educação de pessoas cegas e de baixa visão). Atua ainda na formação continuada de professores.

OS AUTORES

Sonia Vanzella Castellar
Graduada em Geografia pela Universidade de São Paulo (1984). É mestre em Didática e doutora em Geografia (Geografia Física) pela Universidade de São Paulo (1996). Atualmente é docente da Faculdade de Educação da Universidade de São Paulo. Tem experiência na área de Geografia, com ênfase em Geografia Física e Cartografia, atuando em ensino de Geografia, ensino de História e Geografia, ensino fundamental e formação de professores.

Tânia Seneme do Canto
Mestre em Geografia pela Universidade Estadual Paulista (Unesp), campus Rio Claro, onde também cursou Licenciatura e Bacharelado em Geografia. Em sua pesquisa de mestrado, abordou a linguagem e o ambiente do ciberespaço como possibilidade de criação de novas representações cartográficas e práticas de mapeamento. É doutoranda na mesma universidade, onde estuda a importância das tecnologias de informação e comunicação na Geografia escolar.

Teresa Saint Pierre
Graduada em Cartografia. Atualmente completa a Licenciatura de Ciências Geológicas. Docente auxiliar nas cátedras de Relevamento Geológico e Mineralogia do Departamento de Ciências Geológicas (UBA). Desenvolve a sua atividade profissional como cartógrafa do Departamento de Cartografia e SIG do Indec.

Valéria Cazetta
Licenciada, mestre e doutora em Geografia pela Universidade Estadual Paulista (Unesp), campus Rio Claro. Pós-Doutorado em Didática da Geografia e Cartografia na Universidad Politécnica de Madrid (Espanha), com bolsa de pesquisa da Capes. Atuou como professora efetiva de Geografia na Educação Básica (rede particular e pública de ensino). Atualmente é professora na Universidade de São Paulo (USP), Escola de Artes, Ciências e Humanidades (EACH), realizando pesquisas nas áreas de Didática da Geografia e Cartografia, Metodologia do Ensino de Geociências, Análise de Materiais Didáticos, Formação de Professores, Novas Tecnologias e Aprendizagem com recursos *e-learning*.

Valéria Trevizani Aguiar
Graduada em Geografia pela Universidade Federal de Juiz de Fora e doutora em Geografia pela Unesp, campus Rio Claro. Atuou no ensino fundamental em escolas públicas e privadas em Juiz de Fora (MG) durante 17 anos. Foi professora no Colégio de Aplicação João XXIII, professora de Prática de Ensino de Geografia e de Teoria da Geografia na Universidade Federal de Juiz de Fora. Desenvolve pesquisas na área da Cartografia Escolar e da Cartografia Histórica e é autora do "Atlas Geográfico Escolar" de Juiz de Fora. Atualmente é professora de Geografia na Universidade Aberta do Brasil/Universidade Federal de Juiz de Fora – curso de Pedagogia.

Victoria Alves de Castro
Licenciada em Geografia. Professora de Geografia e Educação Ambiental. Docente tutora na Universidade Nacional do Centro da Província de Buenos Aires. Desenvolve sua atividade profissional no Indec desde 2000 e tem colaborado em projetos de trabalho com SIG no âmbito privado. Tem publicado como coautora diversos trabalhos cartográficos no nível nacional (Argentina) e internacional.

Wenceslao Oliveira Jr.
Cursou Licenciatura em Geografia na Universidade Federal de Juiz de Fora e fez Mestrado e Doutorado em Educação junto ao Programa de Pós-Graduação em Educação da Universidade Estadual de Campinas. Foi professor de Geografia nos ensinos fundamental e médio durante mais de 10 anos, vindo a atuar como docente universitário a partir de 1998, primeiramente na Unesp-Rio Claro e, desde 2002, na Faculdade de Educação da Unicamp, onde é pesquisador do Laboratório de Estudos Audiovisuais (OLHO), no qual desenvolve pesquisas em torno das geografias gestadas nas dimensões espaciais das obras visuais e audiovisuais, tendo publicado ensaios e artigos acerca desses temas.